Gabriele Bäck • Michaela Hajszan • Natalie Chisté

Praktisch didaktisch

Didaktik der elementaren Bildung

G&G

Die Aufnahme in den Anhang zur Schulbuchliste für die unten angeführte Schulart, Klasse und den Unterrichtsgegenstand wurde vom Bundesministerium für Bildung, Wissenschaft und Forschung mit BMBWF - Präs/14 (Bildungsmedien), Geschäftszahl: 2020-0.041.544, vom 28. September 2020 empfohlen:

für den I.–V. Jahrgang an Bildungsanstalten für Elementarpädagogik
im Unterrichtsgegenstand Didaktik (Lehrplan 2016)

für das 1.–4. Semester an Kollegs für Elementarpädagogik
im Unterrichtsgegenstand Didaktik (Lehrplan 2016)

www.ggverlag.at

Schulbuchnummer: 200.490

ISBN 978-3-7074-2369-3

In der aktuell gültigen Rechtschreibung

3. Auflage 2023
Umschlagfoto: © Teresa Schuh
Illustration: Teresa Schuh

Gedruckt in Europa

Inhalt

Vorwort

Kinder sind Gäste, die nach dem Weg fragen.
(Maria Montessori)

Das Bild vom Kind als Akteur seiner Entwicklung und Bildung impliziert ein pädagogisches Handeln, das auf einer konstruktivistischen Perspektive von Lernen beruht. Um aktuellen fachwissenschaftlichen Entwicklungen gerecht zu werden, war es notwendig, alle Inhalte des vorliegenden Buches umfassend zu überarbeiten. Konstruktivistische Grundannahmen bzw. Lerntheorien spiegeln sich insbesondere in den Kapiteln „Didaktik der elementaren Bildung“ sowie „Grundlagen des Lernens“ wider.
In Anlehnung an den aktuellen Lehrplan für die Ausbildung von Pädagoginnen und Pädagogen für elementare Bildungseinrichtungen sind die Ausführungen um die Perspektive auf das junge Kind erweitert. Durchgängig wird auf den bundesländerübergreifenden BildungsRahmenPlan für elementare Bildungseinrichtungen in Österreich Bezug genommen. Neu formulierte Aufgaben und Anregungen zur Vertiefung unterstützen das kompetenzorientierte Lernen von angehenden Pädagoginnen und Pädagogen.
Wir wünschen uns, dass unsere Publikation dazu beiträgt, die Bedeutung der elementaren Bildung für die Bildungsbiografie eines Menschen herauszustreichen. Die ganzheitliche Bildung der kindlichen Persönlichkeit steht dabei im Zentrum. In einer Atmosphäre der Lebendigkeit, des Wohlbefindens, der Toleranz und der Wertschätzung wird jedes Kind unterstützt, seine Entwicklung selbstbestimmt voranzutreiben.
Die Neuauflage soll Pädagoginnen und Pädagogen in Ausbildung und Praxis in ihrer Fach- und Methodenkompetenz bestärken. Die wissenschaftlich fundierten und praxisnah aufbereiteten Inhalte dieses Buches bieten Denkanstöße und Handlungsanleitungen für eine ko-konstruktive und kindorientierte Pädagogik.
Wir Autorinnen setzen uns in bildungspolitischen Diskussionen und Statements weiterhin dafür ein, dass Pädagoginnen und Pädagogen jene Rahmenbedingungen vorfinden, die professionelles Handeln und eine gute pädagogische Qualität ermöglichen.

Gabriele Bäck • Michaela Hajszan • Natalie Chisté

Didaktik der elementaren Bildung

Didaktik ist die Theorie und Praxis des Lernens und Lehrens und befasst sich mit diesen Prozessen in ihrem wechselseitigen Bezug aufeinander (Coriand, 2017). Der Begriff „Didaktik" ist vom griechischen Stammwort *didáskein* abgeleitet und bedeutet so viel wie lehren, unterrichten, auseinandersetzen oder beweisen (Schröder, 2001, S. 70). Didaktik als Disziplin der Pädagogik ist also eine Theorie, die der Vorbereitung, Planung, Durchführung, Reflexion und Evaluation des Lernens und Lehrens zugrunde liegt (Reich, 2012).

Wissenschaft vom Lehren und Lernen

Die Didaktik hat zum Ziel, das Lernen und Lehren zu unterstützen. Der Fokus liegt auf dem didaktischen Handeln von Lehrenden und Lernenden. Dabei geht es um beobachtbare Aktionen und Reaktionen in einer Lehr-Lern-Situation sowie um die „Denkhandlungen", mit denen diese sichtbaren Handlungen vorbereitet, begleitet und evaluiert werden (Jank & Meyer, 2018). Didaktik bezieht sich auf drei Aufgaben (vgl. Sünkel, 1996, zit. n. Meyer & Walter-Laager, 2019, S. 188):

Aktionen und Reaktionen in Lehr-Lern-Situationen

- Die theoretische Didaktik analysiert, systematisiert und ordnet historisch ein, was mit Bildung und Erziehung in Institutionen gemeint ist.
- Die empirische Didaktik, auch Lehr-Lernforschung genannt, untersucht, wie Lehr-Lernprozesse ablaufen und welche Bedingungen dabei wirken.
- Die pragmatische Didaktik, auch Handlungswissenschaft genannt, macht Entwürfe guter Praxis in Form von Leitfäden zugänglich und bietet Handlungsorientierung für die Praxis.

*Wissenschaftlich studieren u. Forschung
• einem Plan

Die allgemeine Didaktik ist eine Wissenschaft, die theoretisch und praktisch die Voraussetzungen, Möglichkeiten, Folgen und Grenzen des Lernens und Lehrens erforscht. Eine Fachdidaktik untersucht als Spezialwissenschaft ein bestimmtes Bildungsfeld bzw. eine Domäne (Jank & Meyer, 2018). So hat sich aufgrund der Besonderheiten der Entwicklung des Kindes bis zum Schuleintritt und in Bezug auf seine spezifische Art des Lernens sowie die Gestaltung von Lernprozessen in elementaren Bildungseinrichtungen eine Didaktik für die elementare Bildung etabliert.

Didaktik der elementaren Bildung

1. PÄDAGOGISCHE ORIENTIERUNG

Wer kindliche Lernprozesse begleitet, muss sich seiner pädagogischen Orientierung bewusst sein. Damit sind die Vorstellungen, Einstellungen, Werte und Überzeugungen von Erziehung und Bildung sowie das Bild vom Kind gemeint. Diese werden im pädagogischen Handeln sichtbar (siehe Kapitel Pädagogische Qualität).

1.1. Das Kind als Ko-Konstrukteur

Das Kind als kompetentes Individuum

Im bundesländerübergreifenden BildungsRahmenPlan für elementare Bildungseinrichtungen in Österreich (Charlotte Bühler Institut [CBI], 2009) wird das Kind als kompetentes Individuum angesehen, das seine Lebenswelt erforscht und seine Bildungsprozesse aktiv im Sinne der Ko-Konstruktion gestaltet. Lernen wird dabei als individueller Prozess der Selbstorganisation von Erfahrungen und Wissen angenommen. Eine ressourcenorientiert und dynamisch gestaltete Umgebung spricht den subjektiven Erfahrungsbereich jedes Individuums an und beinhaltet gleichzeitig neue Herausforderungen (CBI, 2009). Die Aufgabe der Pädagogin/des Pädagogen als Teil der sozialen Umwelt des Kindes ist es, Bildungsprozesse zu begleiten, zu unterstützen, anzuregen und in Gang zu halten.

Rolle und Aufgaben von Fachkräften

Als Voraussetzung dafür sind die Fachkräfte aufgefordert, die grundlegende Frage zu klären, welche Vorstellung sie von früher Bildung haben sowie entwickeln können und wollen (Precht, 2013). Dies ist auch für die Erarbeitung einer Konzeption im Team wesentlich, die auf Basis aktueller theoretischer Grundlagen konkrete pädagogische Überlegungen der Einrichtung sichtbar macht (siehe Kapitel Pädagogische Qualität).

Ein Bild vom Kind als Ko-Konstrukteur von Wissen und Kultur setzt darauf ausgerichtetes pädagogisches Handeln voraus. Ko-Konstruktion beschreibt einen Prozess des gemeinsamen Handelns und Denkens von Kindern bzw. Erwachsenen, um sich Wissen zu erschließen und den Vorgängen in der Welt Sinn zu verleihen (Fthenakis, 2008).

Grundannahmen einer konstruktivistischen Didaktik

Um diesen Ansprüchen gerecht zu werden, ist die Didaktik an konstruktivistischen Grundannahmen bzw. Lerntheorien zu orientieren. Der konstruktivistische Ansatz geht davon aus, dass es keine Sicherheit über wahres Wissen, vollkommene Bildung und die „richtige" Didaktik gibt. Diese Annahme ist auch in einer konstruktivistischen Didaktik der elementaren Bildung zu berücksichtigen. Methodische Vorgehensweisen in der Praxis sind kontinuierlich hinsichtlich ihrer pädagogischen Relevanz zu reflektieren, z. B. dahingehend, ob eine bestimmte Methode förderlich für die Entwicklung von Kompetenzen, Persönlichkeit sowie Motivation der Kinder ist oder ob Erfahrungen der Selbstwirksamkeit und des Erfolgs unterstützt werden. Rezepthafte Aufbereitungen sind deswegen auszuschließen. Konstruktivismus geht von einer vom Menschen geschaffenen Wirklichkeit aus. „Denn theoretisch viel über Didaktik und Methodik zu wissen, ohne diese kreativ und phantasievoll umsetzen zu können, demonstriert im Zweifel nur den großen Unterschied zwischen ‚Wissen, wie es geht' und ‚Können'." (Precht, 2013, S. 155)

1.2 Bildungsverständnis

Rechte des Kindes im 21. Jahrhundert

Das Recht des Kindes auf Bildung gilt international als Grundlage für Chancengerechtigkeit. Das dafür formulierte Bildungsverständnis des 21. Jahrhunderts ist ganzheitlich und weit gefasst beschrieben: Bildung ist gemäß Artikel 29 der UN-Kinderrechtskonvention (Generalversammlung der Vereinten Nationen, 1989) als umfassende Entfaltung der Persönlichkeit, der Begabungen sowie der kognitiven → denken und körperlichen Fähigkeiten eines Kindes definiert. Bildung bedeutet daher mehr als den Erwerb von (Fakten-) Wissen. Sie ist das Ergebnis selbstgesteuerter und ko-konstruktiver Aneignungsprozesse und zielt auf die Entwicklung vielfältiger Kompetenzen sowie auf eine selbstbestimmte und verantwortungsbewusste Lebensführung ab. Dabei ist der Prozess der Kompetenzentwicklung, der im wechselseitigen Austausch zwischen dem Individuum und seiner sozialen und materialen Umwelt abläuft, als dynamisch zu verstehen. Der Kompetenzerwerb ist ein über die Bildungsinstitutionen hinweg fortlaufender Prozess der Differenzierung und Weiterentwicklung.

gruppe gleichaltriger

Bedeutung der Gleichaltrigen

Neben den Interaktionen zwischen Erwachsenen und Kindern tragen auch das gemeinsame Erleben und Erforschen unter Gleichaltrigen (Peers) wesentlich zu einem vertieften Verständnis der Welt und zum Kompetenzerwerb bei (Instance & Dumont, 2010). Kinder lernen miteinander und voneinander.

Alltag ist Bildung

Die Gestaltung des Alltags nimmt in der elementaren Bildung eine wesentliche Rolle ein. „Frühkindliche Bildung ist zuallererst Bildung im und durch den Alltag." (Schäfer, 2011, S. 37). Pädagoginnen und Pädagogen begleiten alltägliche Abläufe und Interaktionen bewusst und sind gefordert, das Bildungspotenzial im Alltag zu reflektieren und bestmöglich zu nutzen. Beispiele hierfür sind die herausragende Bedeutung des pädagogischen Alltags für die sprachliche Bildung, die Schaffung von Partizipationsmöglichkeiten für Kinder oder die Sensibilisierung für nachhaltiges Denken und Handeln (Hajszan, 2016).

1.3 Prinzipien für Bildungsprozesse

Prinzipien sind handlungsleitend

Prinzipien für die ko-konstruktive Gestaltung von Bildungsprozessen orientieren sich an wissenschaftlichen Erkenntnissen zur Entwicklung und Bildung von Kindern sowie an gesellschaftlichen Entwicklungen. Aufgrund des gesellschaftlichen Wandels und neuer Forschungsergebnisse sind sie kontinuierlich auf Aktualität zu überprüfen und bei Bedarf zu ergänzen oder zu verwerfen. Prinzipien haben das Ziel, die Nachhaltigkeit von Lern- und Bildungsprozessen zu unterstützen und eine profunde Basis für die Bildungsbiografie eines Kindes zu ermöglichen. Sie sind als Grundlage des pädagogischen Handelns zu verstehen und im Kontext der Kinderrechte zu sehen.

In elementaren Bildungseinrichtungen spiegeln sich unterschiedliche gesellschaft-

Prinzipien, Basis der elementaren Bildung

liche Gegebenheiten wider. Die folgenden Prinzipien bilden die Basis der elementaren Bildung, die das Kind als Teil der Gesellschaft sieht und zu einer aktiven und erfolgreichen Lebensbewältigung befähigt. Sie sind in Anlehnung an den BildungsRahmenPlan (CBI, 2009) ausgewählt und aus Sicht der Autorinnen ergänzt, so wie auch elementare Bildungseinrichtungen selbst weitere Prinzipien formulieren können.

1.3.1 Ganzheitlichkeit

Ganzheitliche Bildungsprozesse initiieren

Nach Liebertz (2010) ist Lernen als „ganzheitlicher Reifungsprozess von Geist, Körper und Psyche zu verstehen, als ein sich ständig entwickelndes Zusammenspiel von Sinneswahrnehmungen, Denkleistungen, Bewegungsabläufen und Gefühlen". Eine zeitgemäße und ressourcenorientierte Elementarpädagogik sieht das Kind in seiner Gesamtpersönlichkeit und unterstützt diese durch ganzheitliche Bildungsprozesse. Dabei werden kognitive, sozial-emotionale und motorische Aspekte gleichermaßen angesprochen, wodurch das Kind zu einer ganzheitlichen Auseinandersetzung mit der (Um-) Welt aufgefordert wird. Die Gesamtpersönlichkeit wird durch die Lernform Spielen in besonderem Maße gefördert. Dies soll auch bei initiierten pädagogischen Impulsen, Bildungsangeboten bzw. Projekten berücksichtigt werden. Durch Fragen, knifflige Problemstellungen und Spiel- und Bildungsmittel werden Kinder zum Nachdenken angeregt. Emotionale Aspekte fließen durch das Verbalisieren von Gefühlen, Wünschen und Bedürfnissen mit ein. Insbesondere junge Kinder brauchen dabei Unterstützung. Soziale Kompetenzen werden u. a. durch das Lernen in verschiedenen Sozialformen und den Umgang mit Konfliktsituationen erweitert. Bedeutsam ist dafür die handelnde Auseinandersetzung der Kinder mit der Umwelt, z. B. wenn sie Experimente selbst durchführen. Insgesamt ist darauf zu achten, dass die Grundbedürfnisse der Kinder dieser Altersstufe nach Sicherheit, Bewegung, Zuwendung, Autonomie, Exploration sowie kreativen Gestaltungsmöglichkeiten Berücksichtigung finden.

Junge Kinder bei ihren Emotionen begleiten

1.3.2 Lernen mit allen Sinnen

Mit allen Sinnen die Welt erfahren

Kinder lernen dann „optimal und effektiv, wenn möglichst viele Sinne und beide Gehirnhälften eine gelungene Symbiose eingehen" (Liebertz, 2010). Die Welt mit allen Sinnen zu erfahren, ermöglicht dem Kind, diese Eindrücke über seine Sinnesorgane und sein Nervensystem aufzunehmen, im Gehirn zu verarbeiten und zu speichern. Durch das Wahrnehmen mit allen Sinnen lernen Kinder ihre Umwelt im wahrsten Sinne des Wortes zu „be-greifen". Je mehr Sinneskanäle in dieser Auseinandersetzung aktiviert werden, umso einprägsamer ist die Erfahrung und umso komplexer die bio-psychische Repräsentation im Gehirn. Dazu gehören die visuelle, auditive, olfaktorische, gustatorische und taktile sowie die kinästhetische, vestibuläre und propriozeptive Wahrnehmung. Seinem Alter entsprechend benötigt insbesondere das junge Kind Erfahrungen über den Tastsinn, um Dreidimensionalität und Eigenschaften eines Gegenstands zu erleben. Die dabei entstehenden neuronalen Netzwerke spezialisieren sich zunehmend auf bestimmte Funktionen, wobei bei jeder Tätigkeit, jedem Bildungsprozess viele dieser spezialisierten Areale im Gehirn zusammenarbeiten: So hat beinahe jede Handlung eine auditive, eine visuelle und eine taktile Komponente, die miteinander verknüpft werden. Neu erworbene Fähigkeiten und Kenntnisse werden wiederum in unterschiedlichen Netzwerken im Gehirn abgespeichert und integriert. Deshalb sind auch ganzheitliche Bildungsprozesse besonders erfolgreich, die unterschiedliche Sinneskanäle und Verarbeitungsformen ansprechen, indem den Kindern z. B. reale Anschauungsmaterialien zur Verfügung gestellt werden. Solche Veranschaulichungsprozesse beziehen sich auf reale Objekte, Orte und Prozesse, die möglichst wirklichkeitsnahe erlebt werden. Bei Bildungsangeboten ist ein realer Gegenstand selbst das beste Anschauungsmaterial. Als Ersatz dienen möglichst realitätsnahe, sachrichtige Modelle, Fotos oder Zeichnungen sowie auf der Abstraktionsebene sprachliche Begriffe.

Sinneseindrücke hinterlassen Spuren im Gehirn

1.3.3 Individualisierung

Individualisierung meint die Berücksichtigung der Kompetenzen und Lernvoraussetzungen jedes einzelnen Kindes, die verstärkt und ausgebaut werden. Dazu zählen Entwicklungsstand, Neigungen, Interessen, Begabungen, individuelle Lernfortschritte und Lerngeschwindigkeit. Bei der Auswahl von Bildungsinhalten ist es notwendig, bereits erworbenes Wissen und Können der Kinder zu berücksichtigen und darauf aufbauende Bildungsziele anzustreben. Das Anknüpfen an Bekanntes fördert Lernprozesse, gibt Kindern Orientierung und ermöglicht ihnen, ihre Erfahrungen einzubringen. Dies stärkt ihre Motivation, ihr Interesse und ihr Selbstbewusstsein. Pädagogische Impulse und Angebote sollen eine Herausforderung im Sinne der Zone der nächsten Entwicklung (Wygotski[1], 1987, zit. n. Keller, Trösch & Grob, 2013) darstellen. Je schwieriger und komplexer sich eine Lernsituation gestaltet, umso mehr Gehirnareale sind bei ihrer Bewältigung aktiv und umso mehr Verbindungen zwischen Nervenzellen werden ausgebildet (Textor, 2010). Überforderung führt jedoch dazu, dass ein Kind aufgibt, sich abwendet und frustriert ist und so kein positives Selbstbild in Lernsituationen aufbauen kann. Unterforderung kann Langeweile und Abwendung vom Inhalt zur Folge haben. Im besten Fall führt die Individualisierung zur Steigerung von Leistungsbereitschaft, Lernleistung, Freude und Zufriedenheit. Individuelle Förderung kann z. B. durch die Gestaltung der Räume, durch das Bereitstellen von Spiel- und Bildungsmitteln sowie Medien, durch die Entwicklung und Umsetzung von Förderplänen sowie bei Bedarf durch das Einbeziehen externer Fachkräfte erfolgen. Dazu sind qualitätsvolle strukturelle

Anknüpfen an individuelle Lernvoraussetzungen

Freude am Lernen durch passende Angebote

[1] Lew Wygotski, in unterschiedlichen Literaturquellen auch in den Schreibweisen Vygotskij, Vygotsky sowie Wygotsky zitiert.

Rahmenbedingungen und die kontinuierliche Kooperation mit den Eltern nötig (siehe Kapitel Bildungskooperation mit Eltern, Pädagogische Qualität).

1.3.4 Differenzierung

Lerngruppen nach Entwicklungsstand zusammensetzen

Kindergruppen sind meist heterogen zusammengesetzt und Alter, Interessen und Entwicklungsstand der Kinder breit gestreut. Damit frühkindliche Lernprozesse nachhaltig ablaufen können, ist Differenzierung notwendig. Das bedeutet, dass Bildungsangebote und pädagogische Impulse im Alltag in lernorientierten Sozialformen wie Klein- bzw. Teilgruppen, die hinsichtlich Alter, Entwicklungsstand und/oder kindlichen Interessen passend zusammengesetzt sind, durchgeführt werden. Dies steht in engem Zusammenhang mit dem Prinzip Individualisierung. Um differenzierte Bildungsarbeit zu ermöglichen, sind Fachwissen über die kindliche Entwicklung und Methodenkompetenz der Pädagoginnen und Pädagogen notwendig. Dadurch können Bildungsinhalte für die jeweilige Zielgruppe interessant, aktivierend und anschaulich aufbereitet werden. Im Sinne der Ko-Konstruktion gestalten die Kinder Bildungsprozesse mit.

Selbstständigkeit durch Freiräume im Alltag

Vielfältige Möglichkeiten für Autonomie und Selbstständigkeit im Alltag der elementaren Bildungseinrichtung, die insbesondere am Anfang des Arbeitsjahres viel Aufmerksamkeit benötigen, schaffen Freiräume für differenzierte Bildungsangebote. Zur Umsetzung der Differenzierung sind personelle Ressourcen, ein durchdachter Dienstplan, eine günstige Raumgestaltung und die Ausnützung aller Räumlichkeiten wichtig. Bei bestimmten Angeboten, die der Individualität jedes Kindes viel Freiraum lassen, profitieren Kinder hingegen von einer breit gestreuten Gruppenzusammensetzung. Sie können dabei voneinander lernen und ahmen einander nach.

1.3.5 Empowerment

Aktive Lebensgestaltung stärkt Resilienz

Empowerment bedeutet Selbstbefähigung und Selbstermächtigung sowie Stärkung von Autonomie. Dieses Handlungskonzept geht von den Ressourcen eines Menschen aus und ermutigt ihn, die eigenen Stärken zu entdecken und einzusetzen. An dieses Prinzip kann die Unterstützung der Selbstwirksamkeit geknüpft werden, indem einem Kind ermöglicht wird, aktiv auf seine Umwelt Einfluss zu nehmen und diese zu gestalten. Voraussetzung für das Erleben von Selbstwirksamkeit sind vielfältige Möglichkeiten, selbstbestimmt und autonom zu handeln. In engem Zusammenhang damit sind die Erkenntnisse der Resilienzforschung zu sehen. Diese besagen, dass Menschen, die gelernt haben, ihr Leben aktiv zu gestalten, besser mit herausfordernden oder traumatischen Erlebnissen und Erfahrungen umgehen und sie bewältigen können (Wustmann, 2011). Daher werden eine aktive Lebensgestaltung und das Bewusstsein dafür bereits in elementaren Bildungseinrichtungen gestärkt. Kinder benötigen Möglichkeiten, Verantwortung zu übernehmen und werden so bei der Entwicklung von Kommunikationsfähigkeit, Problemlöse- und Handlungskompetenz, Leistungsorientierung und Selbstvertrauen unterstützt. Eine weitere Zielsetzung ist es, Herausforderung so zu gestalten, dass diese erfolgreich vom Kind bewältigt werden können. Durch Erfolgserlebnisse kommt es im Gehirn zur Ausschüttung von Botenstoffen, sogenannten Neurotransmittern, die ein Glücksgefühl erzeugen und damit Lernen positiv besetzen (siehe Kapitel Grundlagen des Lernens).

1.3.6 Lebensweltorientierung

Jedes Kind kommt als Individuum mit einer Fülle von Erfahrungen in eine elementare Bildungseinrichtung. Aufgrund seines Alters, seines Entwicklungsstands, seiner Persönlichkeit sowie seiner individuellen Biografie zeigt es Interesse an unterschiedlichsten Bildungsinhalten. Die Verknüpfung eines neuen Inhalts mit bereits vorhandenen kindlichen Erfahrungen ist einer der wichtigsten Aspekte des Lernens. Bildungsinhalte, die an die Erfahrungs- und Erlebniswelt eines Kindes anknüpfen, geben ihm Sicherheit, sprechen es besonders an und motivieren zur selbsttätigen Auseinandersetzung. Die Lebensnähe ist umso wichtiger, je jünger ein Kind ist. Geeignet sind z. B. Themen wie Familie, Körper oder Freundschaften. Pädagoginnen und Pädagogen wissen über die Lebenswelt sowie den Erlebnishintergrund der Kinder Bescheid. Dies wird durch Situationsanalyse, Elterngespräche und Beobachtung der Kinder erreicht. Individuelle Interessen eines Kindes können durch „aktives Zuhören" (Rogers, 1985) erfahren werden und bestimmen die pädagogische Planung mit. Auch fachliches Wissen über Entwicklungspsychologie und gesellschaftliche Veränderungen helfen bei der Auswahl von Themen, die für die Kinder relevant sind.

An die Erfahrungen der Kinder anknüpfen

Wissen über den Lebenshintergrund der Kinder

1.3.7 Inklusion

Unter dem Begriff „Inklusion" wird ein Prozess verstanden, bei dem auf die verschiedenen Bedürfnisse aller Kinder eingegangen wird (Deutsche UNESCO-Kommission, 2014). Dies erfordert verstärkt die Partizipation aller Kinder an Lernprozessen, Kultur und Gemeinschaft sowie die Reduzierung von Exklusion, d. h. den Abbau von Barrieren für Spiel, Lernen und Beteiligung. Im Umgang mit sozialer Vielfalt ist darauf zu achten, jedes Kind in seiner Unterschiedlichkeit zu sehen und seine Persönlichkeit als mehrfachzugehörig und nicht nur unter einem einzigen Blickwinkel, wie z. B. dem der Erstsprache, zu erfassen. Ein pluralistisches Gesellschaftsverständnis nimmt jedes Kind in seiner Mehrfachzugehörigkeit und seiner konkreten Lebenslage wahr (Wagner, 2017). Eine inklusive Haltung bezieht Werte wie Gleichheit, Fairness, Partizipation, Aufbau von sozialen Beziehungen, Recht auf soziale Unterstützung und Respekt vor Vielfalt ein (Booth, Ainscow & Kingston, 2006). Dementsprechend schafft eine inklusive Pädagogik eine Lernumgebung,

Jedes Kind in seiner Eigenheit wahrnehmen

die den individuellen Lernansprüchen und -dispositionen aller gerecht wird und jedem einzelnen Kind die Entfaltung seiner Potenziale ermöglicht. Dies bedeutet, durch die Gestaltung von Lernarrangements und pädagogischen Angeboten auf die Unterschiedlichkeit der Kinder zu reagieren und sie herauszufordern, sich mit ihren individuellen Erfahrungen und Kompetenzen einzubringen, aber auch für gemeinsame Erfahrungen zu sorgen. Ziel einer inklusiven Pädagogik ist, die Bildungschancen jedes einzelnen Kindes im Fokus zu haben.

Angebote an individuellen Lernansprüchen orientieren

1.3.8 Sachrichtigkeit

Inhaltliche und begriffliche Sachrichtigkeit

Bei der Vermittlung von Wissen und Fertigkeiten sind inhaltliche und begriffliche Sachrichtigkeit sowie entwicklungsgemäße Aufbereitung grundlegend. Dies ermöglicht es Kindern, Zusammenhänge zu verstehen sowie ihre Handlungsspielräume und ihr Repertoire an Begriffen zu erweitern (CBI, 2009). Sachrichtigkeit ist gegeben, wenn Pädagoginnen und Pädagogen in einer sachrichtigen Sprache Wissen vermitteln sowie reale Situationen thematisieren. Durch Fragen und ergänzende Anmerkungen werden das logische Denken sowie das Erfassen von Zusammenhängen gefördert. Themen für sachrichtige Bildungsangebote sind z. B. Lebensweisen von Tieren, physikalische Experimente, das Leben in anderen Kulturen, sexualpädagogische Inhalte etc. Sachrichtige Darstellungen setzen manchmal abstrakte Denkvorgänge voraus. Pädagogische Impulse und Angebote sollten daher so ausgewählt werden, dass Kinder die Zusammenhänge ihrem Entwicklungsstand entsprechend erfassen und verstehen können. Kinder können unter Anleitung bereits sachrichtige Methoden bei der Erforschung ihrer Umwelt, der Organisation von Arbeitsvorgängen und der Lösung technischer Probleme anwenden. Entsprechendes Wissen der Pädagoginnen und Pädagogen ist notwendig, um die Fragen der Kinder sachrichtig beantworten zu können. Darüber hinaus ist es wichtig, fehlendes Wissen zur Unterstützung der lernmethodischen Kompetenz gemeinsam mit den Kindern zu recherchieren.

Sachrichtige Methoden für das Forschen

1.3.9 Diversität

Ein zeitgemäßes pädagogisches Konzept berücksichtigt Diversität und beinhaltet einen angemessenen Umgang u. a. mit sozio-kultureller, familiärer, sprachlicher, geschlechtlicher und religiöser Differenz. Pädagogik der Vielfalt zielt darauf ab, Gleichberechtigung und Chancenausgleich bei Aufrechterhaltung individueller Unterschiede zu ermöglichen, Ambivalenzen und Ambiguität auszuhalten sowie Kooperationen trotz unterschiedlicher Ausgangslagen zu entwickeln. Die dafür nötige Diversitätskompetenz umfasst vier Komponenten: Sensibilisierung, Wissen, Haltung bzw. Einstellungen und Handlungsfähigkeit (Herzog-Punzenberger, 2016). Da Pädagoginnen und Pädagogen an einer Schlüsselstelle der Gesellschaft agieren, sind sie gefordert, sich ihrer eigenen Haltungen, Einstellungen und Werte bewusst

Komponenten von Diversitätskompetenz

zu werden und sich mit ihren Vorurteilen auseinanderzusetzen. Erst dadurch sind sie in der Lage, Vorurteilen in elementaren Bildungseinrichtungen entsprechend zu begegnen und Vorbild zu sein. Die bewusste Auseinandersetzung mit eigenen Vorurteilen in elementaren Bildungseinrichtungen basiert auf dem Wissen, dass Wertvorstellungen und Normorientierungen pädagogischer Fachkräfte einen wesentlichen Einfluss insbesondere auf junge Kinder haben. Der Anti-Bias-Approach, ein Konzept zur vorurteilsbewussten Pädagogik, wurde in den 1980er Jahren von der Pädagogin Louise Derman-Sparks entwickelt und beruht auf der Erkenntnis, dass Kinder von klein auf gesellschaftliche Vorurteile und Diskriminierungen wahrnehmen und aufnehmen (Wagner, 2017). Die Wahrnehmung der Vielfalt in elementaren Bildungseinrichtungen als Ressource für Bildungsprozesse führt zu einer bewussten Anerkennung von Verschiedenheit, Wertschätzung von Individualität, Nutzung der Potenziale von Unterschiedlichkeit sowie Förderung von Vielfalt und Offenheit als Basis eines friedvollen Zusammenlebens in der Kindergruppe (Stuber, 2005). Ziel ist, die Identität jedes Kindes zu stärken, Erfahrungen mit Vielfalt zu ermöglichen, kritisches Denken über Gerechtigkeit und Fairness anzuregen und gegen Unrecht und Diskriminierung aktiv zu werden.

Anti-Bias-Approach, vorurteilsbewusste Pädagogik

1.3.10 Geschlechtssensibilität

In der Fachliteratur wird zwischen den englischen Begriffen „Sex“ und „Gender“ unterschieden. Während „Sex“ die biologischen Merkmale meint, die Frauen und Männer voneinander unterscheiden, bezieht sich „Gender“ auf gesellschaftlich und kulturell geprägte Geschlechterbilder, die die geschlechtsspezifische Sozialisation und die Entwicklung von Mädchen und Buben prägen (Behnisch, 2007). Im Rahmen einer geschlechtssensiblen Pädagogik ist es wichtig, allen Kindern – unabhängig von ihrem Geschlecht und frei von Bewertung – die gleichen Handlungsspielräume und Möglichkeiten für Bildungs- und Entwicklungsprozesse zu eröffnen. So können sie ihre Persönlichkeit ihrem individuellen Potenzial und ihren Bedürfnissen entsprechend entwickeln und entfalten.

Unterscheidung von Sex und Gender

Pädagoginnen und Pädagogen sollen fundiertes Wissen über geschlechtsspezifische Sozialisation, die sexuelle Entwicklung des Kindes sowie über intersexuell (zwischengeschlechtlich), homosexuell und transgender geborene Kinder besitzen (Bayer-Chisté, 2017). Das Prinzip Geschlechtssensibilität umfasst Kinder aller geschlechtlichen Ausdrucksformen. Wichtig ist eine kritische Reflexion eigener Haltungen und Interpretationen in Bezug auf Geschlechterverhältnisse und „geschlechtstypisches“ Verhalten. Da die Sprache Werte und Normen transportiert und der Sprachgebrauch maßgebliches Ausdrucksmittel eigener Einstellungen ist, ist die regelmäßige Reflexion des Sprachverhaltens notwendig. Eine geschlechtergerechte Sprache, die keine „typischen“ Eigenschaften zuschreibt, hat eine wichtige

Wissen über sexuelle Entwicklung

Sprache vermittelt Werte

Vorbildwirkung für Kinder, Eltern sowie im Team. Weitere wichtige Aspekte einer geschlechtssensiblen Bildungsarbeit reichen von der kritischen Begutachtung der angebotenen Spiel- und Bildungsmittel bis hin zu einer durchdachten Raumgestaltung und der Reflexion der Regeln in elementaren Bildungseinrichtungen.

1.3.11 Mehrsprachigkeit

Für die Teilhabe an der Gesellschaft ist Sprachkompetenz eine wesentliche Voraussetzung, daher kommt dem Sprach(en)erwerb und der Sprachbildung und -förderung in elementaren Bildungseinrichtungen eine besondere Bedeutung zu. Der psychosoziale Aspekt von Sprache spielt in elementaren Bildungseinrichtungen eine wesentliche Rolle, da ein Kind mittels Sprache mit anderen in Beziehung tritt und Sprache für die Gestaltung von zwischenmenschlichen Beziehungen benötigt wird. Unabhängig davon, ob mehrsprachige Kinder die Einrichtung besuchen, ist Mehrsprachigkeit als Prinzip im pädagogischen Konzept zu verankern und Sprachenvielfalt als Ressource zu sehen und zu nützen.

Psychosozialer Aspekt der Sprache

Mit dem Terminus „lebensweltliche Mehrsprachigkeit" ist gemeint, dass es für viele Kinder gesellschaftliche Realität ist, auf den Gebrauch von mehreren Sprachen angewiesen zu sein. Dadurch wird der Erwerb mehrerer Sprachen zu einer Entwicklungsaufgabe mit Bildungsrelevanz. Pädagoginnen und Pädagogen sind gefordert, sich Fachwissen zum Erwerb von Deutsch als Zweitsprache anzueignen, um den Zweitspracherwerb mehrsprachiger Kinder professionell zu begleiten (CBI, 2016b). Ein pädagogisches Konzept, das sprachliche Vielfalt unterstützt, fördert Mehrsprachigkeit nicht nur punktuell, sondern kontinuierlich. Dabei ist es wichtig, bereits vorhandene sprachliche Kompetenzen zu erkennen und darauf aufzubauen. Erkenntnisse der Forschung belegen die Bedeutung der Erstsprache für jeden weiteren Spracherwerb (CBI, 2016b). Daher sind die Erstsprachen der Kinder in elementaren Bildungseinrichtungen zu respektieren und zuzulassen. Abhängig vom jeweiligen Kontext ist ein situations- und zeitgebundener Wechsel zwischen nicht-deutscher Sprache und Deutsch zu berücksichtigen. Die Wertschätzung und das Aufgreifen der vorhandenen Erstsprachen durch Pädagoginnen und Pädagogen stärken die Persönlichkeitsentwicklung und die Identität der Kinder und stellen einen Bildungsgewinn für alle dar.

Bedeutung der Erstsprache

Durch Spiel- und Bildungsmittel sowie pädagogische Impulse zu Literacy erleben die Kinder die Vielfalt von Sprachen und Schriften. Dazu zählen z. B. eine große Auswahl an Bilderbüchern, Hörmedien und Plakaten in verschiedenen Sprachen, die Verwendung von Wörterbüchern, das Anlegen eines individuellen Wörterbuchs, Tafeln am Kaufladen mit mehrsprachigen Beschriftungen etc. Im besten Fall stehen auch mehrsprachige Fachkräfte zur Verfügung, die den Erwerb und die Weiterentwicklung der Erstsprache(n) begleiten und als mehrsprachiges Vorbild fungieren.

Mehrsprachigkeit leben

1.3.12 Partizipation

Partizipation soll als grundlegendes Merkmal der pädagogischen Arbeit in elementaren Bildungseinrichtungen erkennbar sein und ist als Beitrag zu einer ersten politischen Bildung zu sehen. Das bedeutet, Kindern in einer dialogischen Haltung zu begegnen, sie in Entscheidungsprozesse im Alltag einzubeziehen, ihnen Handlungs- und Gestaltungsmöglichkeiten für Lernprozesse zu eröffnen und eine fehlerfreundliche Kultur aufzubauen (Hellmann, 2016). So können Kinder demokratierelevante Schlüsselkompetenzen erwerben, die in unserer Gesellschaft immer mehr an Bedeutung gewinnen, wie unterschiedliche Standpunkte verstehen und aushalten, eigene Interessen vertreten, Bewältigungsstrategien für Konflikte finden, Verantwortung für sich und andere übernehmen u. v. m. Interessen, Wünsche und Ideen der Kinder fließen im Sinne der Ko-Konstruktion in die Bildungsarbeit ein, wie z. B. bei der Gestaltung täglicher Routinen, der Planung und Umsetzung eines Festes oder eines Projekts sowie beim gemeinsamen Formulieren von Gruppenregeln, etwa im Rahmen einer Kinderkonferenz. Die Pädagogin/der Pädagoge ist interessiert, was jedes Kind zu sagen hat, hört mit ungeteilter Aufmerksamkeit zu, hält den eigenen Wissensvorsprung geduldig zurück und unterstützt alle Kinder dabei, ihre Umgebung zu verändern bzw. anders zu nutzen (Hansen, 2003). Dies hat Einfluss auf die Selbstwirksamkeit und fördert das Vertrauen, weitere schwierige Aufgaben bewältigen zu können, ausgehend von der Erfahrung, durch eigene Überlegungen ein Ziel erreicht zu haben (Koch, 2017). Entscheidungsmöglichkeiten werden dabei kindgerecht und überschaubar präsentiert. Ebenso wesentlich ist es, dass nicht nur die Entscheidungen der Mehrheit umgesetzt, sondern auch Wünsche von wenigen berücksichtigt werden. Durch Freiräume, Verantwortungsübergabe und Transparenz der Entscheidungen entsteht eine Kultur der Beteiligung, welche dem einzelnen Kind die aktive Auseinandersetzung mit sich selbst, mit seinen Interessen und Wünschen sowie seiner Umwelt ermöglicht.

Durch Mitentscheiden kompetent werden

Entscheidungsmöglichkeiten bieten

Das Prinzip Partizipation bezieht sich auch darauf, den Familien der Kinder Mitgestaltungsmöglichkeiten im Bildungsgeschehen zu eröffnen (siehe Kapitel Bildungskooperation mit Eltern).

1.3.13 Transparenz

Transparenz in elementaren Bildungseinrichtungen zielt darauf ab, Bildungsprozesse und die pädagogische Praxis für Kinder, Eltern und die Öffentlichkeit nachvollziehbar darzustellen (CBI, 2009). Die Veranschaulichung von Zusammenhängen und Prozessen unterstützt Kinder dabei, diese zu durchschauen und den logischen Aufbau zu verstehen. Dadurch werden sie zum selbstständigen Handeln angeregt. Beispiele dafür sind die Darstellung eines Faltvorgangs, eines Kochrezepts, der Entstehung des Wetters etc. Materialien und Medien zur Veranschaulichung, wie

Zusammenhänge durchschaubar machen

reale Gegenstände, Bilder bzw. Wandplakate, die in Augenhöhe und Reichweite der Kinder platziert sind, regen selbstständige und vertiefende Lernprozesse in der Freispielphase an.
Transparenz ist auch im Zusammenhang mit dem Prinzip Partizipation zu sehen, indem Fachkräfte Entscheidungsmöglichkeiten für Kinder kindgerecht aufbereiten und Intentionen durchschaubar machen. Durch die Mitbeteiligung der Kinder an der Auswahl von Lernmethoden und Bildungsinhalten bzw. Projekten aufgrund ihres Interesses können sie zunehmend die Komplexität der (Um-) Welt erfassen.
Transparenz für Eltern ist per se als Öffentlichkeitsarbeit zu verstehen. Einerseits sind Informationen über die Tagesstruktur, wie z. B. Sammelgruppen, Mahlzeiten und Ruhephase, wichtig, damit Eltern die Möglichkeit haben, sich daran zu orientieren. Andererseits sollen v. a. nicht sichtbare Lernprozesse, wie z. B. der Erwerb von Kommunikations- und Konfliktfähigkeit, die im Alltag situationsbedingt unterstützt werden, transparent dargestellt werden, um den Wert dieser Prozesse zu verdeutlichen.

Lernprozesse für Eltern sichtbar machen

1.3.14 Bildungskooperation

Die Kooperation mit Eltern und externen Kooperationspartnerinnen und -partnern ist ein wesentliches Prinzip einer partizipativen Elementarpädagogik. Gegenseitige Wertschätzung, Anerkennung und Vertrauen zwischen elementarer Bildungseinrichtung und Familie sind wichtig für das in beiden Mikrosystemen handelnde Kind. Das Beteiligen und aktive Einbeziehen der Familien unterstützt beide Systeme bei der Bewältigung ihrer Bildungsaufgaben. Das pädagogische Handeln der Fachkräfte soll für Eltern fachlich begründet transparent gemacht werden. Plakate, Elternzeitungen, Tür- und Angelgespräche, Newsletter und Homepage können kontinuierlich über Lernprozesse sowie das aktuelle Geschehen in der Einrichtung informieren. Durch die Weitergabe von Inhalten wie Regeln, Liedern oder Spielanleitungen wird die weiterführende Auseinandersetzung in der Familie möglich (siehe Kapitel Bildungskooperation mit Eltern).
Die Zusammenarbeit mit anderen Institutionen sowie Expertinnen und Experten unterstützt erweiterte und vertiefte Bildungserfahrungen für Kinder.

Aktive Beteiligung der Eltern anstreben

1.3.15 Selbstwirksamkeit

Eine Zielsetzung der elementaren Bildung ist es, Kindern die Erfahrung von Selbstbestimmung und Selbstwirksamkeit zu ermöglichen. Dies ist auch im Zusammenhang mit dem Prinzip Empowerment zu sehen, das sich auf Maßnahmen zur Erhöhung der Selbstbestimmung und Autonomie des Einzelnen bezieht. Ebenso werden Selbstwirksamkeitserwartungen in der Resilienzforschung als wichtiger Faktor betrachtet und unterstützen Kinder dabei, sich aktiv mit herausfordernden Situationen und Krisen auseinanderzusetzen (Wustmann, 2011).

Selbstwirksamkeitserwartungen stärken

Kinder haben von Geburt an das Bedürfnis, selbsttätig und aktiv zu explorieren, ihre Umwelt zu gestalten und Erfahrungen zu sammeln. Diese Selbstbestimmungsprozesse umfassen sowohl praktisches Tun als auch kognitive Prozesse, wie Wiedererkennen, Erinnern, Hypothesen bilden etc. In der handelnden Auseinandersetzung mit der materialen und sozialen Umwelt werden verschiedene Entwicklungsbereiche angeregt, Sinneswahrnehmungen differenziert und Denkprozesse initiiert. Neurobiologische Erkenntnisse belegen, dass durch Aktivität und Handeln Gedächtnisspuren im Gehirn entstehen. Dadurch werden neuronale Netzwerke nachhaltig geprägt und neue Informationen leichter verarbeitet (Spitzer, 2005; siehe Kapitel Grundlagen des Lernens).

Selbstbestimmungsprozesse fördern

Wesentlich ist die bewusste Strukturierung des Gruppenraumes bzw. der Einrichtung in unterschiedliche Spielbereiche, die das ungestörte schöpferische Spiel zulassen. Weiters ist der freie Zugang zu vielfältigen, abwechslungsreichen Spiel- und Bildungsmitteln sowie Materialien notwendig, damit Kinder zum Spielen, Explorieren, Ausprobieren und Vertiefen angeregt werden und sich als handelnde Subjekte erfahren. Durch eine aktivierende Umwelt und vielfältige Gelegenheiten, aktiv, selbstbestimmt und autonom zu handeln, werden Kompetenzen zur Problembewältigung entwickelt. Jedes Kind benötigt während des Freispiels und bei Bildungsangeboten ausreichend Zeit zur Selbsttätigkeit. Bewusst eingesetzte pädagogische Interventionen – wie etwa sprachliche Ermutigung oder ein Hinweis –, die der Tätigkeit des Kindes nicht vorgreifen, unterstützen bei der Entwicklung eigener Problemlösestrategien. Die viel zitierte Aussage von Maria Montessori „Hilf mir, es selbst zu tun" hat bis ins 21. Jahrhundert Gültigkeit.

Spiel durch Raumgestaltung unterstützen

1.3.16 Orientierung und Sicherheit

Stabile Beziehungen, gut überlegte räumliche und zeitliche Strukturen sowie gleichbleibende, ritualisierte Abläufe bilden Fixpunkte im Alltag und geben Kindern Orientierung und Sicherheit.

Kinder müssen ihrem Entwicklungsalter entsprechend über Angebote und Ereignisse in der Gruppe informiert sein. Übergänge von einer Aktivität zur anderen werden gut vorbereitet und geplant. Transparenz und Veranschaulichung im Alltag, z. B. mittels verbaler Information, Fotos, Markierungen und Beschriftungen von Funktionsbereichen sowie durchdachter Aufbewahrung von Spiel- und Bildungsmitteln, geben Kindern die Möglichkeit, selbsttätig zu sein und stellen eine wichtige Grundlage für selbst organisierte Bildungsprozesse dar. Je jünger Kinder sind, umso bedeutender ist dieser Orientierungsrahmen.

Veranschaulichung gibt Orientierung im Alltag

Das Prinzip Orientierung und Sicherheit bezieht sich auch auf das Aufstellen von Regeln, Ge- und Verboten. Für das Zusammenleben in einer Gruppe sind diese un-

Regeln geben Sicherheit

umgänglich, da sie Kindern Sicherheit im Alltag geben. Regeln können in einem partizipativen Prozess gemeinsam mit den Kindern überlegt werden. Dies führt dazu, dass sie sich damit identifizieren können und es ihnen leichter fällt, diese einzuhalten. Damit es jedoch nicht zu einer Überforderung kommt, finden Mitgestaltungsprozesse in einem kindgerechten und für die Kinder überschaubaren Rahmen statt. Ge- und Verbote werden hingegen von den Pädagoginnen und Pädagogen aufgestellt und dienen dem psychischen und physischen Schutz und der Gesundheit der Kinder. Die Veranschaulichung von Regeln, Ge- und Verboten unterstützt die Kinder dabei, diese einzuhalten, z. B. mittels Fotos von verschiedenen Situationen, die Händewaschen erforderlich machen.

1.3.17 Kreativität

Divergentes Denken eröffnet neue Perspektiven

Kreativität ermöglicht divergentes Denken – d. h. Denken in viele Richtungen – und führt zu unterschiedlichen Versionen von Wirklichkeit. Divergenz zielt auf eine große Menge verschiedener, ungewöhnlicher Ideen ab (Reich, 2012). Kreativität bedarf Nonkonformität, damit produktive Denk- und Gestaltungsleistungen möglich werden. Nonkonformes Verhalten kann auch ein Hinweis auf das Vorliegen einer besonderen Begabung sein. Auch das Staunen ist entscheidend für kreative Prozesse. Staunen meint emotionales Befinden als Reaktion auf das Erleben von etwas Unerwartetem, das keinen bekannten Denkmustern bzw. Schemata entspricht. Das Staunen wird von einem neurobiologischen Zustand der Erregung, einem innerem Unruhezustand begleitet, der das Kind intrinsisch motiviert, bisher Unbekanntes zu erforschen und zu lernen.

Kreativität kommt durch schöpferisches Spielen und Gestalten sowie durch divergente Denkprozesse für die Bewältigung von Herausforderungen und Konfliktsituationen zum Ausdruck. Pädagoginnen und Pädagogen, die selbst kreative Arbeitsmethoden kennen, Veränderungen zulassen, eigene Unwissenheit zeigen, die Meinungen und Äußerungen der Kinder wertfrei annehmen sowie Spontanität und innere Freiheit für Originelles und Neues entwickelt haben, schaffen ein kreativitätsförderndes Klima. Unstrukturierte Materialien und solche, die keinen Lösungsweg vorgeben, unterstützen schöpferisches Handeln. Haltungen und Methoden, die kreative Verhaltensweisen von Kindern wie Staunen, Fragen und Infragestellen fördern, sind:

Kreativität durch Zurückhaltung fördern

- Kindern Zeit für eigene Entdeckungen geben
- Phasen der Exploration einplanen und nicht unterbrechen
- Kinder durch Fragen anleiten
- Für Ideen der Kinder offen sein
- Bei der Umsetzung ihrer Ideen gegebenenfalls behilflich sein
- Ausnahmen bei Geboten machen

- Unordnung und „kreatives Chaos“ zulassen
- Individuelle symbolische Ausdrucksweisen einzelner Kinder anerkennen
- Philosophieren mit Kindern u. v. m.

Grundsätzlich sollte der Ideenreichtum der Kinder positiv bewertet werden, auch wenn die Umsetzung nicht immer möglich ist, wie z. B. die Idee eines Kindes, eine Turnmatte zu zerschneiden, wenn sich zwei darum streiten.

1.3.18 Zeit und Ruhe für Bildungsprozesse

Durch Zeitmangel, Hektik und Leistungsanforderungen werden stressfreie Lebensräume v. a. in den frühen Lebensjahren immer wichtiger. Elementare Bildungseinrichtungen sollen ein solcher Lebensraum sein und sich bewusst von äußeren Ansprüchen, die diesem Prinzip entgegenstehen, abgrenzen. Sie verstehen sich als Oase, wo sich Kinder wohlfühlen und in ihrem individuellen Tempo lernen können.

Elementare Bildungseinrichtung als stressfreie Oase

„Im Kindergarten können Alternativen zur Alltagshast erlebbar gemacht werden: Schauen, Trödeln, Nachdenken und Hinhören und Behutsamkeit gegenüber Dingen und Menschen sind Möglichkeiten, erfüllte Augenblicke zu erleben. (...) Lässt man den Kindern viel Zeit für ihr eigenes Spiel, ihr eigenes Tempo beim Erkunden und Erforschen der Dinge, vermittelt man ihnen Vertrauen in ihre eigenen Kompetenzen, alleine zu spielen und Probleme und Konflikte selbst zu lösen.“ (Bäck, Bayer-Chisté & Hajszan, 2006, S. 39)

Im eigenen Tempo lernen

Dazu ist es notwendig, dass Pädagoginnen und Pädagogen ihren eigenen Umgang mit Zeit reflektieren und mit Gelassenheit eine entspannte, lernförderliche Atmosphäre schaffen. Es bedarf ausreichender Zeit für das Freispiel, für selbst gesteuerte Erkundung und Vertiefung sowie für Rückzug und Entspannung. Vorschnelles Eingreifen in Lernprozesse ist ebenso zu vermeiden wie Zeitdruck durch zu viel an Geplantem. Im Vordergrund steht die Ermutigung der Kinder, in ihrem individuellen Lerntempo selbst Problemlösungsstrategien für Lernaufgaben zu finden. Dies führt dazu, dass Kinder Erfolgserlebnisse haben können und einen positiven Zugang zu Lernen und Leistung entwickeln.

Mit Gelassenheit eine lernförderliche Atmosphäre schaffen

1.3.19 Beziehung und Dialog

Für jedes Kind ist die Pädagogin/der Pädagoge eine wichtige Bezugs- und Bindungsperson, welche für ein Klima der offenen Kommunikation sowie der respektvollen Rückmeldung und Wertschätzung verantwortlich ist. Beziehung erfordert kontinuierliche Interaktionen mit jedem Kind und eine Haltung des „aktiven Zuhörens“ (Rogers, 1985), denn eine positive Beziehung ist eines der wichtigsten Qualitätsmerkmale für die Entwicklungsförderung und Unterstützung von Lernprozessen. Die Bedürfnisse des Kindes müssen unmittelbar erkannt, richtig interpretiert und v. a. bei jungen Kindern prompt beantwortet werden. Erst durch eine

Aktives Zuhören schafft Vertrauen

vertrauensvolle und feinfühlige Beziehung wird eine angstfreie, lernfördernde Atmosphäre geschaffen, in der Kinder ihre Umwelt aktiv und neugierig erkunden und gestalten können. Je enger sich ein Kind mit einem anderen Menschen verbunden fühlt, umso leichter eignet es sich Fähigkeiten, Haltungen und Vorstellungen seiner Bezugspersonen an (Renz-Polster & Hüther, 2016; siehe Kapitel Pädagogische Qualität).

Ungeteilte Aufmerksamkeit für jedes Kind

Gesellschaftliche Veränderungen sowie der zunehmende Einfluss der Medien und moderner Kommunikationstechnologien führen zu einer gravierenden Änderung der Beziehungs- und Dialogkultur. Es bleibt weniger Zeit für Gespräche und die Bereitschaft zuzuhören verringert sich. Seiwert (2001) meint, dass die ungeteilte Aufmerksamkeit eines Menschen zu einem immer selteneren Gut in der Gesellschaft wird. Dies betrifft natürlich auch Kinder. Kinder brauchen Menschen, die mit ihnen in Beziehung treten, an ihnen Interesse haben und ihnen zuhören. Der schützende Rahmen einer elementaren Bildungseinrichtung wird darin deutlich, dass diese ein Ort ist, wo neues Verhalten erprobt und Alternativerfahrungen in einer achtsamen, verständnisvollen und zugleich herausfordernden Umgebung möglich werden.

Zu jedem Kind eine Beziehung aufbauen

Pädagoginnen und Pädagogen achten bewusst auf kontinuierliche Interaktionen mit allen Kindern der Gruppe. Der Aufbau einer Beziehung zu jedem einzelnen Kind in der Gruppe braucht Zeit. Die Kontaktaufnahme kann z. B. durch Gespräche, vom Kind gewünschten Körperkontakt, gemeinsames Spiel oder durch interessierte Anteilnahme erfolgen. Der Beziehungsaufbau und die Beziehungsgestaltung haben am Beginn des Arbeitsjahres Priorität und müssen im Alltag berücksichtigt werden. Im Laufe des Jahres sind kontinuierlich Zeiten einzuplanen, um die Beziehungen mit allen Kindern bewusst zu vertiefen.

2. RAUMKONZEPT EINER DYNAMISCHEN LERNUMGEBUNG

Die elementare Bildungseinrichtung als Ort der Bildung für Kinder schafft Raum für die kindlichen Grund- sowie Spiel- und Lernbedürfnisse als Voraussetzung für die Entwicklung einer ko-konstruktiven Lernkultur.

Wechselwirkung zwischen Mensch und Umwelt

Die ökosystemische Forschung (Bronfenbrenner, 1981) stellt die Wechselprozesse zwischen Mensch und Umwelt in den Fokus. Dieser Ansatz geht davon aus, dass die Umwelt im Sinne eines Prozesses der gegenseitigen Anpassung erheblichen Einfluss auf das Verhalten und die Entwicklung des Menschen hat.

Bedeutung des Raumes für Spielen und Lernen

Aktuelle Studien belegen, dass Räume und Ausstattung die Atmosphäre beeinflussen und auf die physische und psychische Befindlichkeit der Kinder, ihre Aktivitäten, ihr Lernen, ihre Interaktionen sowie auf die Gruppendynamik wirken. Qualitätsvoll gestaltete Räume unterstützen eine gute Prozessqualität und sind als Qualitätsmerkmal für die Entwicklung und Bildung der Kinder zu sehen (siehe Kapitel Pädagogische Qualität). Ein Team ist aufgefordert, ein Raumkonzept für die Innenräume und das Außengelände zu erarbeiten, welches Erfahrungen der Selbstwirksamkeit und Eigenständigkeit fördert, Eigeninitiative ermöglicht sowie Freiräume für Vielfalt und Unterschiedlichkeit bietet (Haug-Schnabel & Bensel, 2015, S. 4). Kinder erobern den Raum, „indem sie sich handelnd darin bewegen und alles ausprobieren, was ihre Neugier hervorruft" (Schäfer, 2008, S. 8). Sie brauchen Orte und Räume, die eigenes Erproben und Gestalten ermöglichen. Dadurch werden sie spielend und explorierend, ohne es begrifflich benennen zu können, mit physikalischen Gesetzen und naturwissenschaftlichen Phänomenen vertraut (Lange & Stadelmann, 2012, zit. n. Haug-Schnabel & Bensel, 2015, S. 4).

2.1 Raumkonzept – Spiegel der pädagogischen Haltung

Das Raumkonzept einer elementaren Bildungseinrichtung repräsentiert die pädagogische Haltung des Teams und ist im Laufe des Jahres an den sich ändernden Entwicklungsbedarf der Kinder kontinuierlich zu adaptieren. Ein dynamisches Raumkonzept, das auf aktuelle Themen der Kinder reagiert, signalisiert eine an den Kindern orientierte pädagogische Haltung und zeichnet sich durch folgende Aspekte aus (Haug-Schnabel & Bensel, 2015, S. 5-6):

Dynamisches Raumkonzept lässt Änderungen zu

Der Raum ...

- ist die physisch-materielle Welt für kindliche Lernerfahrungen.
- ist bewusst für kindliche Lern- und Bildungsprozesse strukturiert.
- lässt aufgrund der Bedürfnisorientierung und des Entwicklungsbedarfs von Kindern Veränderungen – auch durch die Kinder – zu.
- ist die sozial-emotionale Bezugsvoraussetzung für sinnliche Wahrnehmung und situativ bedeutsames Lernen.
- dient zur Aneignung der Welt, indem aktives Handeln von Kindern mit unterschiedlichen Spiel- und Bildungsmitteln, Materialien und Werkzeugen möglich ist.
- bietet Möglichkeiten der Eroberung, wobei für jede Altersgruppe/jeden Entwicklungsstand unterschiedliche und „mitwachsende" Raumerfahrungen und vielfältige Nutzungsmöglichkeiten vorhanden sind.

Raumgestaltung ist gelebte Pädagogik

Weitere Aspekte sind:

- Die Ausstattung ist der kindlichen Perspektive angepasst, sodass sich die Kinder dem Raum und der Ausstattung auf Augenhöhe annähern können.
- Die ästhetische Bildung wird bei der Ausstattung der Räume in Bezug auf die Entwicklung eines Sinnes für Schönheit und Harmonie sowie die Förderung eines empfindsamen, achtsamen Verhaltens mitbedacht.
- Diversität und geschlechtssensible Aspekte sind sichtbar.

Ziel eines Raumkonzepts ist es, durch die Schaffung oder Erweiterung von Spiel- und Aktionsbereichen bzw. Räumen der Umsetzung des pädagogischen Konzepts Platz zu geben.

2.2 Spiel- und Aktionsbereiche drinnen und draußen

Ein Raumkonzept wird den der pädagogischen Praxis zugrundeliegenden Prinzipien gerecht und sieht vielfältige, unterschiedliche Spiel- und Aktionsbereiche vor. Diese sind mit Möbeln und Spiel- und Bildungsmitteln sowie Arbeitsbehelfen für die Entwicklung verschiedener Fertigkeiten in unterschiedlichen Schwierigkeitsniveaus ausgestattet. Zu beachten ist, dass neben der Möblierung ausreichend freie Bodenfläche für Aktivitäten der Kinder zur Verfügung steht. Vor allem unter Dreijährige benötigen während des ganzen Tages großzügigen Platz für körperliche Bewegung. Die Möblierung sollte der Bewegungslust der Kinder entgegenkommen und z. B. ermöglichen, sich hochzuziehen, etwas zu schieben oder rauf- und runterzuklettern (von der Beek, 2010). Sinnliches Erkunden wird durch den Einsatz von vielfältigen Materialien und Oberflächen angeregt (Walter-Laager et al., 2019).

Strukturierung des Raumes in Bereiche

Folgende Entwicklungs- und Bildungsbereiche sind bei der Ausstattung des Gruppenraumes zu berücksichtigen:

- Bewegung und grobmotorische Aktivitäten (auch während des Alltags)
- Bauen und Konstruieren
- Rollenspiel (inkl. Theaterspiel, Spiel mit Licht und Schatten)
- Künstlerisches Gestalten, Zeichnen und Malen bzw. Kinderatelier
- Musik und Tanz
- Mathematik
- Forschen und Experimentieren in Natur und Technik, Lernwerkstatt
- Sprache und Literacy
- Bilderbuchbetrachtung, Erzählen
- Feinmotorische Aktivitäten
- Kuscheln und sich Zurückziehen
- Platz für individuelles Eigentum
- Einnehmen von Mahlzeiten
- Schlafen und Ausruhen
- Sanitärbereich und Pflege

Überschaubare und flexible Raumgestaltung

Die gut ausgestatteten Spiel- und Aktionsbereiche bzw. -räume sind für die Kinder überschaubar angeordnet, sodass ihre Selbstständigkeit ermöglicht wird und sie ihren Interessen ungehindert nachgehen können. Dabei sollen die Bereiche nicht überladen sein. In definierten Aktivitätsbereichen, die durch bewegliche Regale, Rollwägen, Paravents, unterschiedliche Bodenhöhen, Bodenbeläge, Beleuchtung etc. abgegrenzt sind, können explorationsfreudige und engagierte Kinder konzentriert tätig sein und werden wenig abgelenkt. Je nach Interesse der Kinder kann die Nutzung der Spiel- und Aktionsbereiche variieren. Eine flexible Raumaufteilung trägt den wechselnden Bedürfnissen der Kinder Rechnung. Wenn z. B. das „Baufieber" ausgebrochen ist, kann der Bauplatz über eine bestimmte Zeit hinweg einen größeren Platz zugesprochen bekommen. Die Umgestaltung soll, wenn möglich, gemeinsam mit den Kindern vorgenommen werden.

Da meist nicht für alle Bereiche ausreichend Platz vorhanden ist, können mehrere, zusammenpassende Bereiche kombiniert werden. Folgenden Kombinationen haben sich bewährt (Grießmair, 2017, S. 16):

Kombination von Bereichen

- Bewegung, Rollenspiel, Musik
- Bauen und Konstruieren, Mathematik, Technik
- Rollenspiel, Sprache, Hauswirtschaft
- Atelier, Werkstatt, Naturwissenschaften und Medien

2.3 Raumfaktoren

Beim Betreten eines Raumes wirken die vorhandenen Raumfaktoren und lösen beim Menschen bestimmte Gefühle aus. Folgende Raumfaktoren sind bei der Gestaltung in Abhängigkeit der Raumnutzung und der Zusammensetzung der Kindergruppe zu beachten (Bendt & Erler, 2010, S. 17ff.; Wilk & Jasmund, 2015, S. 129):

Ein Raum löst Gefühle aus

- **Akustik:** Trennung von lauten bzw. bewegten und ruhigen Bereichen, Ausstattung mit Teppichen und Vorhängen zur Geräuschdämpfung
- **Licht:** regulierbares natürliches und künstliches Licht, flexible und indirekte Lichtquellen, abgestimmt auf die jeweilige Aktivität wie z. B. Bilderbuchbetrachtung, Ruhen
- **Farben:** durchdachtes Farbkonzept, bewusster Einsatz von warmen und kalten Farben
- **Raumklima:** wird durch Luftfeuchtigkeit (40%-60%), Lufttemperatur (um die 21 Grad) sowie Sauerstoffgehalt bestimmt, gute Belüftung, temperierter Boden, Sonnenschutz im Außenbereich sowie wenn nötig im Innenraum
- **Bodenbeschaffenheit:** weiche Beschaffenheit, z. B. zum Krabbeln, fester Belag für das Bauen und Spielen
- **Gesundheit:** Einhalten von Hygienebestimmungen, ergonomisch angepasste Toiletten, Waschbecken, Sitzmöbel und Tischhöhen
- **Barrierefreiheit:** Zugänglichkeit der Einrichtung für Menschen mit körperlicher Behinderung

3. PHASEN IM ALLTAG EINER ELEMENTAREN BILDUNGSEINRICHTUNG

Der Alltag in einer elementaren Bildungseinrichtung ist ein dynamischer Prozess, der von vielen Einflussfaktoren mitbestimmt wird. Darüber hinaus zeichnen sich im Aktivitätsniveau jedes Kindes bestimmte, einander abwechselnde Phasen des Spielens, Lernens und der Konzentration bzw. Entspannung oder Müdigkeit ab. Bei jedem Kind verlaufen diese Phasen, die auch vom familiären Lebensrhythmus abhängig sind, individuell. Die verschiedenen Phasen spiegeln sich während des Tages

Individuelle Aktivitätsniveaus der Kinder

auch in der Gruppendynamik wider bzw. wird die Alltagsstruktur an den Bedürfnissen der Kinder ausgerichtet. Qualitätsvolles pädagogisches Handeln berücksichtigt einen bedürfnisorientierten Wechsel von Zeiten der Bewegung und der Ruhe sowie der Aufmerksamkeit bzw. Konzentration und Entspannung. Die Organisation des Alltags ist bei jüngeren Kindern stärker an ihren unmittelbaren Bedürfnissen orientiert, wie z. B. nach Nahrung, Pflege, Ruhe und Bewegung. Vor allem in Gruppen mit einer breiten Altersmischung ist daher in der Alltagsorganisation auf die unterschiedlichen Bedürfnisse jüngerer und älterer Kinder einzugehen.

3.1 Begrüßungs- und Orientierungsphase

Zeit zum Ankommen und Orientieren

In der Begrüßungs- und Orientierungsphase kommen die Kinder in der Einrichtung an. Sie verabschieden sich von ihrer Bezugsperson und nehmen Kontakt zur Pädagogin/zum Pädagogen und zu anderen Kindern auf. Im Sinne einer wertschätzenden Wahrnehmung nimmt sich die Pädagogin/der Pädagoge Zeit, jedes Kind und die Eltern zu begrüßen, eventuell ein Gespräch zu führen und das Kind bei der Verabschiedung von seinen Eltern zu begleiten. Vor allem junge Kinder sind in dieser Phase anlehnungsbedürftig und brauchen Zuwendung und Aufmerksamkeit. Andere benötigen gezielte Hilfestellung bei der Auswahl eines Spiels oder einer Beschäftigung. Dies gilt auch für Kinder, die im Laufe des Vormittags erst später in die Einrichtung kommen. Die Spielgruppen verändern sich in dieser Phase immer wieder durch neu hinzukommende Kinder und die Aufmerksamkeit der Kinder ist eher fluktuierend.

Kinder, die bereits sehr zeitig gebracht werden, haben zu Hause vielleicht wenig Zeit zu frühstücken. Daher ist es wichtig, in liebevoller Atmosphäre eine Möglichkeit zum Frühstücken anzubieten.

Kindorientierte Planung der Sammelgruppen

In elementaren Bildungseinrichtungen mit Sammelgruppen, in die Kinder aller Gruppen von den Eltern gebracht werden, sind die Kinder während der Orientierungsphase eventuell nicht in ihrem gewohnten Raum und werden mitunter von einer anderen Bezugsperson betreut. Diese Situation kann v. a. für jüngere Kinder bzw. jene, die in der Eingewöhnungsphase sind, verunsichernd wirken. Sie sind bei der Übergabe häufig noch weniger ausgeglichen sowie emotional fordernd und benötigen vielleicht mehr Sicherheit und Stabilität als ältere Kinder oder jene, die schon eingewöhnt sind. Diensteinteilung und pädagogische Gestaltung der Sammelzeit müssen daher gut überlegt werden, um besonders für diese Kinder eine Situation zu schaffen, die ihren Bedürfnissen gerecht wird.

3.2 Freispielphasen

Kinder bringen von sich aus ein überaus hohes Lernbedürfnis und eine Lernfähigkeit mit, die sie später nie wieder in dieser Intensität erreichen werden. Eine hoch wirksame und lustvolle frühkindliche Form des Lernens ist das Spiel, in dem sich Kinder selbstbestimmt und mit allen Sinnen in besonders ausgeprägter Weise die Welt aneignen. Das freie Spiel gilt als Quelle für Lernmotivation, für die Entwicklung sozial-kommunikativer Kompetenzen und für ein offenes, experimentierfreudiges Denken. „Spielen ist daher als eine eigenständige und schöpferische Kraft des Kindes zu verstehen." (Held & Fischer-Düvel, 2018, S. 7) Aufgrund der Bildungsrelevanz der Lernform Spiel ist dem Freispiel in der Alltagsstruktur besondere Bedeutung beizumessen. Das Freispiel ist durch die intensive und selbstbestimmte Auseinandersetzung der Kinder in Peerbeziehungen mit ihrer sozialen und materialen Umwelt gekennzeichnet, die mit Konzentration und intrinsischer Lernbereitschaft einhergeht. Kinder vertiefen sich in Spiel- und Lernprozesse, sind aufnahmebereit und aktiv, wobei Tätigkeiten, Spielpartnerschaften und Materialien selbstbestimmt gewählt werden (siehe Kapitel Grundlagen des Lernens).

Freispiel als Quelle des frühen Lernens

Selbstbestimmte Auseinandersetzung im Spiel

Im Freispiel werden selbstbestimmte und angeleitete Lern- und Bildungsprozesse aufgrund unterschiedlicher didaktischer Vorgehensweisen initiiert:

- Durch indirekte Impulse aufgrund von Raumgestaltung und vorbereiteter Umgebung.
- Durch pädagogische Impulse der Pädagogin/des Pädagogen.
- Durch geplante Aktivitäten bzw. Bildungsangebote.

3.3 Erholungsphasen, Essen und Ruhen

In einer zu Jahresbeginn überlegten Alltagsstruktur wird dem Bedürfnis nach Ruhe und Entspannung Rechnung getragen. Die individuellen bzw. altersbedingten physiologischen Grundbedürfnisse der Kinder nach Essen und Ruhen werden innerhalb der Gruppe abgestimmt, sodass es z. B. frühere Essens- und Ruhezeiten für unter Dreijährige gibt. In altersgemischten Gruppen mit ein- bis sechsjährigen Kindern entsteht eine zeitlich größere Bandbreite an Essens- und Ruhezeiten, die dementsprechend flexibel in den Alltag integriert werden müssen. Jüngere Kinder werden viel früher während des Vormittags – häufig schon ab 9 Uhr – müde und benötigen individuelle Unterstützung. Geeignete Rahmenbedingungen betreffen Rückzugsmöglichkeiten sowie altersgerechte Angebote, die das Bedürfnis der Kinder nach persönlicher Zuwendung befriedigen. Essenszeiten werden zeitlich im Tagesablauf so angesetzt, dass sie in gemütlicher und entspannter Atmosphäre stattfinden können. Eine gleitende Gestaltung kommt den individuellen Bedürfnissen der Kinder zu essen entgegen. Eine gruppenübergreifende Zusammenarbeit bzw. ein eigener Bereich oder Raum für das Essen und Ruhen der Kinder aller Gruppen erleichtert die Organisation. Im Laufe des Jahres werden die Essens- und Ruhezeiten an die sich verändernden Bedürfnisse der einzelnen Kinder kontinuierlich adaptiert.

Bedürfnis nach Ruhe und Entspannung

Bedürfnisorientierte Essens- und Ruhezeiten

Zur Befriedigung des Bewegungsdrangs oder beim Absinken der Konzentration können in den Erholungsphasen der Bewegungsraum bzw. der Garten gruppenübergreifend zur Verfügung stehen.

3.4 Verabschiedungsphase

Den Tag ausklingen lassen

In der Verabschiedungsphase findet der Übergang von den Aktivitäten und sozialen Beziehungen der Kinder in der elementaren Bildungseinrichtung zum familiären Umfeld statt. Die Kinder können in Ruhe ihre Spielaktivitäten zu Ende führen, begonnene Arbeiten fertigstellen und das Spielzeug einräumen. Pädagoginnen und Pädagogen achten darauf, dass diese Phase nicht von Zeitdruck und Hektik bestimmt ist, sondern dass jedes Kind die Möglichkeit hat, den Tag in der Einrichtung in Ruhe abzuschließen. Ähnlich wie der Orientierungsphase am Morgen ist dieser Phase besondere Beachtung zu schenken. Diese Zeit kann für intensive Interaktionen mit einzelnen Kindern genutzt werden. Die Verabschiedung bietet eine gute Gelegenheit, mit den Eltern in Austausch zu kommen. Meist haben die Eltern mehr Zeit als am Morgen.

3.5 Übergangsphasen

Fließende Übergänge organisieren

Gut durchdachte Übergänge – wie der Wechsel von der Gruppe in den Garten oder vom Freispiel zu einer Gemeinschaftsaktivität – fügen sich fließend in den Alltag ein mit dem Ziel, lange Wartezeiten und unstrukturierte Situationen zu vermeiden. Wichtig ist es, die Kinder nicht unmittelbar aus einer Spielaktivität herauszureißen, indem zeitgerecht mittels eines wiederkehrenden Signals, wie z. B. mit einem Einräumlied oder einer Melodie, auf den Übergang hingewiesen wird. Maßnahmen, die einen fließenden Übergang unterstützen, etwa im Kreis aufgelegte Sitzpolster oder die Beteiligung einer Assistenzkraft beim Anziehen, werden vorbereitend organisiert. Kindgerechte Übergänge entsprechen den Bedürfnissen des Kindes, seine Spielprozesse in Ruhe und selbstständig zu beenden und geben ihm dadurch Sicherheit und Orientierung.
Sollten unvorhergesehene Wartezeiten, wie z. B. durch verspätetes Eintreffen des Mittagessens, entstehen, überbrücken Pädagoginnen und Pädagogen diese durch ihr Repertoire an Fingerspielen, Liedern, Bewegungsspielen etc.

4. DIE PLANUNGSSPIRALE

Zirkulärer Prozess der Planung

Der zirkuläre Prozess der Planung kann mit einem Kreislaufmodell verglichen werden. Dieses Modell ist ein Versuch, die realen komplexen Wechselwirkungen der pädagogischen Praxis gemäß einem Regelkreis auf fünf Schritte zu reduzieren und zu veranschaulichen:

- **Situationsanalyse:** Rahmenbedingungen der Einrichtung, Erfassen der Entwicklung, Kompetenzen und Interessen jedes Kindes.

- **Kompetenzorientierte Planung:** Festlegen von Bildungsthemen, Entwicklungsschwerpunkten und Zielsetzungen unter Berücksichtigung der Kompetenzen und Lernvoraussetzungen jedes Kindes, Gestaltung der Lernumgebung, Auswahl von Spiel- und Bildungsmitteln, pädagogische Impulse, Bildungsangebote, Lernarrangements, Bildungskooperationen.
- **Durchführung:** Umsetzung und Übertragung der getroffenen Entscheidungen in Haltung und Aktionen in die sogenannte „Bildungswirklichkeit".
- **Beobachtung und Dokumentation:** Einschätzen von Entwicklung, Kompetenzen, Begabungen, Lernvoraussetzungen, Interessen und Bedürfnissen jedes Kindes.
- **Reflexion und Evaluation:** Beschreibung und Bewertung von Umsetzung und Wirkung des Bildungsgeschehens. Dabei geht es nicht nur um die Erreichung der gesetzten Ziele, sondern auch um überraschende Ereignisse und nicht beabsichtige Ergebnisse.

Dieser dynamische Prozess kann als Spirale angesehen werden, die sich fortlaufend weiterentwickelt.

Regelkreismodell, wiederkehrende Schritte der Planung

Abb. 1: Planungsspirale

Ziel der Überlegungen ist die bestmögliche Gestaltung von Lernsituationen bzw. Lernarrangements, um die kognitive, sozial-emotionale und motorische Entwicklung der Kinder sowie ihre Kompetenzentwicklung in den einzelnen Bildungsbereichen zu fördern und zu unterstützen. Die Planung von Bildungsprozessen kann

Planung zur Vorbereitung von Lernsituationen

dabei für unterschiedlich lange Zeiträume überlegt werden. Gute Planung ist Bestandteil einer guten pädagogischen Qualität. Sie spiegelt sich im dynamischen Geschehen des Alltags einer elementaren Bildungseinrichtung wider. In die Planung investierte Zeit ist die Voraussetzung für qualitätsvolle Bildungsprozesse.

4.1 Jahresplanung für die Einrichtung

Pädagogisches Jahr im Team flexibel planen

Eine Jahresplanung erfolgt im Team und beinhaltet organisatorische und pädagogische Planungsaspekte. Bevor die Jahresplanung durchgeführt wird, ist eine Situationsanalyse grundlegend. Die Jahresplanung bezieht sich auf Bildungsgeschehen, Bildungskooperationen, Teamarbeit und Öffentlichkeitsarbeit. Sie stellt die Basis für alle weiteren mittel- und kurzfristigen Planungen dar, die konkret für kürzere Zeiträume von den einzelnen Pädagoginnen und Pädagogen auf Gruppenebene überlegt werden. Daher soll die Jahresplanung entsprechend offen beschrieben sein – auch damit nötige Änderungen aufgrund noch nicht vorhersehbarer Anforderungen möglich sind.

Organisation für ein Jahr festlegen

- **Organisatorische Planungsaspekte:** Strategien zur Personal- und Teamentwicklung, wie z. B. Diensteinteilung, Fortbildungsmaßnahmen, Zuständigkeiten einzelner Kolleginnen und Kollegen (Stellvertretung der Leitung, Transitionskoordination), Gestaltung der Bildungskooperation mit Eltern und Volksschule, Vernetzung mit anderen relevanten Institutionen und dafür langfristig nötige Termine wie Elternabend, Entwicklungsgespräche, Feste etc.

Pädagogisches Jahreskonzept

- **Pädagogische Planungsaspekte:** pädagogisches Konzept, pädagogische Orientierung, Visionen, Prinzipien, gruppenübergreifende oder -spezifische Jahresschwerpunkte, Gruppeneinteilung, Raum- und Gartengestaltung, Zeitpläne für die Benutzung von gemeinsamen Räumen/Bereichen, Regeln, Gestaltung der Freispielphasen, Alltagsstruktur und -gestaltung, Einbindung der Eltern, Feste und Feiern etc.

4.2 Situationsanalyse

Situationsanalyse, Grundlage pädagogischer Planung

Zur Erfassung der Rahmenbedingungen für die Planung wird am Anfang des Planungsjahres eine Situationsanalyse als Ausgangslage durchgeführt. Es werden Einflussfaktoren, die sich unterstützend oder hemmend auf das Bildungsgeschehen auswirken können, erhoben. Dabei kann man fünf Bedingungsfelder unterscheiden:

- Institutionelle Rahmenbedingungen
- Gruppenstruktur
- Entwicklung und Lernvoraussetzungen der einzelnen Kinder
- Lebenswelt Familie
- Sozialraumanalyse

Als **institutionelle Rahmenbedingungen** gelten z. B. gesetzliche Vorgaben, Leitbild und Standards des Erhalters, finanzielle Mittel, Öffnungszeiten, Bring- und Abholformen, Räumlichkeiten, Anzahl und Art der Gruppen, Gartenbeschaffenheit und -ausstattung, Personalstruktur, Teamarbeit, Bildungskooperationen mit internen und externen Expertinnen und Experten etc.

Aspekte der Organisation

Zur Erhebung der **Gruppenstruktur** wird die Zusammensetzung der Gruppen erfasst, z. B. Kinderanzahl, Alter, Geschlecht, Staatsbürgerschaft, Sprachen und Allergien der Kinder, sowie das Fachpersonal in der Gruppe, Räumlichkeiten, Spiel- und Beschäftigungsbereiche.

Zusammensetzung der einzelnen Gruppen

Zur Erfassung der **Lernvoraussetzungen** neu eingeschriebener Kinder dient ein Elterngespräch, das von der Pädagogin/dem Pädagogen geführt wird. Dieses Aufnahmegespräch zielt darauf ab, Individualität, Entwicklungsstand, Interessen, Begabungen, Lebenssituation und Vorerfahrungen des Kindes zu erheben (siehe Kapitel Bildungskooperation mit Eltern). Bei Kindern, die bereits eine elementare Bildungseinrichtung besuchen, wird auf die Kompetenzeinschätzung der Pädagogin/des Pädagogen zurückgegriffen.

Einschätzung der kindlichen Entwicklung

In Bezug auf die **Lebenswelt Familie** werden im Rahmen des Aufnahmegesprächs beispielsweise die Lebensform und Berufstätigkeit der Eltern, Geschwister, Wohnverhältnisse, Interesse der Eltern am Geschehen in der Einrichtung etc. erfasst (siehe Kapitel Bildungskooperation mit Eltern).

Familiärer Hintergrund der Kinder

Mit einer **Sozialraumanalyse** werden relevante (Bildungs-) Einrichtungen und kulturelle Räume für Kinder, die es im Umfeld der elementaren Bildungseinrichtung gibt, mit dem Ziel erhoben, diese mit und für die Kinder zu erschließen bzw. sich daran zu beteiligen oder auch mit Projekten in der Öffentlichkeit präsent zu sein (vgl. Deinet & Krisch, 2006).

Soziokulturelle Umgebung erfassen

4.3 Planungszeiträume auf Gruppenebene

In die Planung für einen bestimmten Zeitraum fließen die Überlegungen der Jahresplanung im Team ein. Der Zeitraum für einen Planungsabschnitt ist abhängig von Themen, Inhalten sowie Interessen der Kinder und kann sich auf eine kurz-, mittel- oder langfristige Zeitspanne beziehen – von wenigen Wochen bis hin zu einigen Monaten. Im Sinne der Planungsspirale verläuft die Planung entsprechend dem dargestellten Kreislaufmodell.

Zeit(räume) für Themenschwerpunkte

Feste bzw. der Jahreskreis stellen zwar wichtige Fixpunkte in der Planung dar und sind Teil der Enkulturation, also des Hineinwachsens des Kindes in die jeweilige Kultur der umgebenden Gesellschaft. Allerdings ist im Team bewusst abzuwägen, wie viel Zeit für die Vorbereitung von Festen investiert wird, damit ausreichend Zeit für innovative Themen wie physikalische Experimente, Kinderkonferenz, Projekte etc. zur Verfügung steht. Da ein Kind in der Regel mehrere Jahre eine elementare

Feste als Fixpunkte im Jahr

Bildungseinrichtung besucht, ist auch die jährlich wiederkehrende Bearbeitung von jahreszeitlichen Themen zugunsten anderer Themen zurückzustellen.

Bei der Auswahl von Bildungsinhalten werden alle Entwicklungs- sowie Bildungsbereiche wie Mathematik, Naturwissenschaften, Literacy, Darstellen und Gestalten etc. beachtet. Nicht sichtbare Lernprozesse zur Kompetenzentwicklung wie z. B. Emotionsverarbeitung und -regulation, die v. a. beim jungen Kind eine große Rolle spielen, sowie konstruktive Konfliktfähigkeit haben einen ebenso hohen Stellenwert und benötigen Zeit im Alltag. Da Eltern eine elementare Bildungseinrichtung oft nur an Produkten messen und Gruppen darin vergleichen, ist der Bildungswert dieser Prozesse transparent zu machen.

Nicht sichtbare Lernprozesse transparent machen

Durch gezielte Beobachtung und aufmerksames Zuhören kann die Pädagogin/der Pädagoge erfahren, welche Themen für die Kinder von Bedeutung sind. Anlässe für einen thematischen Schwerpunkt können sein:

Auswahl von thematischen Schwerpunkten

- Bedürfnisse der Kinder, z. B. Freundschaften schließen
- Interessen der Kinder, z. B. physikalische Phänomene
- Begabungen einzelner Kinder, z. B. Rechnen
- Impulse von den Eltern, z. B. Schwangerschaft einer Mutter
- Ereignisse in der Umwelt, z. B. Baustelle vor der Bildungseinrichtung
- Initiative der Pädagogin/des Pädagogen, z. B. Esskultur
- Kooperationen im Umfeld, z. B. mit einer Bibliothek

4.4 Planungsdokumentation

Planungsüberlegungen sichtbar machen

Die Dokumentation der Planungsüberlegungen unterstützt die Transparenz und ermöglicht Ergänzungen, wenn in der Beobachtung bzw. im Austausch mit den Kindern neue Planungsimpulse entstehen. Wenn das Interesse der Kinder vorzeitig nachlässt, kann ein neues Thema überlegt werden. Die Planungsdokumentation dient in erster Linie als Leitfaden für die eigene Arbeit und muss für eine Vertretung bzw. für Kolleginnen und Kollegen einsehbar aufbewahrt werden. Gleichzeitig ist dadurch auch der professionelle Nachweis der eigenen Arbeit gegenüber der Leitung, der Fachberatung oder der Fachaufsicht möglich.

5. LERNEN ALS KO-KONSTRUKTION

Grundthesen des Konstruktivismus

Die Grundthese des Konstruktivismus ist: Menschen greifen durch Handlungen, mit ihren Erfahrungen, durch Experimentieren, Ausprobieren und ihr Tun in die eigene Konstruktion von Welt ein. Die subjektiv unterschiedlich geschaffene Realität wird über Sprache dargestellt und kulturelle Wahrnehmung wird emotional gedeutet (Reich, 2012).

Eine systemisch-konstruktivistische Didaktik bringt neue Anforderungen an Planung und Durchführung pädagogischer Prozesse mit sich (Reich, 2005, S. 268):

- Möglichst hohe Selbstbestimmung bei der Auswahl von Lerninhalten und Beziehungen in pädagogischen Prozessen im Sinne der Partizipation der Lernenden.
- Berücksichtigung von Bedürfnissen, praktischen Erfahrungen und der Erlebniswelt der an pädagogischen Prozessen Beteiligten.
- Stärkung der Eigenverantwortlichkeit.

Anforderungen einer systemisch-konstruktivistischen Didaktik

Die Didaktik der elementaren Bildung orientiert sich an den (Lern-) Bedürfnissen der Kinder und deren Entwicklung und Entfaltung von Kompetenzen. Ein konstruktivistischer Ansatz geht davon aus, dass Wissen in Handlungen erworben wird und nicht bloß eine kognitive Übernahme ist (Reich, 2012). Lernen findet im Alltag überall dort statt, wo zufällige Informationen oder beiläufig gefundene Problemlösungen von Kindern bewusst wahrgenommen und aufgegriffen werden (Held & Fischer-Düvel, 2018). Kinder sollen Gelegenheiten für möglichst viele direkte Erfahrungen haben, um dadurch ihr Bewusstsein für den Gebrauch der Dinge in der Lebenswelt zu schärfen (Dewey, 1985, Neubert, 1998, zit. n. Reich, 2012, S. 144). Antrieb, Interesse, Neugier und die Fragen der Kinder sind in einem ko-konstruktivistischen Bildungsverständnis wichtige Bausteine für die kindliche Bildung. Die Pädagogin/der Pädagoge kombiniert die Konstruktionsleistungen der Kinder mit einer aktiv gestalteten wertschätzenden Beziehung (Reich, 2019). Hauptanliegen der konstruktivistischen Lerntheorie ist, dass durch pädagogisches Handeln die Lernmöglichkeiten, Lernchancen und Lernanlässe der Kinder zunehmen, sodass es zu einem Wachstum und einer Erweiterung von Perspektiven, Wegen und Ergebnissen bei den Lernenden kommt (Reich, 2019).

Wissen wird durch Handeln erworben

Konstruktionsleistungen des Kindes wertschätzen

Zur Entfaltung der Potenziale der Kinder und zur Entwicklung ihrer Kompetenzen stehen nachhaltige Bildungsprozesse mit der Möglichkeit für Wiederholungen, Variationen und Vertiefungen im Vordergrund. Dabei sind die vom Bildungsverständnis und den Ansprüchen der Gesellschaft abgeleiteten Prinzipien handlungsleitend. Die methodischen Schritte zur Kompetenzentwicklung der Kinder orientieren sich am Menschenbild bzw. dem Bild vom Kind, das seine eigenen Lernprozesse und sein soziales und kulturelles Umfeld aktiv mitgestaltet und als „Ko-Konstrukteur von Wissen, Identität, Kultur und Werten" bezeichnet wird (Moss, 2008, S. 7). Dies erfordert eine dialogische Haltung der Pädagogin/des Pädagogen, welche durch folgende Verhaltensweisen in pädagogischen Prozessen sichtbar wird (Hansen, 2003):

Entfaltung der kindlichen Potenziale

- Den Äußerungen jedes Kindes mit Interesse begegnen.
- Eher fragende als wissende Haltung gegenüber Kindern zeigen.
- Eigenen Wissensvorsprung zurück- und eigene Bewertungen in Schwebe halten.
- Sich selbstsicher auf eigene Unwissenheit bzw. eigenes Nicht-Wissen einlassen.
- Bereit sein, das eigene Wissen ohne Belehrung zur Verfügung zu stellen.
- Sich mit den Kindern auf die gemeinsame Suche nach Lösungen einlassen.

Dialogische Haltung einer konstruktivistischen Bildung

Zeit für selbstbestimmte Spiel- und Lernprozesse

Pädagoginnen und Pädagogen begleiten mit Empathie bewusst wahrgenommenes, aktives und selbsttätiges Lernen der Kinder. Diese brauchen dafür zeitliche Freiräume, v. a. für das Spiel als wichtigste frühkindliche Lernform, wo sie die Dauer ihrer Beschäftigung weitgehend selbst bestimmen können und Zeit zum Verweilen und Wiederholen von Abläufen haben. Lernen scheint immer dann erfolgreich abzulaufen, wenn selbstbestimmte Lernprozesse einsetzen (Wygotski, 1977, 1978, zit. n. Reich, 2012, S. 72). Daher ist im Tagesablauf auf eine Ausgewogenheit von selbstbestimmten Spielaktivitäten der Kinder und pädagogischen Impulsen sowie Bildungsangeboten durch die Fachkräfte zu achten.

Exkurs: Das junge Kind

Junge Kinder brauchen stabile Beziehungen

Für das junge Kind spielt die soziale Dimension eine bedeutende Rolle: Bildung ist Beziehungsbildung. Der Aufbau einer stabilen, gefühlsmäßig positiv besetzten Beziehung ist Voraussetzung, damit das Kleinkind seine Aufmerksamkeit seiner Umgebung zuwendet und diese aktiv und konzentriert erkundet. Erkenntnisse der Bindungsforschung besagen, dass besonders für das junge Kind das Konzept der sensitiven Responsivität für den Aufbau einer sicheren Beziehung und seine sozial-emotionale Entwicklung von Bedeutung ist. Dieser Ansatz meint ein sensitiv-responsives Antwortverhalten einer Bezugsperson, welches von Mary Ainsworth durch aufmerksame, empfindsame, prompte und angemessene Reaktion der Bezugsperson auf kindliches Verhalten beschrieben wird (Hobmair, 2013). Sensible Wahrnehmung und situative, unterstützende Hilfestellungen der Pädagogin/des Pädagogen schaffen für das junge Kind Bedingungen für neue Erfahrungen und Erkenntnisse (Held & Fischer-Düvel, 2018). Das Freispiel, in dem das Kind spontanen Betätigungen nachgehen kann, ist daher insbesondere für diese Altersstufe unverzichtbar. Erfolgreiche Handlungen des jungen Kindes wirken selbstverstärkend, indem Hormone freigesetzt werden, die positive Emotionen auslösen (Viernickel & Stenger, 2010). Entwicklungsthemen in den ersten Lebensjahren sind der Auf- und Ausbau physiologischer und emotionaler Regulationsfertigkeiten, die Ausdifferenzierung der sinnlichen Wahrnehmung, das Erlangen von Autonomie und Kontrolle, der Erwerb der Symbolfunktion bzw. Repräsentationsfähigkeit, das In-Bezug-Setzen zur Welt der Dinge und Phänomene sowie der Eintritt in die soziale Kinderwelt (Viernickel & Stenger, 2010).

Sensitiv-responsives Antwortverhalten der Fachkräfte

5.1 Indirekte Impulse durch eine dynamische Raumgestaltung

Dynamische Lernumwelt unterstützt das Freispiel

Das Freispiel wird durch eine reichhaltige, abwechslungsreiche und anregende Spiellandschaft bzw. dynamische Umgebung mit adäquaten Spiel- und Bildungsmitteln sowie Medien und einer ansprechenden Ausstattung ermöglicht und unterstützt. Bei der Pädagogin/dem Pädagogen liegt die fachliche Verantwortung, Räume und Bereiche so zu gestalten, dass anspruchsvolles, selbsttätiges Lernen der Kinder in der Gruppe bzw. Einrichtung stattfinden kann. So werden Räume zu Bildungsräumen. Aufgrund der individuellen Interessen und Begabungen der einzelnen Kinder werden die unterschiedlichen Bereiche mit Spiel- und Bildungsmitteln ausgestattet, regelmäßig ergänzt bzw. Spielmittel ausgetauscht. Dabei ist darauf zu achten, dass es aufgrund des Materialangebots nicht zu Reizüberflutung kommt, die die konzentrierte Beschäftigung der Kinder verhindert.

Insbesondere junge Kinder benötigen freien Raum für Bewegung sowie ein Materialangebot, das ihre Sicherheit gewährleistet, z. B. nicht verschluckt oder in die Nase gesteckt werden kann. Eine breite Altersstreuung einer Gruppe (z. B. Ein- bis Sechsjährige) bedarf einer gut überlegten Positionierung der Spiel- und Bildungsmittel, sodass junge und ältere Kinder diese entsprechend ihrem Entwicklungsstand und ihren Interessen zur freien Verfügung haben.

Regeln und Rituale für das Zusammenleben

Klare, bei Bedarf veranschaulichte Regeln und gemeinsam vereinbarte Rituale geben Orientierung, entlasten das Miteinander und unterstützen die sozial-emotionale Entwicklung. Bei den überlegten Gruppenregeln ist jedoch auf ausreichend Handlungs- und Spielräume für die Kinder zu achten, gemäß dem Motto: So viel wie nötig, so wenig wie möglich.

Lernumgebung wirkt auf die kindliche Psyche

Die vorbereitete Umgebung wirkt auf die Psyche des Kindes und wird zum Auslöser für interessengeleitete und selbstbestimmte Spielaktivitäten wie Rollenspiel, Konstruieren, Forschen und Experimentieren etc. Dies ermöglicht eigenständige Problembewältigung sowie Einüben von Grob- und Feinmotorik, Geduld und sozialem Verhalten wie Empathie, Kooperation und Kommunikation.

Im Freispiel werden Themen der Kinder sichtbar

Das Freispiel in einer vorbereiteten, dynamischen Umgebung soll für einen wesentlichen Teil des Tages im Innen- und Außenbereich möglich sein. In der gezielten Beobachtung des freien Spiels durch die Pädagogin/den Pädagogen wird erkennbar, welche Themen die Kinder gerade beschäftigen und wie sie auf ihrem Lernweg weiter unterstützt werden können, z. B. durch die Anleitung der Handhabung von Arbeitsgeräten oder Werkzeug. Eine lernbegleitende Haltung der Fachkräfte ist durch die Beobachtung des Spiels in Peerbeziehungen und die sensible Einschätzung, welche Intervention nötig ist, gekennzeichnet. Dabei wird nicht versucht, die Dynamik der Peers zu strukturieren und richtungsweisend zu bestimmen, sondern mit dem eigenen Verhalten bewusst der Eigendynamik des Peerprozesses zu folgen.

Überlegtes pädagogisches Handeln im Freispiel

Die Pädagogin/der Pädagoge nimmt dabei eine abwartende, gewährende und begleitende Haltung im Peerkontext ein (Brandes & Schneider-Andrich, 2019). Durch Interesse, Aufmerksamkeit und Anerkennung der Fachkraft für die Entwicklungsschritte jedes Kindes werden die Begeisterung für das Lernen und das Standhalten bei Herausforderungen unterstützt. Aber auch die eigene Begeisterungsfähigkeit und der Spaß der Erwachsenen am Spiel und an der Interaktion mit den Kindern sind wichtige Bestandteile einer motivierenden Lernkultur.

Exemplarisch werden zwei Beispiele methodischer Vorgehensweisen einer indirekten Didaktik dargestellt:

Lernwerkstatt

Ein Ort zum Forschen und Explorieren

Das Konzept „Lernwerkstatt", das Ende der 1970er Jahre vorerst für Erwachsene entwickelt wurde, zielt auf eine Lern- und Forschungsatmosphäre in einer elementaren Bildungseinrichtung ab, die Kinder herausfordert und ihre Selbstbildungspotenziale stimuliert (Klein, 2005; Schaarschmidt, 2018). Kinder experimentieren, arbeiten und forschen in verschiedenen dafür eingerichteten Bereichen in der Einrichtung. Der handelnde Umgang mit Materialien unterschiedlichster Art ist notwendig zum Ausprobieren verschiedener Strategien und Lösungsansätze, die neues Wissen und neue Kompetenzen mit sich bringen. Das Lernen in der Kindergruppe wird als besondere Herausforderung erlebt, wenn Lösungswege gemeinsam entwickelt und ausprobiert werden. Die Aufgabe der Fachkräfte ist es, Kindern ungewohnte Handlungsabläufe zu ermöglichen, aufgrund intensiver Beobachtungen Impulse für weitere Lernprozesse zu geben und sich auf die kindlichen Lern- und Denkwege einzulassen. Dafür kann den Kindern auch im Sinne einer „Mobilen Lernwerkstatt" ein Rollwagen zur Verfügung stehen, mit dem Materialien aus unterschiedlichen Bereichen nach Bedarf zusammengetragen werden können (Schaarschmidt, 2018, S. 13).

Methodische Reihe

Durch das Bereitstellen von Materialien und dazugehörigem Werkzeug an ausgewählten Plätzen kann eine sogenannte methodische Reihe initiiert werden. Dieser zielgerichtete Prozess kann sich über mehrere Wochen ziehen und baut auf entwicklungspsychologischen und pädagogischen Lernschritten bzw. Lernstufen auf:

VORAUSSETZUNGEN SCHAFFEN	ERFAHRUNGEN SAMMELN	KÖNNEN FESTIGEN	ERLERNTES ANWENDEN
Auf der ersten Stufe werden Material, Werkzeug und Arbeitsbehelfe, z. B. Ton, Stoffe etc. entsprechend der Entwicklung und den Kompetenzen der Kinder ausgewählt und an einem geeigneten Platz, ev. zu bestimmten Zeiten, zur Verfügung gestellt. Die Kinder werden bei Bedarf mit der Handhabung des Materials bzw. der Werkzeuge, z. B. der Säge, vertraut gemacht.	Auf dieser Stufe des Lernens steht das prozessorientierte Tun der Kinder im Fokus. In der Auseinandersetzung mit neuen Materialien haben Kinder zunächst das Bedürfnis nach zweckfreier Exploration, um sich mit Beschaffenheit und Eigenschaften vertraut zu machen. Durch dieses Experimentieren mit dem Material entstehen vielleicht erste zufällige Produkte. Die Pädagogin/der Pädagoge unterstützt und begleitet bei Bedarf. Wichtig ist jedoch, dass die eigenständige Exploration der Kinder im Vordergrund steht.	Auf dieser Stufe entstehen im Tun Zufallsprodukte der Kinder aufgrund des Experimentierens. Diese werden vielleicht von den Kindern bewusst wiederholt. Das prozessorientierte Experimentieren der Kinder steht jedoch weiterhin im Vordergrund.	Auf der letzten Stufe haben die Kinder aufgrund der vorangegangenen Explorations- und Experimentierphase die Kompetenz erlangt, das Erlernte situationsgerecht anzuwenden. Ihr neues Wissen und ihre neuen Erfahrungen werden integriert und an geeigneten Stellen bewusst eingesetzt. Sie können mit diesem Material gezielt Produkte schaffen. Auch ein Transfer auf ein anderes Material, wie z. B. von Plastilin zu einer anderen Knetmasse, ist nun möglich.

5.2 Pädagogische Impulse im Freispiel

Freispiel für Interaktionen nützen

Das Freispiel eignet sich besonders für Interaktionen der Pädagogin/des Pädagogen mit einem Kind bzw. einer Spielgruppe. Die Fachkraft kann sich dabei als aktive/r Spielpartnerin/-partner einbringen, berücksichtigt die Interessen der Kinder und achtet auf eine Balance zwischen Lenkung und sich lenken lassen (Held & Fischer-Düvel, 2018). Insbesondere bei unter Dreijährigen finden Lern- und Bildungsprozesse vorrangig im freien Spiel, das von der Fachkraft sensitiv-responsiv begleitet wird, statt.

Pädagogische Impulse im Freispiel

Im Freispiel können (vorbereitete) pädagogische Impulse, z. B. Aufgaben mit Buchstaben oder Zahlen, angeboten werden. Der Spielimpuls dient als Anregung bzw. Anstoß für ein Kind oder eine Spielgruppe, eine Spieltätigkeit zu beginnen, aufzunehmen, zu erweitern und zu verändern. Durch aufmerksame Beobachtung der Spielaktivitäten und Interessen der Kinder fließen überlegte und vorbereitete Aufgaben und/oder zusätzliche Spiel- und Bildungsmittel zur Anregung in verschiedenen Entwicklungs- bzw. Bildungsbereichen, wie Sprache, Motorik, Mathematik oder Technik, in den Spiel- und Lernprozess ein. Die Pädagogin/der Pädagoge versucht, den bestmöglichen Zeitpunkt für den didaktischen Impuls aufgrund der Lernbereitschaft der Kinder zu erkennen. Ziel ist es, geeignete Situationen aufzugreifen, um eine ganzheitliche Aneignung der Umwelt zu ermöglichen (Held & Fischer-Düvel, 2018).

Interventionen bei Konflikten und Gewalt

Eine Intervention der Fachkraft im Freispiel im Sinne pädagogischer Impulse ist bei eskalierenden Konflikten von Kindern, die zu Gewalt führen, und bei systematischer Ausgrenzung einzelner Kinder von Peerbeziehungen maßgeblich. Solche Situationen sind die größten Herausforderungen für Pädagoginnen und Pädagogen, die dafür Sensibilität und Einschätzungsfähigkeit entwickeln und über Gruppendynamik Bescheid wissen müssen (Brandes & Schneider-Andrich, 2019). Das Freispiel bietet insbesondere Gelegenheiten, durch pädagogische Interventionen die Entwicklung sozial-emotionaler Kompetenzen, wie z. B. den Aufbau von emotionaler Regulation und Kontrolle, zu unterstützen, indem Konfliktsituationen exemplarisch aufgegriffen und moderiert oder Aktivitäten mit einzelnen Kindern durchgeführt werden.

5.3 Bildungsangebote und Lernarrangements

Bildungsangebote, Aktivitäten und Lernarrangements mit überlegtem didaktisch-methodischem Aufbau bieten insbesondere für ältere Kindergartenkinder, die die soziale Fähigkeit des gemeinsamen Tuns erlangt haben, eine willkommene Herausforderung. Lernarragements beschreiben Lerngelegenheiten, in denen Kindern ermöglicht wird, Kompetenzen vorwiegend selbstständig und handlungsorientiert zu entwickeln. Sie bieten Kindern eine aktive, selbst gesteuerte Auseinandersetzung mit einem Lerngegenstand mit dem Ziel, ihre Autonomie zunehmend zu stärken.

Kleingruppen erfordern soziale Kompetenzen

Die Lernbereitschaft der Kinder und ihre sozialen und kognitiven Fähigkeiten verlangen v. a. im letzten Kindergartenjahr nach differenzierten Aufgabenstellungen hinsichtlich des Übertritts in die Schule zum Aufbau der Kulturtechniken wie Schreiben, Lesen und Rechnen sowie zur Unterstützung lernmethodischer Kompetenzen. Die Auswahl und der methodische Aufbau der Bildungsangebote und Lernarrangements orientieren sich am Entwicklungsstand und den Interessen der Kinder und haben die Kompetenzentwicklung der Kinder zum Ziel.

Zeitpunkt des Angebots bewusst überlegen

Der Zeitpunkt für ein Bildungsangebot ist so zu wählen, dass intensive, selbstbestimmte Spielprozesse der Kinder im Freispiel nicht abrupt unterbrochen werden. Von Seiten der pädagogischen Fachkräfte bedarf es dafür der bewussten Wahrnehmung der Spieldynamik in der Gruppe sowie einer zeitgerechten Vorinformation an die Kinder und eines passenden motivierenden Übergangs zum Angebot.

Lernorte außerhalb der elementaren Bildungseinrichtung

Da sich Kinder zunehmend in isolierten, speziell für sie gestalteten Lebensräumen bewegen, wie z. B. Bildungseinrichtungen, Spielplatz, Musikschule etc., kommt es bereits seit geraumer Zeit zur „Verinselung des kindlichen Lebensraumes“ (Zeiher, 1995, zit. n. Hartmann, Stoll, Chisté & Hajszan, 2006, S. 41). Kinder können dadurch immer weniger an der Erwachsenenwelt teilhaben und erhalten kaum Gelegenheit, diese zu durchschauen. Daher sind v. a. für ältere Kinder auch Lernerfahrungen außerhalb der Einrichtung wichtig. Der Einbezug von Personen mit für Kinder interessantem (Spezial-) Wissen, die die Expertise haben, Lernprozesse kindgerecht zu begleiten, ermöglicht den Kindern einen Einblick in die Erwachsenenwelt. Diese sogenannte Umweltoffenheit führt zu einer Erweiterung des Spektrums von Lern- und Handlungsprozessen, indem die Kinder z. B. Erwachsenen bei ihren Tätigkeiten zuschauen, mitarbeiten, mit Gegenständen aus der Erwachsenenwelt hantieren, Arbeitsvorgänge ausführen oder Orte und Einrichtungen in der näheren Umgebung besuchen.

6. METHODISCHE STRUKTURIERUNG VON BILDUNGSANGEBOTEN

Methode, eine geplante Vorgehensweise

Der Begriff Methode ist vom griechischen Wort *méthodos* abgeleitet und bedeutet „Weg zu etwas hin“. Eine von der Pädagogin/vom Pädagogen auf den Inhalt abgestimmte Methode ist eine geplante Vorgangsweise, die auf Basis empirischer Erkenntnisse darauf abzielt, bestmögliche Lernsituationen für Kinder unter Berücksichtigung ihres Entwicklungsstands zu gestalten. Aufgrund neurobiologischer Erkenntnisse und der spezifischen Lernvoraussetzungen von Kindern sind vorrangig nachfolgende Linienführungen für den methodischen Aufbau von Angeboten und Aktivitäten – v. a. bei jüngeren Kindern – zu berücksichtigen:

Linienführung für den methodischen Aufbau

- Vom Bekannten zum Neuen
- Vom räumlich, zeitlich und emotional Nahen zum Fernen

- Vom Einfachen zum Komplizierten
- Vom Konkreten zum Abstrakten
- Vom prozessorientierten zum produktorientierten Tun

Gut ist eine überlegte Vorgehensweise bzw. Methode dann, wenn diese bei den Kindern zur „Aneignung der Welt" und zum Erwerb von Wissen, Haltungen und Fähigkeiten führt. Daher soll eine Methode in der Reflexion hinterfragt werden. Methoden sind jedoch nicht nur den Fachkräften vorbehalten. Auch Kinder nutzen Methoden zur Erschließung von Lernergebnissen, die v. a. mit älteren Kindern im Sinne lernmethodischer Kompetenzen und Metakognition durch Reflexion bewusst gemacht werden sollen, um dadurch Methodenkompetenz für ihr Lernen zu erlangen.

Auch Kinder nutzen Methoden

In der historischen Rückschau verschiedener allgemeindidaktischer Modelle, wie z. B. der bildungstheoretischen Didaktik von Wolfgang Klafki oder der lerntheoretischen Didaktik von Paul Heimann, können sechs maßgebliche Grunddimensionen bzw. -kategorien für einen methodischen Aufbau zur Strukturierung von Planungen abgeleitet werden (Meyer, 2015, S. 177). Diese Grunddimensionen werden in einem didaktischen Sechseck dargestellt, das nachfolgend auf die methodisch-didaktische Strukturierung von Bildungsangeboten in elementaren Bildungseinrichtungen übertragen wird.

Das didaktische Sechseck

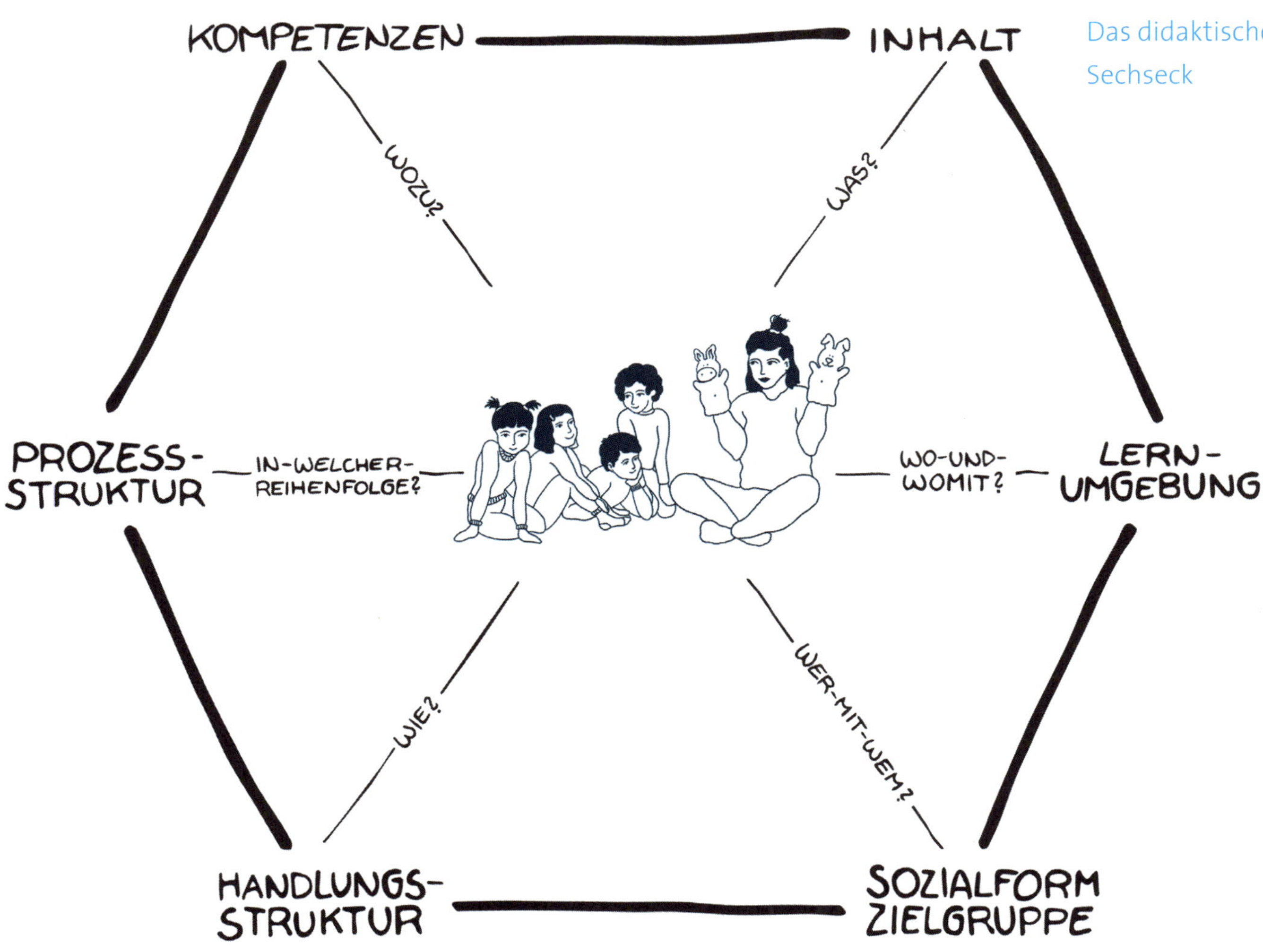

Abb. 2: Didaktisches Sechseck

6.1 Ziel kompetenzorientierter Bildung (Wozu-Frage)

Das Ziel kompetenzorientierter Bildung betrifft die Beschreibung der gewünschten Ergebnisse von Lernprozessen. Zielbeschreibungen werden präskriptiv (vorschreibend) und normativ (wertend) als Kompetenzen der Kinder formuliert und beziehen sich auf die Vorstellungen der Pädagogin/des Pädagogen, welche Kompetenzen der Kinder bei dem jeweiligen Angebot im Fokus stehen.

Präskriptiv und normativ formulierte Kompetenzen

Die Feststellungen der Lernergebnisse sind deskriptiv (beschreibend) und deswegen wertneutral (Meyer & Walter-Laager, 2019). Es kann auch zu ungeplanten und/oder unerwünschten Lernergebnissen kommen, die oft während des Tuns gar nicht wahrgenommen werden, aber in der Reflexion erkannt werden sollen. Bildung setzt bei den Ressourcen, Kompetenzen und Interessen jedes Kindes an, die durch Beobachtung eruiert werden. Durch vielfältige Lernerfahrungen werden die Entfaltung der kindlichen Potenziale und die Entwicklung von Können und Wissen unterstützt.

6.1.1 Kompetenzen

Kompetenz vereint Wissen, Können und Einstellung

Unter Kompetenz wird ein Netzwerk von Kenntnissen, Fähigkeiten und Fertigkeiten, Strategien und Routinen sowie Motivation verstanden, um in unterschiedlichen Situationen handlungsfähig zu sein (Reitinger, 2007; Weinert, 1999). Nach Roth (1968) wird eine Unterteilung in Selbst-, Sozial- und Sachkompetenz vorgenommen, welche in der Elementarpädagogik um die lernmethodische Kompetenz (Gisbert, 2004) ergänzt wird. Diese Kompetenzbereiche stehen in engem Zusammenhang miteinander und beeinflussen einander wechselseitig.

Selbstverantwortlich und eigeninitiativ handeln

- **Selbstkompetenz oder personale Kompetenz** bezieht sich auf ein positives Selbstkonzept sowie Selbstständigkeit und darauf, sich seiner selbst und seiner eigenen Fähigkeiten bewusst zu sein sowie selbstverantwortlich, eigeninitiativ und unabhängig zu handeln. Die Resilienz (Widerstandsfähigkeit) eines Kindes spielt eine wesentliche Rolle, da ein resilientes Kind an seine Selbstwirksamkeit glaubt, was dazu führt, dass es sich aktiv mit Herausforderungen auseinandersetzt. Die Bewältigung schwieriger Situationen stärkt wiederum sein Selbstwertgefühl.

Beziehungen aufbauen, an Gruppen teilhaben

- **Sozialkompetenz oder sozial-kommunikative Kompetenz** bezieht sich darauf, in sozialen und gesellschaftlichen Bereichen urteils- und handlungsfähig zu sein sowie auf die Fähigkeit, soziale Beziehungen aufzubauen, an gesellschaftlichen Prozessen zu partizipieren und innerhalb einer Gruppe Verantwortung zu übernehmen. Grundlage dafür ist u. a. die Erfahrung, anerkannt zu werden, einer Gruppe anzugehören und Mitverantwortung zu tragen. Empathie, Kooperationsfähigkeit und die konstruktive Auseinandersetzung mit Regeln sind weitere Elemente der sozial-kommunikativen Kompetenz.
- **Sachkompetenz** bezieht sich auf die Urteils- und Handlungsfähigkeit in unter-

schiedlichen Sachbereichen (Domänen) sowie darauf, Zusammenhänge zu verstehen. Der explorierende Umgang mit Objekten und Materialien sowie das sprachlich-begriffliche Erfassen von Merkmalen und Zusammenhängen sind die Grundlage dafür. Fantasie, Ideen zur Bewältigung von Herausforderungen sowie die Fähigkeit zum divergenten Denken fördern die Sachkompetenz.

Durch Sachwissen urteils- und handlungsfähig sein

- **Lernmethodische Kompetenz** bezieht sich auf ein Bewusstsein der eigenen Lernprozesse sowie förderlicher Lernstrategien. Mit Unterstützung der Erwachsenen lernt ein Kind, über das (eigene) Denken und (eigene) Lernen zu reflektieren und weiß über die eigenen Lernvoraussetzungen Bescheid. Dadurch wird dem Kind bewusst, dass es lernt, was es lernt und wie es sich neue Fähigkeiten angeeignet hat. Dies ist eine wichtige Voraussetzung für erfolgreiches lebenslanges Lernen.

Bewusstsein über Lernen und Lernstrategien

Im Konzept der Metakognition der schwedischen Frühpädagogin Ingrid Pramling (1996), das sich mit Nachdenken über das eigene Denken befasst, ist auch die Metakompetenz bedeutend (vgl. Gisbert, 2004; Pramling Samuelsson & Asplund Carlsson, 2007). Diese ist die Voraussetzung dafür, eigene Fähigkeiten und Fertigkeiten sowie eigenes Wissen realistisch einzuschätzen und situationsbezogen einzusetzen. Dadurch können Kinder z. B. erkennen, ob sie eine Situation allein oder nur mit Unterstützung meistern können oder ob sie noch etwas dazulernen müssen. Dieses Wissen über sich selbst ermöglicht es, auch schwierige Aufgaben zu bewältigen.

Über eigene Kompetenzen Bescheid wissen

6.1.2 Stufen der Kompetenzentwicklung

In der Psychologie werden vier Stufen der Kompetenzentwicklung beschrieben, die durch ein stetiges Ineinandergreifen von Phasen der Inkompetenz und der Kompetenz charakterisiert sind (Oerter & Montada, 2002):

- Unbewusste Inkompetenz: Ein Individuum weiß nicht, dass es etwas nicht kann.
- Bewusste Inkompetenz: Ein Individuum nimmt wahr, dass es etwas nicht kann.
- Bewusste Kompetenz: Ein Individuum weiß, wie ein Problem gelöst oder ein Ziel erreicht werden kann. Die Umsetzung muss noch geübt werden und erfordert Konzentration und Bewusstheit.
- Unbewusste Kompetenz: Ein Individuum hat bestimmte Fähigkeiten automatisiert und kann sie jederzeit abrufen.

Kompetenzen stufenweise entwickeln

Dieses Stufenmodell bietet die Möglichkeit, sich die Kompetenzentwicklung eines Kindes – auch gemeinsam mit dem Kind – in verschiedenen Bereichen bewusst zu machen. Das Ergebnis kann als Grundlage für die Planung der pädagogischen Arbeit dienen. Textor (2010) betont, dass Kinder erfahren sollen, „wie man Lernen plant und selbst überwacht, wie man sich Wissen aneignet und überprüft, welche Lernstrategien erfolgversprechend sind, wo die eigenen Stärken und Schwächen liegen, wie man das Gelernte durchdenkt und erinnert. Sie müssen wissen, dass

Erfolgreiche Lernstrategien nutzen

Lernen Sich-Anstrengen bedeutet, und sollten somit Lern- und Leistungsmotivation entwickelt haben." Dies kann bei der Beschreibung der Lerndispositionen eines Kindes einfließen.

6.1.3 Ausgangslage: Kompetenzen und Interessen der Kinder

Angebote an die Kompetenzen der Kinder anpassen

Um Bildungsangebote bzw. Lernarrangements in elementaren Bildungseinrichtungen zu initiieren, bedarf es zunächst der Überlegung, welche Interessen in der Gruppe beobachtet werden und welche Kompetenzen der Kinder bzw. eines Kindes durch den Lernprozess erweitert werden sollen. Dabei handelt es sich um sprachlich formulierte Vorstellungen über gewünschte Lernergebnisse. Bei der Formulierung angestrebter Kompetenzen ist vom Ist-Stand der Kompetenzen der einzelnen Kinder auszugehen, welchen die Pädagogin/der Pädagoge aufgrund von Beobachtung erfasst. Nicht jede Kompetenz ist gleich erkennbar bzw. gibt es auch nicht beobachtbare Lernergebnisse, z. B. im Erleben des Kindes, die jedoch ebenso wichtig sind. Daher ist zwischen direkt beobachtbaren und nicht beobachtbaren Kompetenzen zu unterscheiden.

Zone der nächsten Entwicklung

Ausgangspunkt der Planungsüberlegungen ist die sogenannte „Zone der proximalen bzw. nächsten Entwicklung". Das bedeutet, dass Lernimpulse auf den nächsthöheren Entwicklungsschritt eines Kindes abzielen (Wygotski, 1987, zit. n. Keller et al., 2013). Dieses Konzept ist ausschließlich über den interaktiven Zusammenhang mit Erwachsenen definiert, indem das Kind „durch Nachahmung, in kollektiver Tätigkeit, unter Anleitung Erwachsener viel mehr einsichtig zu leisten (vermag), als es selbstständig tun könnte. Die Differenz zwischen dem Niveau, auf dem Aufgaben unter Anleitung, unter Mithilfe der Erwachsenen gelöst werden, und dem Niveau, auf dem das Kind Aufgaben selbstständig löst, macht die Zone der nächsten Entwicklung aus." (Wygotski, 1987, S. 300, zit. n. Brandes, 2019, S. 44) Zur Förderung von selbstorganisiertem und selbstreguliertem Lernen können Kompetenzen im Sinne von selbst gesetzten Lernzielen bzw. Lernergebnissen auch gemeinsam mit den Kindern überlegt werden, wie z. B. bei Projekten und für ein Portfolio. In Kindergruppen mit einer breiten Altersmischung sind Bildungsangebote entsprechend differenziert für den unterschiedlichen Entwicklungsstand der Kinder zu planen und/oder das Niveau bzw. die Komplexität der Kompetenzen zu adaptieren.

6.1.4 Formulierung von Kompetenzen

Kompetenzen präskriptiv überlegen

Die präskriptive Formulierung von Kompetenzen, die durch ein Bildungsangebot zur Entfaltung kommen sollen, ist ein Gedankenspiel über die zukünftige Bildungswirklichkeit. Ausgehend von den Kompetenzbereichen können zu den unterschiedlichen Bildungsbereichen Kompetenzen auf unterschiedlichen Niveaus bzw. Komplexitätsstufen so formuliert werden, dass eine Handlungsorientierung erkennbar ist. Zur Operationalisierung der Kompetenzen, d. h. zur möglichen Einschätzung, ob diese erreicht wurden, sind die Kompetenzen so konkret wie möglich zu formulieren. Dabei ist die Benutzung von Verben, die deutlich machen, um welche Tätigkeit oder Einstellungsänderung es geht und auf welchem Niveau sich die Kompetenz bewegt, hilfreich und wesentlich.

Nachfolgend werden den Bildungsbereichen zugeordnet exemplarische Kompetenzen auf unterschiedlichem Entwicklungsniveau beschrieben:

Bildungsbereich Emotionen und soziale Beziehungen

Das Kind kann

... übertragene Aufgaben zuverlässig **ausführen**

... eigene Anliegen und Wünsche **ausdrücken**

... nonverbales Verhalten anderer **einschätzen** und entsprechend darauf **reagieren**

... etwas vor einer Gruppe **vortragen**

... seine Gefühle sprachlich **ausdrücken**

... sich in eine Aktivität **vertiefen**

... Ablenkungen **wahrnehmen** und auf Störungen **reagieren**

... Fehler als Lernfeld **anerkennen**

Bildungsbereich Ethik und Gesellschaft

Das Kind kann

... Werte für das Zusammenleben **reflektieren**

... verschiedene Werthaltungen **annehmen**

... demokratische Entscheidungsstrukturen **verstehen**

... den Nutzen von Regeln **erkennen** und diese **berücksichtigen**

... in einer Konfliktsituation Bewältigungsstrategien **umsetzen**

... unterschiedliche Traditionen **anerkennen**

... die Traditionen seiner Familie **vorstellen**

... ein partnerschaftliches Rollenverständnis **entwickeln**

Bildungsbereich Sprache und Kommunikation

Das Kind kann

... Gegenstände, Sachverhalte und Abläufe **benennen** und **beschreiben**

... auf Fragen inhaltlich angemessen **antworten**

... mit Lauten und Worten **experimentieren**

... Erzählungen oder Vorgelesenes **wiedergeben** und/oder **zusammenfassen**

... Buchstaben in der Umwelt **erkennen/entdecken**

... unterschiedliche Medien selbstständig **nutzen**

... ein Wort in Silben **nachklatschen**

... Begriffe **unterscheiden, zuordnen** und korrekt **anwenden**

Bildungsbereich Bewegung und Gesundheit

Das Kind kann
... eigene koordinative Fähigkeiten **einschätzen** und situationsadäquat **anwenden**
... im Team **zusammenarbeiten**
... Verantwortung für den eigenen Körper **übernehmen**
... sich selbstständig die Nase **putzen**
... sich in unterschiedlichen Bewegungsarten **fortbewegen**
... Sicherheitsregeln **einhalten**
... sich auf neue Geräte **einlassen** und diese **ausprobieren**
... auf genannte Körperteile **hinzeigen** oder diese **benennen**

Bildungsbereich Ästhetik und Gestaltung

Das Kind kann
... durch Experimentieren und Exploration Eigenschaften von Materialien **erfahren**
... Werkzeug sachgerecht **anwenden**
... auf einer Trommel einen Rhythmus **schlagen**
... beim Zeichnen einen Stift unverkrampft **führen**
... Lieder selbstständig **singen**
... Zeichnungen **anfertigen** und darüber **erzählen**
... Materialien **benennen** und **vergleichen**
... Sinneseindrücke gestalterisch **ausdrücken**

Bildungsbereich Natur und Technik

Das Kind kann
... jahreszeitliche Veränderungen sowie Entwicklungen von Lebewesen **beschreiben**
... Gegenstände **zählen**
... sich an Experimenten **beteiligen**
... Hypothesen **aufstellen** und **erforschen**
... mathematische Formen **benennen** und **zuordnen**
... sich mit Phänomenen in der Natur **beschäftigen**
... für Aufgaben unterschiedliche Lösungsstrategien **überlegen**
... mathematische Operationen im Alltag **einsetzen**

Anleitungsfragen zur präskriptiven Formulierung von Kompetenzen

- Auf welchen Vorerfahrungen und Kompetenzen der Kinder wird aufgebaut?
- Welche Kompetenzbereiche (Selbst-, Sozial-, Sachkompetenz, lernmethodische Kompetenz) werden durch das Bildungsangebot angesprochen?
- Welche Bildungs- und/oder Entwicklungsbereiche werden angesprochen?
- Was sollen die Kinder nach dem Bildungsangebot (besser) können als vorher?

6.2 Inhalt (Was-Frage)

Die Was-Frage bezieht sich auf Bildungsinhalte, deren Grundlage die Bildungsbereiche im BildungsRahmenPlan für elementare Bildungseinrichtungen (CBI, 2009) sind. Die konkrete Auswahl der Themen wird jedoch von Pädagoginnen und Pädagogen, die diesen Freiraum professionell nützen sollen, teilweise unter Einbeziehung der Kinder getroffen. Aus einem schier unerschöpflichen gesellschaftlichen Weltwissen kann eine Themenauswahl für Bildungsangebote erfolgen. Ein Bildungsinhalt ist ein aus diesem Wissen herausgeschnittener Lerngegenstand, der einen didaktisch erschließbaren Bildungsgehalt aufweist. Bei der fachkompetenten Auswahl von Bildungsinhalten steht die Frage nach der Gegenwarts- und Zukunftsbedeutung sowie der exemplarischen Bedeutsamkeit des Inhalts im Zentrum (Schröder, 2001). Es gilt zu reflektieren, welche Bedeutung der Inhalt für das Leben der Kinder hat und worin die Bedeutung des Themas für ihre Zukunft liegt, wobei sich Sinn und Bedeutung eines vorgegebenen Inhalts für die Kinder erst in ihrer Auseinandersetzung damit erschließen können. Meyer und Walter-Laager (2019) differenzieren dabei zwei Aspekte:

Weltwissen als Quelle für Themen

Bedeutsamkeit eines Inhalts

- **Thema:** von Bildungsplänen vorgegeben und von der Pädagogin/dem Pädagogen strukturiert, erweitert und konkretisiert.
- **Inhalt:** durch das methodische Handeln der Pädagogin/des Pädagogen und der Kinder hergestellt, z. B. durch Anschauung, Gespräche, Experimente.

Auswahl von Bildungsinhalten

Interessen und Entwicklungsstand der Kinder sind richtungsweisend für die Auswahl der Bildungsinhalte. Die Leitfrage lautet: Was und welcher Themenbereich werden angeboten, um die Kompetenzen der Kinder zu erweitern? Lerninhalte richten sich nach der Lebenssituation und den Vorerfahrungen der Kinder. Das bedeutet, dass auch ad-hoc-Themen von Kindern aufgegriffen werden. Bei der Auswahl von Bildungsthemen müssen neben den Vorerfahrungen der Kinder auch ihre individuellen Kompetenzen berücksichtigt werden. Im Sinne einer Passung werden dadurch Unter- und Überforderung vermieden. Je heterogener eine Gruppe zusammengesetzt ist, umso differenzierter müssen Bildungsangebote nach Alter und Entwicklungsstand geplant werden. Dabei geht es nicht nur um Wissensvermittlung, sondern v. a. um die Entwicklung von Kompetenzen, sodass Kinder lernen, mit dem Wissen umzugehen und in Handlungen umzusetzen. Zusätzlich gilt, dass das angeeignete Wissen und Können bedeutsam für alles Kommende sein muss (Meyer & Walter-Laager, 2019). Da in der Elementarpädagogik der Fokus vorwiegend auf der Prozessorientierung liegt, soll das Lernen der Kinder ergebnisoffen begleitet werden und Platz für neue Ideen, Interessen oder eigene Entwicklungen vorhanden sein.

An Vorerfahrungen der Kinder andocken

Ergebnisoffene Lernbegleitung

Bildungsinhalte können Entwicklungsbereichen wie Motorik, Sprache, Sexualität, logischem Denken und sozial-emotionaler Entwicklung oder Bildungsbereichen wie Kreativität, Musikalität, Mathematik, Literacy, Naturwissenschaften, Technik, Gesundheit etc. zugeordnet werden.

Aufeinander aufbauende Inhalte

Empirische Untersuchungen belegen, dass Lernprozesse erfolgreicher ablaufen, wenn ausgewählte Inhalte aufeinander aufbauen und vernetzt werden, indem Altes mit Neuem, Vertrautes mit Fremden, Konkretes mit Abstraktem verknüpft wird (Fichten & Schmalriede, 2007, zit. n. Meyer, 2015).

Im Sinne der Vernetzung sind den Kindern in der Einstiegsphase in ein neues Thema sogenannte „Ankerideen" anzubieten, d. h. es wird an vorhandenes Wissen der Kinder, das für das neue Thema relevant ist, angeknüpft.

In der nachfolgenden Tabelle sind exemplarische Bildungsangebote angeführt:

Emotionen und soziale Beziehungen	**Ethik und Gesellschaft**	**Sprache und Kommunikation**
Kooperationsspiel	Philosophieren	Erzählen/Vorlesen
Spielimpuls	Konferenz	Bilderbuchbetrachtung
Dramatisieren	Gespräche zur Meinungsbildung	Reime/Sprüche/ Fingerspiele
Didaktisches Spiel	Interkulturelles Angebot	Rätsel

Bewegung und Gesundheit	**Ästhetik und Gestaltung**	**Natur und Technik**
Wahrnehmungsspiel	Lieder singen	Experiment
Tätigkeiten in Haushalt und Garten	Instrumentieren	Mathematik
Bewegungsspiel	Kreis-, Singspiel, Tanz	Ausflug/Exkursion
Bewegungseinheit	Falten	Pflanzen anbauen, pflegen
Entspannungsübung	Textiles Gestalten	Tiergestütztes Angebot

Anleitungsfragen zur Auswahl des Inhalts:

- Woher kommt der Impuls für dieses Thema?
- Welche Bedeutung hat der Inhalt für die Kinder in der Gegenwart und in der Zukunft?
- Welchen Bildungsbereichen kann das Thema zugeordnet werden?

- Welche „Ankerideen“ werden angeboten, d. h. an welches Wissen der Kinder wird in der Einstiegsphase angeknüpft?

6.3 Lernumgebung (Wo-und-Womit-Frage)

Die Lernumgebung in elementaren Bildungseinrichtungen umfasst den Raum, Bereich bzw. Ort wo das Angebot stattfinden wird sowie Spiel- und Bildungsmittel bzw. Medien, die dafür vorbereitet werden.

Raum, Bereich bzw. Ort

Die räumliche Umgebung beeinflusst den Lernprozess erheblich, daher ist der Bereich, Raum bzw. Ort für die Umsetzung eines Bildungsangebots bzw. einer Aktivität vorab so auszuwählen und auszustatten, dass anspruchsvolles Lernen der Kinder möglich wird. Die Auswahl der räumlichen Umgebung richtet sich nach Inhalt und Tätigkeit im vorgesehenen Lernprozess. So werden z. B. eine Bilderbuchvermittlung in einem ruhigen Bereich oder Zeichnen und Malen in der Nähe des Waschraumes geplant. Auch Orte außerhalb der Einrichtung können Lernorte sein. Eine gut vorbereitete Umgebung hält nötige Spiel- und Bildungsmittel, Werkzeuge und Materialen bereit, sodass die Kinder erfolgreich damit hantieren können. Räumliche Gegebenheiten mit ausreichend Platz für die Umsetzung eines Bildungsangebots ermöglichen die Selbsttätigkeit der Kinder.

Passend vorbereiteter Bereich

Wenn Kinder im vorgesehenen Raum bzw. Bereich spielen, so ist ihnen zeitgerecht mitzuteilen, dass dieser für das Bildungsangebot benötigt wird. Bei der Vorbereitung des Bereichs ist zu beachten, ob die Aufmerksamkeit der Kinder durch umgebende Spiel- und Bildungsmittel abgelenkt wird. Die Störung durch diese Ablenkungsfaktoren kann vorab z. B. durch Entfernen oder Abdecken reduziert oder verhindert werden.

Zeitgerecht die Kinder informieren

Anleitungsfragen zur Auswahl des Raumes, Bereichs bzw. Ortes:

- Welcher Raum, Bereich bzw. Ort ist für die Tätigkeit funktional am besten geeignet, welche Voraussetzungen müssen gegeben sein, z. B. Steckdose, Wasseranschluss?
- Wie werden die im Bereich spielenden Kinder zeitgerecht darauf aufmerksam gemacht, dass dieser benötigt wird?
- Welcher Platz ist für die Pädagogin/den Pädagogen geeignet, um den Lernprozess gut begleiten zu können, aber auch einen Blick auf die Gesamtgruppe zu haben?
- Welche Sitzordnung der Kinder ist geeignet, damit sie sich gut auf den Lernprozess einlassen können?

Spiel- und Bildungsmittel, Medien

Spiel- und Bildungsmittel stimulieren Interesse und sinnliche Wahrnehmung

Spiel- und Bildungsmittel bzw. Medien sind Kommunikationsmittel, mit deren Hilfe Informationen weitergegeben werden. Sie wecken das Interesse der Kinder, unterstützen die Wahrnehmung mit mehreren Sinnen und regen die Auseinandersetzung an. Bei deren Auswahl und Einsatz ist vorab die Wirkung auf die Kinder zu überdenken, z. B. können Bälle aufgrund ihres Aufforderungscharakters Dynamik in den Lernprozess bringen. Im Sinne des Prinzips Lernen mit allen Sinnen sind reale Gegenstände für das „Be-greifen" und die handelnde Auseinandersetzung der Kinder mit der Welt Bildern vorzuziehen.

Ästhetische Präsentation von Medien

Bei der Präsentation der Spiel- und Bildungsmittel bzw. Medien kommt der Ästhetik, die damit vermittelt wird, eine besondere Bedeutung zu, z. B. können ansprechende Körbe oder farblich abgestimmte Schachteln benutzt werden. Spiel- und Bildungsmittel haben Vermittlungsfunktion, verdeutlichen und intensivieren den Lernprozess und machen den Bildungsinhalt anschaulich und „be-greifbar". Sie werden bewusst ausgewählt, didaktisch eingesetzt und sollen den Fähigkeiten der Kinder entsprechen, d. h. einen Sachverhalt kindgemäß erschließen (Ellermann, 2013). Die Entscheidung, bestimmte Spiel- und Bildungsmittel einzusetzen, hat eine bedeutsame Auswirkung auf den Verlauf des Lernprozesses und den didaktischen Aufbau.

Anleitungsfragen zur Auswahl der Spiel- und Bildungsmittel bzw. Medien:

- Welche Spiel- und Bildungsmittel sowie Medien sind vorab in welcher Anzahl zu organisieren?
- Welche realen Gegenstände werden den Kindern zum „Be-greifen" mit allen Sinnen zur Verfügung gestellt?
- Inwieweit wird durch die Art der Präsentation die ästhetische Bildung angesprochen?
- Wann werden die Spiel- und Bildungsmittel bzw. Gegenstände im didaktischen Aufbau eingesetzt?

6.4 Sozialform (Wer-mit-Wem-Frage)

Bei Bildungsangeboten bzw. Aktivitäten überlegt die Pädagogin/der Pädagoge eine lernorientierte Sozialform sowie die Zielgruppe, die mit dem Angebot angesprochen werden soll.

Sozialform

Die Sozialform beschreibt die Anzahl der Kinder, die miteinander im Alltag bzw. im Freispiel interagieren.

- **Einzelbeschäftigung** meint die individuelle Auseinandersetzung eines Kindes mit seiner Umwelt, z. B. ein Bilderbuch betrachten, sich die Hände waschen, zeichnen etc. Das Kind interagiert nicht mit einer anderen Person, daher fällt die soziale Komponente weg. Kinder, die alleine spielen bzw. sich mit Materialien auseinandersetzen wollen, die nur für ein Kind bestimmt sind, wählen diese Form. Jüngere Kinder bevorzugen die Einzelbeschäftigung in Form von Alleinspiel oder Parallelspiel aufgrund ihres Entwicklungsstands und ihrer fluktuierenden Bedürfnisse.

Individuelle Auseinandersetzung mit der Umwelt

- **Tandemtätigkeit** meint die Auseinandersetzung eines Kindes mit der Umwelt gemeinsam mit einem zweiten Kind oder einem Erwachsenen. Dadurch gewinnt die soziale Komponente an Bedeutung. Beide Beteiligte können sich in hohem Maße aktiv einbringen. Tandemtätigkeiten können aufgrund von pädagogischen Überlegungen v. a. für die Begleitung und Förderung von Kindern mit besonderen Begabungen oder mit Entwicklungsrückständen sowie für jüngere Kinder ausgewählt werden.

Zu zweit spielen und lernen

- **Kleingruppe** meint eine Gruppe von ca. drei bis sechs Kindern, die gemeinsam spielen und lernen. Erwachsene können daran beteiligt sein. Aufgrund der für die Kinder überschaubaren Anzahl an Beteiligten kann sich jedes Kind aktiv in den Kommunikationsprozess einbringen. Diese Sozialform wird v. a. von älteren Kindern mit entsprechenden sozialen Kompetenzen im Freispiel selbstständig gewählt. Für pädagogische Impulse bzw. die meisten Bildungsangebote wie z. B. Bilderbuchbetrachtung oder Einführen von Instrumenten, Gedichten und Fingerspielen bietet diese Sozialform unter Berücksichtigung des Alters und des Entwicklungsstands der Kinder geeignete Bedingungen, um den Lernprozess ko-konstruktiv gestalten zu können. Pädagoginnen und Pädagogen leiten den Ablauf und können dialogisch jedes einzelne Kind ansprechen.

In kleinen Gruppen interagieren

- **Teilgruppe** meint eine größere Anzahl von ca. sieben bis zwölf Kindern, die mit oder ohne Erwachsene an der Auseinandersetzung mit der Umwelt beteiligt sind. Im Freispiel finden sich Kinder seltener zu dieser Sozialform zusammen. Manche Bildungsangebote wie z. B. Tänze, Bewegungsspiele, Rhythmik, Geschichtenerzählen oder Kinderparlament können mit einer größeren Anzahl von Kindern durchgeführt werden bzw. bedürfen manchmal dieser Sozialform. Bei der Gruppenzusammensetzung ist jedoch auf Alter und Entwicklungsstand zu achten. Die Pädagogin/der Pädagoge übernimmt bei einer Teilgruppe die Leitungsrolle und kann sich weniger auf einzelne Kinder einlassen.

Angebote für Teilgruppen

- **Gesamtgruppe** meint alle Kinder einer Gruppe und dient in erster Linie der Förderung des Gemeinschaftsgefühls. Die Pädagogin/der Pädagoge übernimmt in dieser Sozialform bewusst die Leitung des Prozesses und kann wenig auf einzelne Kinder eingehen. Aktivitäten in der Gesamtgruppe wie Morgen- oder Mittagskreis stärken das Gemeinschaftsgefühl und sind im Alltag kindgerecht

Angebote für alle zur Förderung der Gemeinschaft

und sinnvoll einzuplanen. Dabei sind die Spiel- und Lernprozesse der Kinder zu berücksichtigen, damit die Kinder nicht mehrmals am Tag ihre Aktivitäten unterbrechen müssen. Günstige Zeiten im Alltag sind z. B. vor dem gemeinsamen Mittagessen oder bevor die Gruppe in den Garten geht und sowieso eingeräumt wird.

Überforderung in der Gesamtgruppe bemerken

Zusammenkünfte in der Gesamtgruppe sind auf kurze Perioden, die dem Alter und der Aufmerksamkeitsspanne der Kinder entsprechen, zu beschränken. Jüngere Kinder und Kinder mit Beeinträchtigungen, für die diese Sozialform überfordernd sein kann, dürfen währenddessen anderen Aktivitäten nachgehen (Tietze, Roßbach, Nattefort & Grenner, 2017). Geeignete Aktivitäten für eine Gesamtgruppe haben das Interesse und die Beteiligung aller Kinder zum Ziel, wie z. B. ein Lied singen, sodass langes Zuhören vermieden wird.

Anleitungsfragen zur Auswahl der Sozialform:

- Welche Sozialform ist in Abhängigkeit vom Entwicklungsstand der Kinder angemessen?
- Inwieweit ermöglicht es die Anzahl der Kinder, sich aktiv auf den Lernprozess einzulassen?
- Welche Sozialform ist für die Aktivität bzw. Tätigkeit im Bildungsangebot geeignet?
- Zu welcher Zeit im Alltag ist eine Aktivität in der Gesamtgruppe günstig, um die Spiel- und Lernprozesse im Freispiel so wenig wie möglich zu unterbrechen?

Zielgruppe

Zusammensetzung einer passenden Lerngruppe

Für die Planung eines Bildungsangebots ist zu überlegen, für welche Kinder dieses geeignet ist, sodass sie sich konzentriert in den Lernprozess vertiefen können. Dafür bedarf es der Kenntnis des Entwicklungsstands und der Kompetenzen der einzelnen Kinder. Die Zusammensetzung wird je nach Art des Bildungsangebots unterschiedlich sein. Weiters werden Freundschaften, Beziehungen und gruppendynamische Aspekte berücksichtigt sowie mögliche konflikthafte Gruppenzusammensetzungen beachtet.

Um Unter- bzw. Überforderung der Kinder zu vermeiden, müssen Bildungsinhalte dem Alter und Entwicklungsstand sowie den Interessen der Kinder entsprechen. Damit Lernprozesse bestmöglich ablaufen, sollte die Zusammensetzung der Kindergruppe dem geplanten Prozessverlauf entsprechen.

Anleitungsfragen zur Auswahl der Zielgruppe:

- Inwieweit ist der individuelle Entwicklungsstand der beteiligten Kinder berücksichtigt?

- Inwieweit entspricht der Inhalt/das Thema den Interessen und Vorerfahrungen der Kinder?
- Werden Buben und Mädchen gleichermaßen angesprochen?
- Inwieweit wird Lernen in Peerbeziehungen ermöglicht?

6.5 Handlungsstruktur (Wie-Frage)

Eine konstruktivistische Didaktik stellt die Aktivität der Lernenden in den Fokus und bietet Handlungsmöglichkeiten an, die auf die Selbsttätigkeit der Kinder abzielen (Reich, 2012). Bei der Planung eines Bildungsangebots ist daher zu überlegen, welche Handlungen die Pädagogin/der Pädagoge selbst durchführt und zu welchen sie/er die Kinder anleiten möchte bzw. wird. Diese Handlungsstruktur dient dazu, die angestrebten Kompetenzen bei den Kindern zu unterstützen und den dafür ausgewählten Inhalt dramaturgisch umzusetzen (Jank & Meyer, 2018).

Handlungsmöglichkeiten der Kinder fokussieren

Die kleinste methodische Einheit einer Planung ist eine einzelne Handlung einer Pädagogin/eines Pädagogen und/oder der Kinder. Jede Handlung ist in sich zielorientiert und in einen Handlungsablauf eingebettet. Handlungen können auch „Operationen" genannt werden, die durch ihren „Operator" näher bestimmt werden. Mit Operator ist das Verb, mit dem die Art der Handlung beschrieben wird, gemeint, z. B. eine Frage stellen, etwas wiegen, über etwas nachdenken, etwas vergleichen, etwas beobachten etc. Für die Formulierung der (Handlungs-) Aufträge an die Kinder werden die für die zwischenmenschliche Kommunikation entwickelten „Symbolsysteme" der Sprache, der Zahl, der bildlichen Darstellung, der Musik, des Tanzes und des Spiels genutzt. Um die Kinder im Bildungsangebot zu einer Handlung bzw. Tätigkeit anzuleiten, wird das entsprechende Verb bzw. der Operator ausgewählt (Meyer, 2015, S. 203ff.).

Handlung als kleinste methodische Einheit

Handlungsaufträge formulieren

Handlungsketten und Handlungsmuster (Methoden)

Aus mehreren Einzelhandlungen entstehen Handlungsketten bzw. aus mehreren Arbeitsschritten entsteht ein Arbeits- bzw. Spannungsbogen im Prozessverlauf, wodurch ein Bildungsangebot eine Struktur erhält. Handlungsketten folgen einer inneren Logik, indem eine Handlung zum Mittel wird, um die nächste Handlung herzustellen, z. B. soll eine Frage beantwortet, ein Rätsel gelöst, ein Naturphänomen beobachtet, beschrieben und erklärt werden (Meyer, 2015). Immer wieder eingesetzte Handlungsketten wurden im Laufe der Zeit zu Handlungsmustern, die weiterentwickelt bzw. überarbeitet wurden und sich in der Praxis als bewährte Methoden (Vorgehensweisen) etabliert haben, wie z. B. der Ablauf für die Erarbeitung eines Liedes.

Struktur durch Handlungsmuster

Auswahl und Begründung der Handlungsmuster bzw. Methoden

Die ausgewählten Handlungsmuster bzw. Methoden, die in der Umsetzung eines

Begründete Auswahl von Methoden

Bildungsangebots zu einem Spannungsbogen im Lernprozess führen sollen, sind dahingehend zu begründen, welche didaktische Funktion sie für den Lernprozess erfüllen. So hat ein Experiment beispielsweise die Funktion, Neugier und Problembewusstsein bei den Kindern zu wecken (Meyer, 2015).

Anleitungsfragen zur Handlungsstruktur:

- Welche Handlungs-/Arbeitsschritte sind für den Lernprozess zielführend?
- Zu welchen Handlungen/Tätigkeiten werden die Kinder durch welche „Operatoren" (Verben) angeleitet?
- Inwieweit hat jedes Kind die Möglichkeit, durch Handlungen bzw. Tätigkeiten die angestrebten Kompetenzen zu entwickeln?
- Inwieweit erfüllt die Auswahl der Methode ihre didaktische Funktion?

6.6 Prozessstruktur (In-welcher-Reihenfolge-Frage)

Mit einem vorüberlegten Prozessverlauf – einer Planung für die Umsetzung eines Bildungsangebots – wird eine Methode als Ablauf von einzelnen Handlungsmustern als Einstiegs-, Erarbeitungs- und Ausklangsphase beschrieben mit dem Ziel, dem Ablauf eine Struktur zu geben. Dabei ist auf die Folgerichtigkeit der methodischen Schritte zu achten, sodass sich jeder methodische Schritt nachvollziehbar aus dem vorangegangenen ergibt und ein „roter Faden" für den Lernprozess entsteht. Diese Handlungslogik ist auf die Wechselwirkung zwischen Zielsetzung, Inhalt und Methode ausgerichtet und stellt die Abfolge der Handlungen bzw. die Handlungsstruktur für ein geplantes Bildungsangebot in Abhängigkeit der angestrebten Kompetenzen und des Themas bzw. Inhalts dar. Dabei werden für ein lernorientiertes Setting die Zielgruppe und die Sozialform für die Umsetzung überlegt und der bestmögliche Bereich/Ort sowie geeignete Spiel- und Bildungsmittel bzw. Medien ausgewählt. In Abhängigkeit von Alter und Entwicklungsstand, Konzentrationsfähigkeit, Motivation sowie Interesse der Kinder und der Möglichkeit, während der Umsetzung selbsttätig zu handeln, ist die Dauer des geplanten Ablaufs einzuschätzen. Realistisch ist eine ungefähre Dauer zwischen 15 und 45 Minuten.

Folgerichtigkeit der methodischen Schritte

Lernorientiertes Setting überlegen

Auswahl des Zeitpunkts

Für die Auswahl des Zeitpunkts zur Umsetzung des Bildungsangebots ist zu beachten, dass für den Erfolg die Aufnahmebereitschaft und die Konzentration der teilnehmenden Kinder maßgeblich sind. Konzentrationsfördernd können Möglichkeiten der Bewegung oder Entspannung im Vorfeld des Angebots sein. Kinder dürfen für ein Bildungsangebot auch nie unmittelbar aus ihren eigenen Spielprozessen herausgerissen werden, sondern werden zeitgerecht auf das Bildungsangebot hingewiesen. So haben sie Zeit, ihr Spiel in Ruhe zu beenden und sich gedanklich auf

Aufnahmebereitschaft der Kinder beachten

das Kommende einzustellen, was die Bereitschaft des Einlassens auf den Prozess begünstigt. Eine frühe Vorankündigung des Bildungsangebots z. B. am Vortag oder am Morgen kann die Vorfreude und die positive Erwartung der Kinder steigern.

Anleitungsfragen zur Auswahl des Zeitpunkts:

- Wie ist die Konzentrationsfähigkeit der Kinder aufgrund vorangegangener Tätigkeiten einzuschätzen?
- Werden die laufenden Spielprozesse der Kinder berücksichtigt? Haben sie ausreichend Zeit, ihr Spiel zu beenden?
- Werden die Kinder zeitgerecht auf das Bildungsangebot aufmerksam gemacht?
- Inwiefern begünstigt das Setting (Auswahl der Zielgruppe und Sozialform) die Konzentrationsfähigkeit für den Lernprozess?

Motivierung

Neugier der Kinder gewinnen

Mit der Art und Weise der Motivierung werden ausgewählte Kinder gezielt auf ein Bildungsangebot aufmerksam gemacht, um ihr Interesse zu wecken und den Wechsel vom Freispiel zum Bildungsangebot anzukündigen. Dafür verwendete Spiel- und Bildungsmittel bzw. Medien sind bestmöglich im Zusammenhang mit dem Thema/Inhalt auszuwählen, wie z. B. ein Bilderbuch, Bilder für ein Sachgespräch, Gegenstände für ein Experiment etc. Auch akustische oder optische Signale wie z. B. eine Melodie oder ein Lichtsignal eignen sich dazu, auf fixe Angebote im Tagesablauf aufmerksam zu machen. Bei bestimmten Angeboten wie z. B. Werken oder Kochen werden die Kinder bereits durch das Herrichten des Arbeitsplatzes auf das bevorstehende Bildungsangebot hingewiesen. Bei der Auswahl einer bestimmten Zielgruppe ist der Einsatz von Teilnahmekärtchen hilfreich.
Bei der Motivierung für Bildungsangebote mit einer größeren Teilgruppe oder wenn ein Wechsel in einen anderen Raum vorgesehen ist, ist der Übergang gleitend, ohne lange Wartezeiten für die Kinder, zu gestalten.

Anleitungsfragen zur Motivierung:

- Womit und in welcher Art und Weise wird das Interesse der Kinder für das Bildungsangebot bzw. den Bildungsinhalt geweckt?
- Welche kreative bzw. spielerische Art und Weise der Motivierung ist passend?
- Inwieweit steht die Motivierung bereits in Zusammenhang mit dem Inhalt/Thema?
- Was ist für einen fließenden Übergang vorab zu organisieren, um lange Wartezeiten zu vermeiden?

Einstiegsphase

Ziele der Einstimmung sind, die Kinder zum Inhalt/Thema hinzuführen und an ihr Vorwissen anzuknüpfen. Dieses Andocken an bereits Erlerntes, an Vorerfahrungen und vorhandenes Wissen sowie die Verknüpfung mit bekannten Inhalten ist aus Sicht der Gehirnforschung eine Komponente des erfolgreichen Lernens. Weiters werden den Kindern der Sinn und das Ziel des Bildungsangebots sowie die geplante Vorgehensweise mitgeteilt. Zur Unterstützung der Verständlichkeit wird den Kindern bei der Erklärung eine weitere, zusätzliche Instruktionsform angeboten, z. B. Vorzeigen, Bilderauflegen, Materialeinsatz.

Kinder informieren, was kommt

Mit anregenden und ästhetisch präsentierten Spiel- und Bildungsmitteln werden das Interesse und die Neugier der Kinder geweckt. Ein gefühlsmäßiger Bezug der Kinder kann hergestellt werden, wenn sie das Material in die Hand nehmen und mit allen Sinnen „be-greifen" können. Bevorzugt werden reale Gegenstände. Bilder können ergänzend eingesetzt werden oder wenn reale Materialien nicht organisierbar sind.

Spiel- und Bildungsmittel bewusst einsetzen

Bereits in der Einstiegsphase soll im Setting einer Kleingruppe jedes Kind Gelegenheit erhalten, über sein Wissen und seine Erfahrungen zum jeweiligen Thema zu berichten. Die Pädagogin/der Pädagoge kann durch vorüberlegte, gezielte und offene Fragen die Erzählungen der Kinder anleiten. Dadurch werden das Selbstbewusstsein, die Erzählkompetenz und die Gesprächskultur der Kinder gefördert und die Pädagogin/der Pädagoge erhält Einblick in die Lebenswelt und das Wissen der einzelnen Kinder, an dem sie/er andocken kann.

Kinder teilen ihre Erfahrungen mit

Anleitungsfragen zur Einstiegsphase:

- Mit welchen Instruktionsformen wird den Kindern der bevorstehende Prozess erläutert?
- An welches Vorwissen bzw. welche Vorerfahrungen der Kinder wird angeknüpft?
- Mit welchen zielgerichteten, offenen Fragen werden die Kinder zum Erzählen über eigene Erfahrungen und bestehendes Wissen angeregt?
- Inwieweit ist/wird der Inhalt in das Bildungsgeschehen der Gruppe eingebettet?

Erarbeitungsphase

Ziele der Durchführung sind die Entwicklung und Festigung von vorüberlegten Kompetenzen bzw. das Erlernen neuer Inhalte. Die Ansätze der konstruktivistischen Didaktik sowie der Kompetenzorientierung stellen die Aktivität, Selbsttätigkeit und Exploration der Lernenden ins Zentrum. Bei der Planung der methodischen Schritte ist also genau zu bedenken, welche Handlungen im Prozess von der Pädagogin/vom Pädagogen und welche von den Kindern ausgeführt werden, damit sie aus-

Tätigkeit der Kinder steht im Zentrum

reichend Gelegenheit und Freiräume zur Kompetenzentwicklung haben. Die für das jeweilige Bildungsangebot passenden Handlungsmuster werden sinnstiftend überlegt, sodass die einzelnen Lernschritte folgerichtig, kindgemäß und ganzheitlich aufgebaut sind und einen Spannungsbogen mit möglichem Höhepunkt ergeben. Sinnvoll ist es, vorab motivationserhaltende Interventionen und Hilfestellungen zu überlegen, damit die Kinder beim Durchhalten während des gesamten Ablaufs unterstützt werden.

Da es sich bei der Planung nur um einen Entwurf der Bildungswirklichkeit handelt, ist davon auszugehen, dass es bei der Umsetzung durch Ideen der Kinder zu Änderungen des Ablaufs kommen wird, auf die sich die Pädagogin/der Pädagoge einlässt. Der Prozess wird danach bezüglich des Ablaufs, der Ideen der Kinder und der erwarteten Kompetenzen reflektiert und ausgewertet.

Ideen der Kinder einbeziehen

Anleitungsfragen zur Durchführung:

- Inwieweit sind die methodischen Schritte folgerichtig, kindgemäß und ganzheitlich und ergeben einen Spannungsbogen?
- Wann gibt es für die Kinder Gelegenheit für Selbsttätigkeit und Exploration?
- Welche sinnstiftenden Handlungsmuster sind für den Kompetenzerwerb geeignet?
- Wann können die Kinder ihre Ideen, Meinungen oder Überlegungen einbringen?

Ausklangsphase

Ziele des Ausklangs sind, den Lernprozess mit Bezug auf den Inhalt abzuschließen und den Übergang ins Gruppengeschehen anzuleiten. Es besteht die Möglichkeit, dass die Kinder ihre neu erworbenen Kompetenzen präsentieren. Mit älteren Kindern kann über lernmethodische Kompetenzen reflektiert werden, damit sie ein Bewusstsein für ihr eigenes Lernen und mögliche Lernstrategien erlangen. Zentrale Fragestellungen an die Kinder sind: „Was hast du gelernt?“ „Wie hast du es gelernt?“ Mit den Kindern wird auch abgesprochen, wo nach der Umsetzung die verwendeten Spiel- und Bildungsmittel zur Verfügung stehen, sodass weiterführende Lernprozesse im Freispiel stattfinden und Kompetenzen eigenständig vertieft werden können.

Über das Lernen reden

Für die Rückkehr in das Gruppengeschehen ist ein fließender Übergang ohne lange Wartezeiten, der mit dem Inhalt in Zusammenhang steht, zu überlegen. Einzelauflösungen erweisen sich als besonders günstig, da jedes Kind bei der Suche nach einer neuen Spielmöglichkeit unterstützt werden kann und die übrige Gruppe nicht gestört wird. Damit der gleitende Übergang gewährleistet ist, sind manchmal Absprachen mit Kolleginnen und Kollegen nötig wie z. B. beim Wechsel der Räume.

Fließender Übergang durch Einzelauflösung

Nach Phasen der Konzentration und/oder intensiven Bewegung kann eine Phase der Entspannung und Ruhe als Übergang eingeplant werden. Bestimmte Angebote, wie z. B. Werken, klingen nach Fertigstellung des Werkstücks individuell aus. Am Ende des Bildungsangebots wird der Arbeitsplatz gemeinsam mit oder eigenständig von den Kindern aufgeräumt.

Anleitungsfragen zum Ausklang:

- Inwieweit unterstützt der Ausklang die Festigung der erlernten Kompetenzen?
- Wie werden ältere Kinder im Sinne lernmethodischer Kompetenzen zur Reflexion des Lernprozesses angeregt?
- Wie werden die Kinder zum Aufräumen ihres Arbeitsplatzes und zur Herstellung von Ordnung angeleitet?
- Wie werden die Kinder bei Einzelauflösungen begleitet, in das Gruppengeschehen zurückzukehren?

Festigung und Vertiefung der Kompetenzen

Nachhaltigkeit durch Wiederholung und Transfer

Damit die Kinder die erworbenen Kompetenzen festigen und internalisieren können, sind weiterführende methodische Vorgehensweisen zu überlegen und anzuwenden. Dadurch wird der Transfer auf andere Wissens- und Könnensgebiete unterstützt (Meyer, 2015, S. 202):

- **Vertikaler Transfer** meint, von basalen Kenntnissen bzw. Kompetenzen zu anspruchsvolleren im Sinne einer Differenzierung zu gelangen, z. B. das Gestalten mit Plastilin mit den Händen wird durch das Bereitstellen von Werkzeug differenziert.
- **Horizontaler Transfer** liegt vor, wenn erworbenes Wissen und Können auf einen anderen Bereich übertragen und sinnvoll angewendet werden, z. B. das Wiegen von Zutaten für einen Kuchen wird von den Kindern selbsttätig auf das Abwiegen von Gemüse im Kaufladen übertragen.

Anleitungsfragen zur Festigung und Vertiefung der Kompetenzen:

- Inwieweit stehen die im Bildungsangebot verwendeten Spiel- und Bildungsmittel im Freispiel für weiterführende Spielhandlungen zur Verfügung?
- Wann ist eine Wiederholung des Bildungsangebots – eventuell in Variationen – angedacht?
- Welcher Transfer auf andere Bereiche kann zur Festigung bzw. Weiterentwicklung der Kompetenzen angeregt werden?
- Wie und mit welchen Informationen können die Eltern bei der Festigung der erworbenen Kompetenzen eingebunden werden?

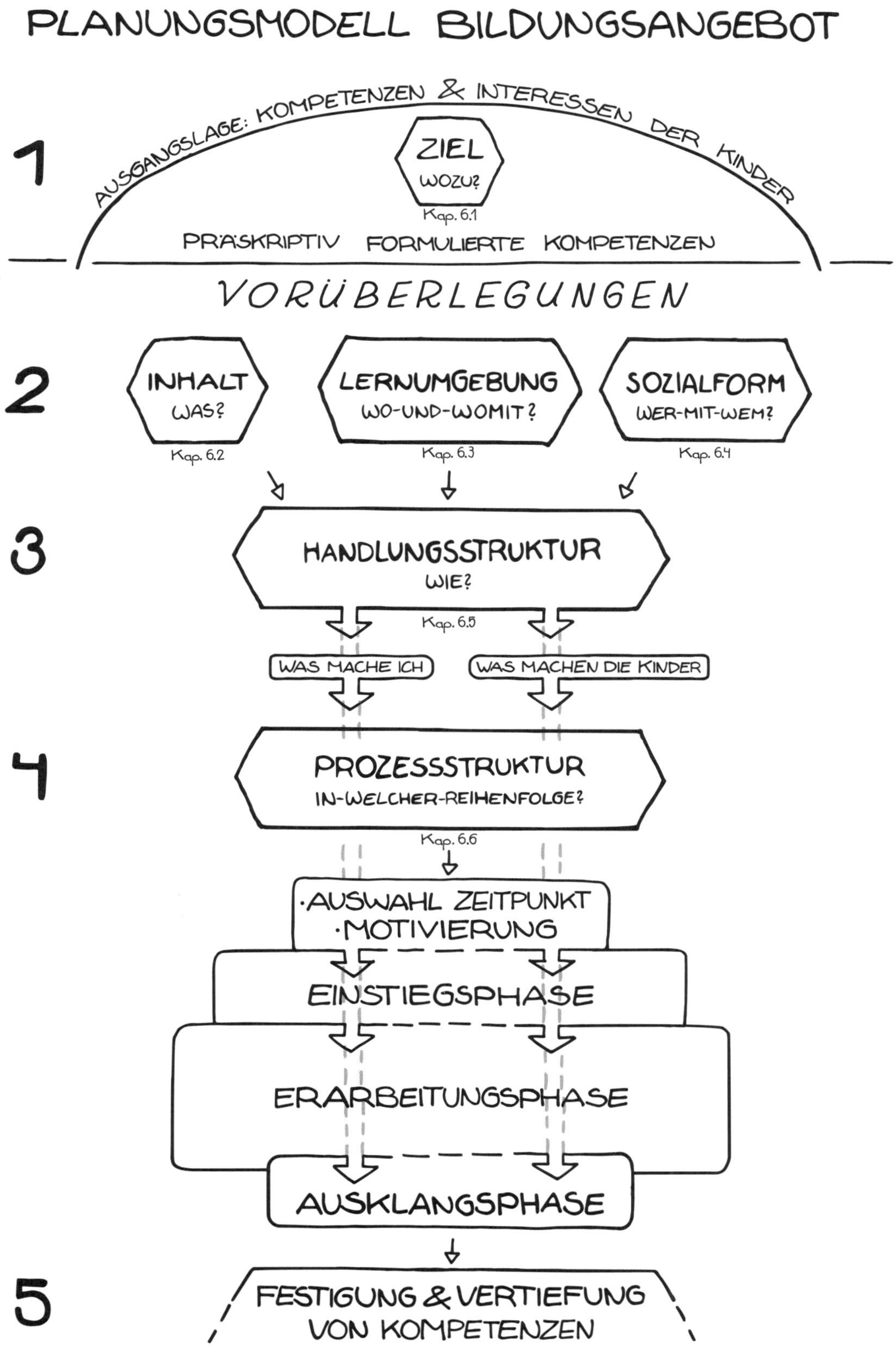

Abb. 3: Planungsmodell für Bildungsangebote (in Anlehnung an Jank & Meyer, 2018, S. 329)

7. PROJEKT

Der Begriff „Projekt" bzw. die Projektmethode entstand bereits im späten 16. Jahrhundert an der Kunstakademie in Italien. In den Entwurfsarbeiten der Studierenden, *progetti* genannt, wurden eigene Ideen mit der realen Welt verknüpft (Textor, 2013). Der Begriff bzw. die Methode wurde später von der Schule für das Lernen durch Tun, basierend auf demokratischen Prinzipien, übernommen. Projektarbeit ist auch in elementaren Bildungseinrichtungen etabliert, entsprechend den Prinzipien Ganzheitlichkeit, Lernen mit allen Sinnen, Lebensweltorientierung, Partizipation und Empowerment. Ausgehend von den Erfahrungen der Kinder zielt das forschende Lernen auf Fragestellungen der Kinder ab mit dem Ziel, Kompetenzen in dem ausgewählten Gebiet zu erwerben, sich in der Welt zurechtzufinden und handlungsfähig zu sein. In einem Projekt setzen sich die beteiligten Personen wie Kinder, Pädagoginnen und Pädagogen, Assistenzkräfte und/oder Eltern über einen längeren Zeitraum mit einer Thematik intensiv lernend auseinander. Dabei steht nicht das Erreichen eines Endprodukts im Vordergrund, sondern der Prozess der Auseinandersetzung. Lernen findet durch selbsttätiges Handeln, Nachdenken, Forschen und Experimentieren statt. Die Kinder sind bereits an der Projektinitiative beteiligt, indem sie ihre Erfahrungen und Ideen einbringen, und entwickeln den Projektplan gemeinsam mit den Fachkräften. Während eines Projekts gibt es immer wieder Reflexionen, die zu Veränderungen des Projektplans führen können. Am Ende findet eine Präsentation statt.

Ursprung des Begriffs „Projekt"

Verantwortung der Kinder von Anfang an

Ein Projekt folgt folgendem Verlauf (in Anlehnung an Textor, 2013, S. 34):

Projektinitiative

Auslöser für Projekte

Auslöser für ein Projekt können die Ideen der Kinder, eine bestimmte Situation oder ein Vorschlag der Pädagogin/des Pädagogen sein. Bei jungen Kindern werden Interessen für ein Projekt durch Beobachtung sichtbar. Es können aber auch gezielt Ideen für ein Projekt gemeinsam mit Kindern und Eltern gesammelt werden, die auf die Lebenswirklichkeit der Kinder bezogen sind, wie z. B. die Erkundung der Umgebung der Bildungseinrichtung. Diese Ideen können Gesprächen oder Kinderkonferenzen entspringen und mittels Mind-Maps oder Wandplakaten zur Transparenz für alle dokumentiert werden. Um die Kinder mit der Entscheidung nicht zu überfordern, sollte im Team eine Vorauswahl von einigen wenigen Themen nach folgenden Kriterien vorgenommen werden: Häufigkeit der genannten Ideen, gegenwärtige und zukünftige Bedeutung für die Kinder, Interesse im Team etc. Eine Projektinitiative startet immer mit der Möglichkeit für alle Kinder, ihre Meinungen, Wünsche und Ideen kundzutun. Im Sinne der Partizipation entscheiden sich die Kinder für oder gegen den Projektvorschlag. Wenn sich nur eine Teilgruppe für das Thema interessiert, so kann diese das Thema weiterverfolgen. Bereits dieser Prozess

Partizipatives Planen, ein Lernprozess

ist für das Lernen der Kinder von Bedeutung. Kommunikationsregeln, Konfliktbewältigung und demokratische Prozesse werden eingeübt. Ist ein Projekt beschlossen, wird in der Gruppe der Beteiligten ein Projektplan erstellt.

Projektplan

Fragestellungen für den Projektplan

Für die Projektplanung können u. a. folgende Fragestellungen hilfreich sein:

- Welche Ziele werden verfolgt?
- Welche Unternehmungen sind geplant?
- Welche Orte werden einbezogen?
- Was wird für die Realisierung benötigt (Materialien, Personen, Budget etc.)?
- Wer kann welche Aufgaben übernehmen?
- Welche Projektschritte, welcher organisatorische Ablauf sind geplant?
- Wie und wann soll das Ergebnis präsentiert werden?

Kindgerechte Methoden auswählen

Für das Sammeln und Ordnen zur Planung des Projekts eignen sich unterschiedliche Methoden. Dabei sind solche zu bevorzugen, die Kindern die Möglichkeit bieten sich einzubringen, wie Kinderkonferenz, Plakate, Mind-Maps, Wandbilder, Zeichnungen, Sammlung von Anschauungsmaterialien etc. Hilfreich ist auch eine an der Wand angebrachte Zeitleiste, aus der ersichtlich wird, wer, was, wann und wo tut. So ist der Projektplan für alle nachvollziehbar und kann während der Durchführung bei Bedarf immer wieder verändert und ergänzt werden.

Vorbereitung des Projekts

Arbeitsgruppen zur Vorbereitung

Für größere Projekte ist es zur Vorbereitung sinnvoll, Arbeitsgruppen zu gründen, die bestimmte Aufgaben übernehmen oder offene Fragen vor der Durchführung des Projekts in der Gruppe klären. Dafür können auch Eltern oder andere Erwachsene einbezogen werden. Aber auch ältere Kinder können für die Vorbereitung Aufgaben übernehmen.

Projektdurchführung mit Reflexionsphasen

Kinder erforschen ihre Hypothesen

Während der Projektdurchführung wird der Lerngegenstand des Projekts aus verschiedenen Blickwinkeln ausgiebig bearbeitet. Bei diesem Prozess sind die Kinder Forscherinnen und Forscher. Sie bekommen keine vorgefertigten Inhalte vermittelt, sondern überlegen Fragen zur Erkundung des Themas und woher sie Antworten bekommen. Durch ihre Handlungen erzeugen sie Ergebnisse und Produkte, die ihre Lernprozesse vervollständigen, um Herausforderungen zu bewältigen (Reich, 2019). Sie erforschen ihre Hypothesen und subjektiven Theorien, bestätigen oder widerlegen diese und erschließen sich das Lernfeld in ihrem Tempo. In Anlehnung an den metakognitiven Ansatz von Gisbert (2002) werden in kontinuierlichen Reflexionsphasen mit den Kindern der Inhalt des Projekts, die Struktur des Inhalts sowie die

Übers Lernen reflektieren

Lernprozesse der Kinder thematisiert. Diese Reflexion unterstützt den Erwerb lernmethodischer Kompetenzen.
Weiters können in der Reflexion neue Ideen geäußert werden, die eine Veränderung des Projekts nach sich ziehen. Das Projekt kann dadurch erweitert werden oder eine andere Richtung erhalten. Pädagoginnen und Pädagogen lassen sich ebenso auf diesen Forschungsprozess ein.

Projektdokumentation

Projektprozesse veranschaulichen

Die laufende Dokumentation des Projekts erfolgt für alle sichtbar bereits prozessbegleitend, z. B. an einer Wandtafel in Augenhöhe der Kinder. Sie hat das Ziel, Lern- und Bildungsprozesse für die Kinder zu veranschaulichen. Die Dokumentation neuer Fragen und Ideen der Kinder regt zum Nachdenken an, um weitere Schritte zu planen.
Eine Projektmappe mit der Beschreibung und den Fotos des Projekts dient zur Erinnerung für Kinder, Eltern, Team und Träger und soll auch zur späteren Einsichtnahme aufliegen.

Projektpräsentation

Ergebnisse präsentieren

Möglich ist es, das Projekt einem ausgewählten Publikum zu präsentieren, insbesondere wenn im Laufe des Projekts Produkte wie Bilder, Collagen und dergleichen entstanden sind, die Kinder ihre neu erworbenen Kompetenzen zeigen möchten oder der Projektverlauf mit Videos und Fotos festgehalten wurde. Nicht beteiligte Kinder, Eltern oder andere Gäste erhalten als Publikum durch eine Projektpräsentation Einblick in die Lernkultur der elementaren Bildungseinrichtung. Manche Projekte enden mit der öffentlichen Präsentation von Ergebnissen, etwa im Rahmen einer Vernissage oder eines Beitrags in der Lokalpresse.

Evaluation des Projekts

Reflexion des Projekts

Den endgültigen Abschluss bildet die Evaluation des Projekts gemeinsam mit den Kindern in Form einer Reflexion, um den gesamten Projektverlauf hinsichtlich seiner Qualität zu beurteilen und Konsequenzen für zukünftige Projekte abzuleiten.
Je ausführlicher und genauer ein Lernprozess dokumentiert, präsentiert und reflektiert wird, desto nachhaltiger kann das Gelernte behalten werden (Reich, 2019).

8. REFLEXION VON BILDUNGSPROZESSEN

Der Begriff „reflektieren“ bedeutet im eigentlichen Wortsinn „widerspiegeln“. Aus wissenschaftlicher Sicht soll jede Didaktik durch eine Erkenntniskritik begründet sein, d. h. eine Theorie sollte hinsichtlich der eingesetzten Methoden und Resultate reflektiert werden (Reich, 2012). Reflexion hat zum Ziel, im gedanklichen Rückblick wissenschaftlich fundiertes Wissen und das Verstehen von Praxissituationen zusammenzuführen. Das theoriegeleitete Nachdenken über die Praxis dient dem Aufbau der eigenen pädagogischen Expertise. Das Nachdenken über eine Situation und/oder das eigene Wissen führt durch Rekonstruieren oder Strukturieren zum Aufbau neuer Wissensstrukturen im Sinne von Reframing, d. h. Umdeutung und Neurahmung einer Situation.

Expertise durch Reflexion erlangen

Das dafür nötige Wissen über theoretische Grundlagen unterstützt Pädagoginnen und Pädagogen darin, reflexive Distanz zum eigenen Denken, Fühlen und Handeln herzustellen. Dieses Theoriewissen kann unter vier Funktionen betrachtet werden (Meyer & Walter-Laager, 2019):

Funktion von Theoriewissen

- **Legitimationsfunktion:** das eigene Handeln gegenüber Kindern, Eltern, im Team begründen.
- **Kritikfunktion:** das eigene Handeln und die Interaktionen sachlich beobachten und kritisch hinterfragen.
- **Innovationsfunktion:** über die eigenen subjektiven Theorien hinaus bisher nicht selbst erfahrene Handlungsperspektiven entwickeln.
- **Qualitätssicherung:** die Qualität einer elementaren Bildungseinrichtung evaluieren und sie auf Grundlage von empirischen Empfehlungen erhöhen (siehe Kapitel Pädagogische Qualität).

Praktikerinnen und Praktiker benötigen Reflexionskompetenz, damit sie in der Lage sind, das eigene Handeln in reflexiver Distanz zu betrachten und andere bzw. zielführende Vorgehensweisen für die Praxis anzudenken. Reflexion bezieht sich auf Lern- und Bildungsprozesse der Kinder und die Wirksamkeit des pädagogischen Handelns für das Lernen der Kinder. Bezugspunkte für die Reflexion können u. a. das Bild vom Kind, das Bildungs- bzw. Rollenverständnis sowie die Prinzipien, die die Grundlage des frühen Lernens und der Kompetenzentwicklung der Kinder bilden, sein. Wichtig ist es, v. a. während der Ausbildung oder beim Berufseinstieg methodisch-didaktische Vorgehensweisen bei indirekten Impulsen durch eine dynamische Lernumgebung, bei pädagogischen Impulsen im Freispiel und bei der Umsetzung von Bildungsangeboten auf ihre Wirksamkeit bezüglich des Lerngewinns für Kinder zu überprüfen. Eine professionelle Reflexion bezieht sich u. a. auf Verhalten und Handlungen, Reaktionen, Emotionen, Bedürfnisse und Aussagen von Kindern sowie die dynamische Entwicklung in der Gruppe. Ziel ist, sich eigener Überzeugungen und Routinen bewusst zu werden und aufgrund der gewonnenen Erkenntnisse sein pädagogisches Handeln zu korrigieren und neu auszurichten. Dieser Reflexionsprozess dient auch dazu, Vertrauen in die eigenen Fähigkeiten sowie Sicherheit über das eigene fachliche Handeln zu erlangen. Das führt langfristig zur Professionalität, indem bedeutsame Schemata rasch erfasst werden können. Dies meint, sich in einer bestimmten Situation schnell und mühelos zurechtzufinden und bewusst zu

Das eigene Handeln reflektieren

Reflexion auf Individual- und Gruppenebene

„Praktikertheorien" entwickeln

verhalten. Praktikerinnen und Praktiker sind immer damit beschäftigt, auf Grundlage von Praxiserfahrung und Theoriewissen „Praktikertheorien" für schwierige oder neuartige Situationen zu entwickeln (Meyer, 2015, S. 225). Diese Hypothesen sind wiederum systematisch auf ihre Wirksamkeit im Lernprozess zu überprüfen und durch Theoriewissen abzusichern.

Reflexion im Team eröffnet Perspektiven

Eine mündliche Reflexion im Team eröffnet im Austausch neue Blickwinkel und Perspektiven. Besonders in schwierigen Situationen können zusätzliche Anregungen im Sinne einer kollegialen Beratung hilfreich sein und entlasten (siehe Kapitel Teamarbeit). Insbesondere während der Ausbildung und beim Berufseinstieg ist eine schriftliche Dokumentation der Reflexionsprozesse von Bedeutung.

9. TRANSITIONEN: ANSCHLUSSFÄHIGKEIT VON BILDUNGSPROZESSEN

Chancen und Herausforderungen der Transition

Eine Transition ist eine komplexe Veränderung im Leben eines Menschen sowie seiner Familie, die sowohl Herausforderungen als auch Chancen zum Kompetenzerwerb und zur persönlichen Weiterentwicklung mit sich bringt. V. a. das Kind, aber auch seine Familie stehen dabei vor Entwicklungsaufgaben auf der individuellen, interaktionellen und kontextuellen Ebene (Griebel & Niesel, 2011).

Entwicklungsaufgaben auf unterschiedlichen Ebenen

- Auf der individuellen Ebene erlebt das Kind starke Emotionen und eine Veränderung seiner Identität sowie seines Selbstkonzepts und ist gefordert, neue Kompetenzen zu erwerben.
- Auf der interaktionellen Ebene gilt es, vertrauensvolle Beziehungen zur Pädagogin/zum Pädagogen bzw. Lehrperson und zu neuen Kindern aufzubauen und in der Familie die Rolle als Kindergarten- bzw. Schulkind einzunehmen.
- Auf der kontextuellen Ebene kommt für das Kind der Lebensraum elementare Bildungseinrichtung bzw. Schule mit neuen Strukturen, Methoden, Inhalten und Lernanforderungen hinzu.

Risiko- und Schutzfaktoren beachten

Als Risiko- bzw. Vulnerabilitätsfaktoren im Rahmen dieses Anpassungsprozesses an die neue Lebenssituation gelten biopsychosoziale Merkmale eines Kindes, z. B. chronische Krankheit, ungünstige soziale Faktoren im Umfeld des Kindes wie Armut oder Arbeitslosigkeit der Eltern. Diese treten oft gebündelt auf. Hingegen sind personale und soziale Ressourcen aus dem Umfeld sowie Transitionskompetenzen des Kindes Schutzfaktoren, die das Gelingen des Übergangs unterstützen. Dazu zählen die Fähigkeit zur Kontaktaufnahme und Kooperation, eine gewisse Selbstregulationsfähigkeit im Umgang mit Emotionen oder Stress sowie alltagspraktische Kompetenzen (Kammermeyer, 2010).

Transition von der Familie in die elementare Bildungseinrichtung

Der Wechsel von der Familie in eine elementare Bildungseinrichtung ist eine bedeutende Entwicklungsaufgabe für junge Kinder. Für viele Kinder bedeutet dies die erste Ablösung von ihren Bezugspersonen und den Kontakt zu vielen unbekannten Kindern. Dieser Transitionsprozess wird von ambivalenten Gefühlen begleitet wie z. B. Vorfreude, Aufregung oder Angst.

Erste Kontakte außerhalb der Familie

Auch für die Eltern stellt die Ablösung von ihrem Kind eine Herausforderung dar, die zu großer Verunsicherung führen und unterschiedlichste Erwartungen wecken kann. Deshalb bilden eine in enger Kooperation mit den Eltern sorgfältig vorbereitete und an die individuellen Bedürfnisse des Kindes angepasste Eingewöhnung sowie ein wertschätzendes Eingehen auf die Sorgen der Eltern die Basis für gegenseitiges Vertrauen und einen gelingenden Übergang. Gleichzeitig können Eltern wesentliche Informationen über ihr Kind mitteilen, die das Verständnis der Pädagoginnen und Pädagogen für das Verhalten des Kindes und den Aufbau einer sicheren Bindung sowie eine erfolgreiche Eingewöhnung fördern. Im Aufnahmegespräch werden wichtige biografische Details sowie Eigenschaften und Vorlieben des Kindes erfragt, um individuelle Bedürfnisse des Kindes besser berücksichtigen zu können.

Eingewöhnung im Austausch mit den Eltern

Unterschiedliche Eingewöhnungsmodelle, die in der Fachliteratur beschrieben sind, können bei der Begleitung dieser wichtigen Transition unterstützend wirken. Eine gelingende Eingewöhnung geht mit der Entwicklung von Transitionskompetenzen einher, die das Kind beim Übergang in eine andere Bildungseinrichtung – wie z. B. von der Kleinkindgruppe in den Kindergarten – nutzen kann.

Transition vom Kindergarten in die Volksschule

Ein geglückter Übergang vom Kindergarten in die Volksschule ist für die weitere Schul- und Bildungslaufbahn von Bedeutung. Die Dauer der Übergangsphase ist individuell und kann sich einem Jahr vor bis zu zwei Jahren nach dem Schuleintritt erstrecken. Nur eine kontinuierliche Begleitung in dieser sensiblen Übergangsphase gewährleistet die erfolgreiche Bewältigung der Herausforderungen durch das Kind und seine Familie. Dabei trägt eine aufeinander abgestimmte, durch gegenseitige Wertschätzung geprägte Begleitung der Kinder durch Familie und Fachkräfte aus Kindergarten, Volksschule und gegebenenfalls Hort zu einer positiven Bewältigung bei. Die Kooperation zwischen den Bildungseinrichtungen hat die Anschlussfähigkeit von elementaren und schulischen Bildungsprozessen sowie die daraus resultierende Kontinuität für die Kinder zum Ziel. Forschungsergebnisse zeigen, dass sich eine Kooperation aller an der Transition beteiligten Bildungspartnerinnen und -partner positiv auf den Bildungserfolg der Kinder in der Schule auswirkt (Ahtola et al., 2011, zit. n. Griebel, 2011; Faust, Kratzmann & Wehner, 2013).

Begleitung der Übergangsphase in die Schule

Transition durch Kooperation bewältigen

Strukturbedingungen für einen gelingenden Übergang

Erstrebenswert ist der Einsatz eines multiprofessionellen Transitionsteams aus Verantwortlichen beider Bildungseinrichtungen zur Steuerung des Transitionsprozesses sowie zur Planung von institutionenübergreifendem Austausch, Reflexion und Evaluation. Hilfreich ist ein verbindlicher Zeit- und Aufgabenplan, etwa in Form eines Kooperationskalenders zu Beginn des Arbeitsjahres, in dem z. B. gegenseitige Besuche, Vorlese- oder Schnuppertage eingetragen sind. Gemeinsame Fort- und Weiterbildungsveranstaltungen für Pädagoginnen und Pädagogen sowie Leitungskräfte aus Kindergarten und Volksschule sowie gegenseitige Hospitationen fördern die Angleichung des Bildungsverständnisses, die Entwicklung eines ressourcenorientierten Blicks sowie die Verständigung über fachliche Grundbegriffe, damit eine institutionenübergreifende Kooperation zum Wohle des Kindes genutzt werden kann.

Aufgaben und Anregungen zur Vertiefung

Wissen

- Ziehen Sie ein Prinzip für Bildungsprozesse. Setzen Sie sich mit dem Inhalt auseinander, finden Sie in den Ausführungen Schlüsselbegriffe und präsentieren Sie Ihren Kolleginnen und Kollegen das Prinzip sowie die Schlüsselbegriffe in eigenen Worten.
- Erläutern Sie, was Lernen in Ko-Konstruktion auszeichnet, und stellen Sie einen Zusammenhang mit dem Bild vom Kind her. Diskutieren Sie Ihre Ergebnisse in der Klasse.
- Erklären Sie in einer Kleingruppe aus fünf Personen jeweils einen Aspekt im zirkulären Prozess der Planungsspirale (Kapitel 4) und analysieren Sie, welchen Aspekt Sie in der Praxis bereits wahrnehmen konnten.
- Stellen Sie die unterschiedlichen didaktischen Vorgehensweisen, die in Kapitel 5 erläutert werden, gegenüber und arbeiten Sie die Besonderheiten des jungen Kindes heraus. Fertigen Sie ein Mind-Map dazu an und präsentieren Sie dieses.

Transfer

- Analysieren Sie ein selbst überlegtes Bildungsangebot dahingehend, inwieweit Sie dabei die Selbststeuerung und Selbsttätigkeit der Kinder berücksichtigt haben. Entwickeln Sie weitere Möglichkeiten für jüngere und ältere Kinder.
- Jede von fünf Kleingruppen zieht eine der in Kapitel 3 beschriebenen Phasen im Alltag einer elementaren Bildungseinrichtung. Setzen Sie sich mit den Ausführungen zu der Phase auseinander und vergleichen Sie diese mit Ihren Praxiserfahrungen. Präsentieren Sie einander die erarbeiteten Inhalte und Erfahrungen in einer Verschnittgruppe.

- Setzen Sie sich mit dem Konzept der Zone der nächsten Entwicklung nach Wygotski (Kapitel 6.1.3) auseinander und interpretieren Sie anhand von Fallbeispielen aus der Praxis die Verhaltensweisen der Kinder.
- Diskutieren Sie die vier Funktionen der Reflexion (Kapitel 8) auf Basis Ihrer eigenen Praxiserfahrungen.

Reflexion

- Wählen Sie ein Prinzip für Bildungsprozesse aus und reflektieren Sie, wie dieses Prinzip in Ihrem pädagogischen Handeln sichtbar wird. Vergleichen Sie Ihre Überlegungen in der Kleingruppe.
- Reflektieren Sie Ihr pädagogisches Handeln in einer ausgewählten Praxissituation und stellen Sie den Bezug zwischen Theorie und Praxis dar.
- Versetzen Sie sich in die Rolle eines Kindes, das an einer Aktivität in der Gesamtgruppe teilnimmt. Reflektieren Sie, was Sie benötigen, um sich wohlzufühlen und was Sie auf keinen Fall erleben möchten. Analysieren Sie im Austausch mit anderen die Unterschiede zwischen jüngeren und älteren Kindern und fertigen Sie eine Gegenüberstellung dieser Unterschiede an.
- Regen Sie eine Kollegin/einen Kollegen an, sich an den eigenen Eintritt in die Volksschule zu erinnern. Diskutieren Sie Maßnahmen, die diese Transition unterstützt hätten.

Grundlagen des Lernens

Bildung als lebenslange Auseinandersetzung

Lernen ist ein lebenslanger Prozess der aktiven Auseinandersetzung mit sich selbst und der Umwelt und bezeichnet „den Erwerb neuer bzw. die Änderung bestehender Verhaltens- und Erlebensweisen als Folge von Erfahrung und Übung“ (Hobmair, 2013, S. 225). Dabei kommt es stets zu einer Funktionsveränderung neuronaler Strukturen (Maderthaner, 2017). Lernprozesse stellen die Basis von Bildung dar: Durch Neugier, Experimentierfreude und Selbsttätigkeit erwerben Kinder neues Wissen und gewinnen Erfahrungen über sich und ihre Umwelt. Dies führt zu einer Veränderung bzw. Ergänzung ihres Weltbildes und zur Erweiterung ihrer Handlungskompetenzen (CBI, 2009).

Frühe Bildung, Basis für die Bildungsbiografie

Zahlreiche Studien belegen, dass frühe Bildung in qualitätsvollen elementaren Bildungseinrichtungen maßgeblich zu einer erfolgreichen Bildungsbiografie eines Kindes beiträgt. Pädagoginnen und Pädagogen haben gemäß dem Bildungsauftrag die Aufgabe, Kinder bei ihrem Lernen zu begleiten sowie ihre Bildungsprozesse und ihre Kompetenzentwicklung bestmöglich zu unterstützen und zu fördern. Interdisziplinäre Erkenntnisse aus der Wissenschaft, wie z. B. Neurowissenschaften, Entwicklungs- und Bildungspsychologie sowie Bildungsforschung, bilden eine wichtige Basis für professionelles pädagogisches Handeln.

1. NEUROBIOLOGISCHE GRUNDLAGEN

Die Erkenntnisse der neurobiologischen Forschung tragen entscheidend dazu bei, kindliche Lernprozesse und die Vorgänge, die dabei im Gehirn ablaufen, zu verstehen.

1.1 Entwicklung des Gehirns

Kinder lernen vom Beginn ihres Lebens an – also bereits im Mutterleib – in einem rasanten Tempo. Obwohl das Gehirn eines Neugeborenen nur etwa ein Viertel des Gehirns eines Erwachsenen wiegt, verfügt es bereits über die gleiche Anzahl an Nervenzellen (Neuronen). Allerdings sind diese Neuronen noch wenig vernetzt. Die

Kommunikation der Neuronen

Neuronen kommunizieren über Synapsen durch den Austausch von Neurotransmittern bzw. durch elektrische Impulse miteinander. Bedeutsam ist dabei die zunehmend entstehende Myelinschicht rund um die Nervenfasern, die dafür sorgt, dass elektrische Impulse über Synapsen möglichst rasch weitergeleitet werden.
Zum Zeitpunkt der Geburt sind im menschlichen Gehirn nur jene Verschaltungen ausgebildet, die zur Aufrechterhaltung lebenswichtiger körperlicher Prozesse notwendig sind. In den ersten Lebensjahren kommen jedoch als Ergebnis von Lern-

prozessen und anderen Anpassungsleistungen fortwährend Synapsen zur Kommunikation der Nervenzellen hinzu. Die dabei entstehenden neuronalen Netzwerke werden immer komplexer (Maderthaner, 2017). Lernen ist aus neurobiologischer Sicht ein Vorgang, der zur Veränderung der Verbindungen zwischen Nervenzellen führt, indem diese immer stärker ausgeprägt werden. Für die Netzwerkbildung ist es günstig, dort anzuknüpfen, wo bereits etwas gelernt wurde, wo eine „solide Erfahrungs- und Wissensbasis" besteht (Kraus, 2009, S. 148). Spitzer (2010, S. 70) bezeichnet das Gehirn als „ein Organ, dessen Funktion es ist, permanent zu lernen", und zwar nicht nur Einzelheiten, sondern auch allgemeine Regeln und Zusammenhänge, Fertigkeiten und Fähigkeiten, Einstellungen und Haltungen.

Entstehung neuronaler Netzwerke

Ein zweijähriges Kind verfügt bereits über ebenso viele Synapsen wie ein Erwachsener. Im Alter von drei Jahren sind sogar etwa doppelt so viele Synapsen wie beim Erwachsenen vorhanden, deren Anzahl dann relativ konstant bleibt und die erst ab dem Jugendalter wieder abgebaut werden. Nur jene Verbindungen, die intensiv genutzt werden, bleiben bestehen bzw. werden sogar gestärkt. Das bedeutet auch, dass das Gehirn von jüngeren Kindern etwa doppelt so aktiv ist wie bei älteren Kindern und Erwachsenen.

Intensiv genutzte Synapsen bleiben bestehen

Wozu brauchen Kinder ein solches Ausmaß an Kommunikation und Aktivität ihres Gehirns, wenn ein beträchtlicher Teil doch wieder verloren geht? Die enorme Menge an Synapsen ist der Grund für die außerordentliche Lern- und Leistungsfähigkeit von Säuglingen und Kleinkindern. In diesem Zusammenhang spricht man von der neuronalen Plastizität des Gehirns (Spitzer, 2010). Das Gehirn ist in der Lage, sich wechselnden Umweltbedingungen optimal anzupassen. Junge Kinder sind für praktisch alle Kulturen, Sprachen und Fertigkeiten noch offen und lernbereit. Während sie in raschem Tempo neue Fähigkeiten, Verhaltensweisen, Sprachen etc. erlernen, besteht die Aufgabe des Gehirns in weiterer Folge darin, benötigte Nervenverbindungen zu intensivieren. Synapsen, die für die Lebenswelt der Kinder nicht relevant sind, werden reduziert oder wieder abgebaut. „Die Gesamtheit dieser Veränderungen nennen wir Lernen." (Spitzer, 2010, S. 69) Eine anregungsreiche Umwelt ist daher wichtig, um möglichst viele synaptische Verbindungen zu „benutzen" und zu erhalten.

Neuronale Plastizität des Gehirns

Häufig werden im Zusammenhang mit Entwicklung die Begriffe „sensible Phasen" oder „Zeitfenster" gebraucht (Hobmair, 2013). Damit ist gemeint, dass Kinder während bestimmter Zeitphasen besonders offen für die Entwicklung bestimmter Fähigkeiten und Verhaltensweisen sind. Diese Zeitfenster gehen mit der genetisch festgelegten Überproduktion von Synapsen in einzelnen Teilen des Gehirns einher. Neuronale Netzwerke können in dieser Zeit besonders leicht gefestigt oder umgestaltet werden. Auf Hirnregionen, die für die visuelle Wahrnehmung zuständig sind, trifft das bereits in den ersten Lebensmonaten zu. Bereiche im Gehirn, die für

Sensible Phasen in Entwicklungsbereichen

den Spracherwerb wesentlich sind, sind etwa bis zum siebten Lebensjahr besonders aktiv. Das bedeutet keinesfalls, dass die entsprechenden Fähigkeiten in höherem Alter nicht mehr erworben werden können – allerdings fällt es während der sensiblen Phasen wesentlich leichter. Es ist wissenschaftlich belegt, dass Verbindungen zwischen Neuronen bis ins hohe Alter neu gebildet werden können. So ist der Fremdsprachenerwerb auch nach der sensiblen Phase zur Sprachentwicklung möglich, es bleibt aber z. B. häufig ein gewisser Akzent bestehen.

Lernen ist auch im Alter möglich

Kraus (2009) warnt davor, junge Kinder aus Sorge, eine Entwicklungschance zu verpassen, mit einem Überangebot an Lernanregungen und Förderarrangements zu überfrachten. „Es sollte demnach ausreichen, wenn Eltern und Erzieher darauf achten, wofür sich das Kind jeweils interessiert und wonach es verlangt. Kinder sind in der Regel neugierig genug, um sich das zu holen, was sie brauchen." (S. 147) Dazu benötigen sie natürlich Lernanregungen, aus denen sie gemäß ihren Interessen wählen können. Bei pädagogischen Impulsen in elementaren Bildungseinrichtungen ist neben einer anregungsreichen Lernumgebung und der Berücksichtigung der Besonderheiten des Lernens in der frühen Kindheit auch genügend Zeit für Freispiel wichtig: Zeit, die Kinder benötigen, um sich mit Lern- und Bildungsprozessen ohne Unterbrechungen – soweit dies der Tagesablauf zulässt – intensiv auseinanderzusetzen.

Orientierung am Interesse der Kinder

1.2 Bedingungen der Entwicklung: Anlage, Umwelt und Selbststeuerung

Wechselspiel von Anlage, Umwelt und Selbststeuerung

Entwicklung wird als lebenslanger dynamischer Interaktionsprozess zwischen den individuellen Anlagen eines Menschen, seiner sozialen Umwelt und seiner aktiven Selbststeuerung verstanden. Jedes Kind bringt bestimmte genetische Voraussetzungen und damit ein angeborenes Entwicklungspotenzial mit. Durch unterschiedliche Umweltbedingungen wird die Entwicklung lebenslang beeinflusst. Darüber hinaus spielt die Selbststeuerung eines Individuums eine Rolle, indem es Entwicklungsprozesse aktiv herbeiführt und dadurch seine Entwicklung selbst vorantreibt. „Anlage, Umwelt und Selbststeuerung sind voneinander abhängig und lassen gleichwertig miteinander im Zusammenspiel die Entwicklung des Menschen voranschreiten." (Hobmair, 2013, S. 219) Aktuelle wissenschaftliche Erkenntnisse belegen, dass Erfahrungen sogar Spuren im menschlichen Erbgut hinterlassen und dieses dadurch verändern können (Hobmair, 2013).

In der motorischen, sozial-emotionalen, sprachlichen und kognitiven Entwicklung von Kindern geht es im Säuglings- und Kleinkindalter zunächst um das Erlernen grundlegender Verhaltensweisen und Abläufe. Im Laufe der Entwicklung werden diese durch Erfahrung, Reifung und Wiederholung immer differenzierter und komplexer. Wesentlich dabei ist zu beachten, dass die Entwicklungsverläufe von Kindern sowohl einer interindividuellen (Unterschied zwischen Kindern) als auch einer intraindividuellen Variabilität (Unterschiede in einzelnen Entwicklungsbereichen) unterliegen. Jedes Kind zeigt dabei sein individuelles Tempo und auch Entwicklungsprozesse ein und desselben Kindes können in unterschiedlichen Bereichen unterschiedlich schnell verlaufen (Haug-Schnabel & Bensel, 2017).

Variabilität der Entwicklung

Die Entwicklungspsychologie gibt zur Orientierung gewisse Meilensteine oder Grenzsteine der Entwicklung vor. Diese werden als Entwicklungsziele definiert, die von etwa 90 bis 95 Prozent der Kinder bis zu einem bestimmten Alter erreicht werden (vgl. Michaelis, Berger, Nennstiel-Ratzel & Kraegeloh-Mann, 2013). Die Meilensteine der Entwicklung haben zunächst eine Warnfunktion, um Entwicklungsverzögerungen frühzeitig zu erkennen. Denn Kinder, die über eine oder mehrere dieser definierten Fähigkeiten nicht im entsprechenden Alter verfügen, müssen in den jeweiligen Entwicklungsbereichen genauer beobachtet werden (siehe Kapitel Beobachtung und Dokumentation). Sobald Entwicklungsverzögerungen angenommen werden, sind diese im Rahmen eines Entwicklungsgesprächs an die Eltern weiterzugegeben (siehe Kapitel Bildungskooperation mit Eltern). Denn je früher der jeweilige Entwicklungsbereich unterstützt wird, desto besser können Fördermaßnahmen aufgrund der erhöhten Neuroplastizität im frühen Alter kompensatorisch wirken und Entwicklungsrückstände ausgeglichen werden. Gegebenenfalls ist eine fachliche Abklärung notwendig bzw. den Eltern zu empfehlen. Die bestmögliche Unterstützung für ein Kind ist, wenn alle Fachkräfte sowie die Eltern im Austausch stehen und jede/r seiner/ihrer Expertise entsprechend das Kind unterstützt.

Auf Meilensteine der Entwicklung achten

Auch Lernstrategien sind Aneignungsprozesse, die im Laufe der Sozialisation im Austausch mit der Umwelt erworben werden. Diese Strategien sind in hohem Maße davon abhängig, welche Lernvorbilder und Anregungen ein Kind erlebt. Gerade bei Kindern aus bildungsfernen Familien ist es Aufgabe elementarer Bildungseinrichtungen, kompensatorisch zu wirken. Das bedeutet, die Kinder mit verschiedenen erfolgreichen Lernstrategien vertraut zu machen und sie zu unterstützen, ihr Potenzial optimal auszuschöpfen. Impulse und Anregungen zum Lernen sind dann am hilfreichsten, wenn sie so auf den Entwicklungsstand des Kindes abgestimmt sind, dass sie in der Zone der nächsten Entwicklung liegen, also auf den nächsthöheren Entwicklungsschritt abzielen (Wygotski, 1987, zit. n. Keller et al., 2013).

Kompensatorische Wirkung elementarer Bildung

2. ASPEKTE DES LERNENS

Lernen ist ein aktiver Vorgang. Kinder lernen, „indem sie sich zu dem, was sie erfahren und was es in der Welt zu entdecken gibt, in Beziehung setzen" (Hüther, 2009, S. 80). Dieser Vorgang ist individuell höchst unterschiedlich und wird von vielfältigen Aspekten beeinflusst.

Lernen als aktiver Vorgang

2.1 Grundbedürfnisse

Bereits in den 1950er Jahren wurde von Abraham Maslow (1954) eine Pyramide grundlegender Bedürfnisse definiert, die befriedigt sein müssen, bevor höhere Motivationen – wie etwa die Motivation zu lernen – überhaupt möglich sind.

Abb. 4: Bedürfnispyramide von Maslow

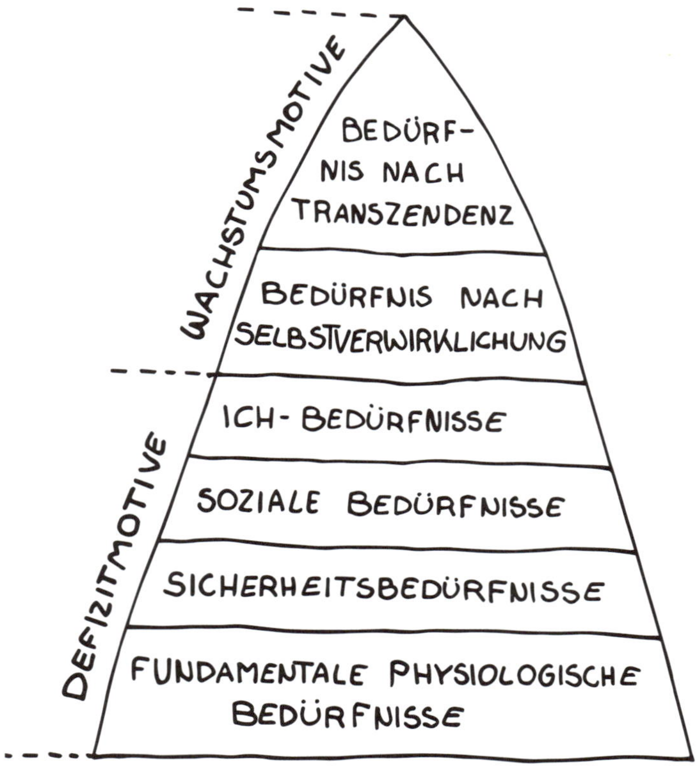

Defizitbedürfnisse nach Maslow

Zu diesen Grundbedürfnissen zählen die sogenannten **Defizitbedürfnisse bzw. -motive:**

- Physiologische bzw. körperliche Bedürfnisse (nach Nahrung, Ruhe und Schlaf, Bewegung etc.)
- Sicherheitsbedürfnisse (nach Stabilität und Zuverlässigkeit, nach Ordnung, Routinen und Ritualen etc.)
- Soziale Bedürfnisse (nach Zuneigung, Liebe, Kommunikation und Kontakt, Geborgenheit etc.)
- Ich-Bedürfnisse (nach Achtung, Wertschätzung, Anerkennung, Lob, Erfolg, Respekt, Wissen etc.)

Im Sinne einer Pyramide werden die nächsthöheren Motive erst dann wirksam, wenn die darunterliegenden Stufen befriedigt sind. Das betrifft also zuerst die physiologischen bzw. körperlichen Bedürfnisse, erst dann kommen die Bedürfnisse nach Sicherheit zum Tragen usw.

Aufbauend auf die Defizitbedürfnisse beschreibt Maslow sogenannte **Wachstumsbedürfnisse bzw. -motive:**

Wachstumsbedürfnisse nach Maslow

- Selbstverwirklichung (Kreativität, Autonomie, Entfaltung des individuellen Potenzials etc.)
- Transzendenz (Bedürfnis, über sich selbst hinauszuwachsen, sich als Teil der kosmischen Welt zu begreifen etc.).

Nach Maslow kann persönliches Wachstum wie Selbstverwirklichung und Transzendenz erst erreicht werden, wenn die grundlegenden Bedürfnisse eines Menschen erfüllt sind.

Erfüllte Grundbedürfnisse als Voraussetzung für das Lernen

Für Bildungsprozesse bedeutet dies, dass die Grundbedürfnisse von Kindern z. B. nach Bewegung, ausreichend Ruhe und Schlaf befriedigt sein müssen, um sich konzentriert auf das Lernen einlassen zu können. Das impliziert allerdings nicht, dass auf jede spontane Bedürfnisäußerung zu jeder Zeit eingegangen werden muss, etwa wenn ein Kind kurz vor der Jausenzeit Hunger hat. Vielmehr müssen Pädagoginnen und Pädagogen aufgrund ihrer professionellen Kompetenz entscheiden, ob bzw. wie lange es einem Kind zumutbar ist, ein Bedürfnis zugunsten eines laufenden Prozesses aufzuschieben. Denn dadurch lernt ein Kind die wichtige Fähigkeit des Durchhaltens. Zu berücksichtigen ist allerdings, dass eine zeitnahe Bedürfnisbefriedigung umso wichtiger ist, je jünger ein Kind ist.

Sicherheit und Geborgenheit

Für das Lernen ist weiters ein Klima der Sicherheit und Geborgenheit notwendig, um die nötige Offenheit und innere Ruhe für Lernprozesse zu erlangen. Grundvoraussetzung dafür ist eine stabile, verlässliche Beziehung zu einer Bezugsperson, die in elementaren Bildungseinrichtungen während der Eingewöhnung grundlegend ist. Mit dieser Sicherheit und dem Vertrauen können Kinder selbsttätig und aktiv lernen und ihre Entwicklung vorantreiben. Die wichtigste Rolle des Erwachsene ist, als verlässliche Bezugspersonen für Unterstützung und Kommunikation zur Verfügung zu stehen und die Lern- und Denkprozesse der Kinder zu erkennen und anzuerkennen.

2.2 Motivation und Interesse

Motivation und Neugier beeinflussen das Lernen

Die Ergebnisse der neurobiologischen Forschung haben gezeigt, wie eng Lernprozesse mit Motivation und Interesse verbunden sind. Die Motivation zum Lernen, das Interesse an einem Inhalt und das Bedürfnis sich damit auseinanderzusetzen, sind wichtige Grundvoraussetzungen für das Lernen. Die wichtigsten Quellen des Lernens in der frühen Kindheit sind Neugier und Motivation, etwas selbst machen zu wollen, um sich als Urheberin bzw. Urheber eines Effekts und damit als selbstwirksam zu erleben. Bereits ein junges Kind hat ein starkes Bedürfnis, konstruktiv und aktiv mit seiner Umwelt zu interagieren. Neugier, Freude an der Aktivität und Interessen motivieren dabei von Anfang an das kindliche Verhalten. In diesem Zusammenhang spielt das limbische System im menschlichen Gehirn eine bedeutende Rolle. Das limbische System steuert über die Ausschüttung von Neurotransmittern Aufmerksamkeit, Interesse und Motivation. Das Zusammenspiel konkreter Situationen und dabei entstandener Gefühle wird hier abgespeichert. Lernsituationen können eher erfolgreich bewältigt werden, wenn sie vom limbischen System mit positiven Vorerfahrungen in Zusammenhang gebracht und daher als interessant und lohnenswert beurteilt werden (Roth, 2009). Ein wichtiger Botenstoff ist in diesem Zusammenhang das Dopamin. Es sorgt für eine bessere Funktion des Frontalhirns, welches der Sitz von Planung, Konzentration und Durchhaltevermögen ist. Außerdem bewirkt Dopamin die Freisetzung opiumähnlicher Stoffe, die wiederum ein Glücksgefühl erzeugen und zu einem sogenannten Flow-Zustand führen können. Dieser Zustand, den Precht (2013, S. 199) als „andauerndes lustvolles Bei-sich-selbst-Sein" beschreibt, zeichnet sich dadurch aus, dass Glück und Zufriedenheit durch eine Tätigkeit selbst und nicht etwa durch eine zu erwartende Belohnung entstehen.

Limbisches System steuert Emotionen

Wenn ein Kind auf der Basis seiner bisherigen Erfahrungen „selbst darüber bestimmt, was es an Neuem sucht und was es interessiert, können die unter diesen Bedingungen gemachten Lernerfahrungen besonders gut an das bisherige Wissen angeknüpft, können also die im Hirn bereits entstandenen Verschaltungsmuster besonders gut erweitert und ergänzt werden" (Hüther, 2009, S. 75). Der Bezug von Lerninhalten auf Interessen und Vorlieben der Lernenden stärkt wiederum deren Eigenmotivation (Precht, 2013). Besonders beim Spiel, das die wichtigste frühkindliche Lernform darstellt, sind Kinder intrinsisch, also von sich aus motiviert. Dies ist die Basis für erfolgreiches Lernen.

Intrinsisch motiviertes Lernen ist besonders erfolgreich

Keller et al. (2013) heben die Bedeutung eines positiven Selbstkonzepts für die Freude am Lernen und die Anstrengungsbereitschaft hervor. Auch wenn dabei große individuelle Unterschiede bestehen, überschätzen Kinder im Vorschulalter in der Regel ihre eigenen Fähigkeiten, weisen aber gerade deshalb zumeist auch eine hohe Lernbereitschaft und Lernfreude auf (Hasselborn, 2011, zit. n. Keller et al., 2013). Förderlich für ein positives Selbstkonzept sind u. a. Erwachsene, die Kinder akzeptieren, ernst nehmen und ermutigen (Brown, Mangelsdorf, Neff, Schoppe-Sullivan & Frosch, 2009; Harter, 2006, zit. n. Keller et al., 2013).

Positives Selbstkonzept stärkt Freude am Lernen

2.3 Emotionale Beteiligung

Positive emotionale Beteiligung ist ein wichtiger Aspekt des Lernens. Precht (2013, S. 249) betont die „untrennbare Mischung aus Kognition und Emotion" und die Bedeutung einer positiven Beziehung des Kindes zu Erwachsenen, mit bzw. von denen es etwas lernt. „Von der ersten Sekunde an sind kognitive Lernprozesse in Emotionen eingewickelt – nicht als Zutat, sondern als Grundlage, die zu einem das ganze Leben fortbestehenden emotionalen Hintergrundrauschen der angeeigneten Inhal-

Kognition und Emotionen treten gemeinsam auf

te wird." (Meyer & Walter-Laager, 2019, S. 186) Eine sichere Bindung zur Pädagogin/zum Pädagogen, Zuwendung und Hilfe zur Stressreduktion stärken Selbstvertrauen und Selbstständigkeit des Kindes und ermöglichen ihm überhaupt erst, offen für neue Lernerfahrungen zu sein (Ahnert & Gappa, 2008).

Positive Emotionen verankern Gelerntes im Gehirn

Angst hemmt das Lernen

Inhalte, die Interesse, Neugier und positive Gefühle hervorrufen bzw. in einem positiven emotionalen Kontext gelernt werden, werden vom Gehirn in einem anderen neuronalen Areal – dem Hippocampus – verankert und weiterverarbeitet als solche, die ein Kind ängstigen oder stressen. Lernen in negativem emotionalen Kontext führt dazu, dass das Gelernte, das im Mandelkern gespeichert ist, später nicht mehr kreativ und flexibel zum Problemlösen genutzt werden kann (Spitzer, 2009). So sind Lernprozesse, die unter dem Gefühl der Angst oder Überforderung ablaufen, wenig nachhaltig und erworbene Inhalte können schwerer abgerufen werden. Dabei muss beachtet werden, dass jedes Kind aufgrund seines individuellen Erfahrungshintergrundes andere emotionale Voraussetzungen mitbringt. Während etwa manche Kinder Tieren völlig angstfrei begegnen und daher von einem Projekt über Tiere am Bauernhof sehr profitieren, können negative Vorerlebnisse, z. B. mit Hunden oder Pferden, eine Lernsituation sehr ungünstig beeinflussen. Daher sind mögliche Erfahrungen und Erlebnisse einzelner Kinder bei der Planung solcher Begegnungen zu bedenken.

Positives Lernklima fördert Lernen

Grundsätzlich ist für das Lernen immer auf ein positives Lernklima und eine entspannte, angenehme Atmosphäre zu achten, um nicht nur die Motivation der Lernenden, sondern auch nachhaltige, erfolgreiche Lernprozesse zu unterstützen. Bei der Auswahl der Themen sind eine kindgerechte methodisch-didaktische Vorgehensweise sowie der Bezug zum Lebens- und Alltagshintergrund der einzelnen Kinder maßgeblich. Dies ist insbesondere bei Gruppen mit einer hohen sozio-kulturellen Diversität zu beachten. Entsprechend ihren Vorerfahrungen verarbeiten Kinder Lerninhalte individuell. Das heißt, sie messen einzelnen Aspekten unterschiedliche Bedeutungen zu, interpretieren sie verschieden und integrieren jene Inhalte in ihr Lebenskonzept, die für sie individuell passend und bedeutsam sind.

Anschlussfähigkeit an kindliche Erfahrungen

Erkenntnisse aus der Hirnforschung belegen, dass Lernende einen emotionalen Zugang zum Lerngegenstand benötigen. Damit sich ein Kind für ein Thema oder einen Inhalt begeistert und in einen Lernprozess eintaucht, müssen seine Interessen und seine Neugier angesprochen werden (Reich, 2019). Die Anschlussfähigkeit an Vorkenntnisse und bisherige Erfahrungen eines Kindes im Sinn der Prinzipen Individualisierung, Differenzierung und Lebensweltorientierung (CBI, 2009) sind dabei von Bedeutung. Kinder müssen erfassen und sprachlich verstehen können, worum es geht. Sind Kinder durch ihre emotionale Beteiligung und Anschlussfähigkeit an ihre Erfahrungen bereit, sich auf den Lernprozess einzulassen, können Aufgaben bzw. Situationen dargeboten werden, die u. a. durch Hypothesenbildung, Untersuchungen und Experimente von ihnen bearbeitet werden.

Humor und Freude fördern Lernen

Nicht zuletzt fördert Humor nachhaltige Bildungsprozesse: Freude und Humor beim Lernen tragen dazu bei, dass kreative Problemlösungen gefunden und Inhalte besser abgespeichert werden (Liebertz, 2007). Aus neurobiologischer Sicht unterstützen Witze, Humor und ihre möglichen Begleiterscheinunge wie z. B. Lachen das Lernen, da dadurch motivierende Botenstoffe im Gehirn ausgeschüttet werden (Fernandes, 2016).

2.4 Aufmerksamkeit und Konzentration

Aufmerksamkeit

Auf jeden Menschen stürmen pausenlos eine Unmenge an Reizen und Sinneswahrnehmungen ein. Um das gerade Wesentliche herausfiltern und zum Lernen nutzen zu können, sind unterschiedliche Aufmerksamkeitsleistungen nötig. Der Begriff Aufmerksamkeit beschreibt dabei insgesamt die Fähigkeit, aus der Fülle an Reizen die individuell interessanten, hervorstechenden bzw. relevanten Reize auszuwählen (Hobmair, 2013, S. 88). Diese Auswahl wird von verschiedenen Faktoren beeinflusst, etwa Erfahrungen, Erwartungen, Einstellungen und Interessen.

Aus Umweltreizen auswählen

Wichtige Aspekte für das Lernen sind die selektive Aufmerksamkeit sowie die Daueraufmerksamkeit. **Selektive Aufmerksamkeit** meint, sich aus der Umgebung bestimmten Sachverhalten zuzuwenden und dabei wichtige Informationen fokussiert wahrzunehmen. Dabei spielt die Habituation eine wichtige Rolle, also die unbewusste Fähigkeit, auf irrelevante Umgebungsmerkmale zunehmend weniger zu reagieren, damit die Informationsverarbeitung entlastet wird (Maderthaner, 2017). Bei der **Daueraufmerksamkeit** hingegen muss der Mensch über längere Zeit auf eine Vielzahl an Informationen achten. Dabei können die beiden Fähigkeiten Vigilanz und Tenazität, die sich antagonistisch zueinander verhalten, unterschieden werden (Hartwich, 2012):

Selektive Aufmerksamkeit und Daueraufmerksamkeit

Habituation ist Gewöhnung

Vigilanz, hohe Wachsamkeit

- **Vigilanz** bezeichnet ganz allgemein einen Zustand hoher Wachsamkeit, das heißt einen „wachen Geist", der die Voraussetzung für Lernprozesse darstellt, z. B. wenn ein Kind mit einem Fahrzeug im Garten fährt und auf die anderen Kinder achten bzw. auf unerwartete Hindernisse reagieren muss.

Tenazität, vertiefte Aufmerksamkeit

- **Tenazität** meint die Fähigkeit, sich in einen Inhalt vertiefen und dabei alle anderen Reize ausschalten zu können. Diese Form der Aufmerksamkeit ist etwa dann notwendig, wenn ein Buch betrachtet oder ein Puzzle gelegt wird. Tenazität kann im Zusammenhang mit der Polarisation der Aufmerksamkeit nach Montessori (Oswald & Schulz-Benesch, 2015) gesehen werden, die meint, dass das Kind sich selbstvergessen, spielerisch und explorativ einer Tätigkeit zuwendet und dabei höchste Konzentration erreicht.

Konzentration

Aufmerksamkeit und Konzentration

Untrennbar verbunden mit der Fähigkeit zur Aufmerksamkeit ist die Konzentration, die als aktiver und zielgerichteter Verarbeitungsprozess beschrieben wird. In der Psychologie werden nach Pfluger-Jakob (2016) folgende Aspekte der Konzentration unterschieden:

Reizselektion

- Reizselektion und Figur-Hintergrund-Wahrnehmung: Durch Reizselektion ist ein Kind fähig, aus der Fülle ununterbrochener Reize und Wahrnehmungen jene auszublenden, die gerade unwichtig sind. Mittels Figur-Hintergrund-Wahrnehmung gelingt es, jene Reize hervorzuheben, die für eine bestimmte Situation bedeutsam sind. Diese Fähigkeiten sind besonders wichtig, um eine Situation sinnvoll erfassen und verstehen zu können oder um über längere Zeit konzentriert tätig sein zu können, z. B. beim Puzzlespiel.

Selbstkontrolle und Willenshandlung

- Selbstkontrolle und Fähigkeit zur Willenshandlung im Sinne der gerichteten Aufmerksamkeit: Dadurch ist ein Kind z. B. in der Lage, gezielt an eine Aufgabe heranzugehen, Angefangenes zu Ende zu führen oder zu warten, bis es an der Reihe ist.

Aktivierung

- Aktivierung, also das Erregungsniveau des Gehirns: Die qualitativ besten Konzentrationsleistungen werden bei mittlerem Aktivierungsniveau erzielt. Zu niedrige Aktivierung steht mit Unterforderung oder fehlender Motivation in Zusammenhang, zu hohe Aktivierung, wie etwa bei Überforderung oder Angst, führt ebenfalls zu schlechten Lernergebnissen (Maderthaner, 2017).

Seriale Wahrnehmung

- Nach Pfluger-Jakob (2016) sind zusätzlich seriale Wahrnehmungsprozesse, also die Fähigkeit zur Reihenbildung, notwendige Voraussetzungen für gute Konzentrationsleistungen. Diese ermöglichen z. B. das Verständnis zeitlicher Zusammenhänge während des Tagesablaufs. Auch geordnete (Handlungs-) Abläufe, wie etwa beim Anziehen oder beim Erzählen, sowie die korrekte Speicherung von Erfahrungen und Lerninhalten sind ohne das Erfassen des Zusammenhangs und damit ohne die Fähigkeit zur Serialität nicht möglich.

Konzentration durch Raumgestaltung unterstützen

In einer elementaren Bildungseinrichtung ist darauf zu achten, dass nicht zu viele Reize auf die Kinder einströmen – z. B. durch einen überfüllten Raum. Eine bestmögliche Nutzung der Räumlichkeiten sowie eine durchdachte Anordnung der Spiel- und Funktionsbereiche tragen dazu bei, dass sich die Kinder in Ruhe mit Spiel- und Bildungsmitteln sowie Bildungsangeboten auseinandersetzen können. V. a. Kinder im letzten Kindergartenjahr sollen viele Gelegenheiten haben, ihre Fähigkeit zur Konzentration zunehmend zu entwickeln. Treten Konzentrations- und Aufmerksamkeitsprobleme auf – wenn z. B. ein Kind kaum eine altersentsprechende Tätigkeit beenden kann oder sich durch kleinste Störungen immer wieder ablenken lässt – ist Beobachtung durch die Pädagoginnen und Pädagogen notwendig. Neben der Information und Beratung der Eltern über die Beobachtungen ist es häufig hilfreich, mit Einverständnis der Eltern externe Expertinnen und Experten beizuziehen.

2.5 Gedächtnis

Mehrspeichermodell des Gedächtnisses

Lernen bedeutet auch, Informationen im Gedächtnis abzuspeichern und wieder abrufen zu können. In der psychologischen Gedächtnisforschung steht das sogenannte Mehrspeichermodell des Gedächtnisses im Vordergrund, bei dem folgende drei voneinander abhängige Gedächtnissysteme unterschieden werden (Hobmair, 2013; Maderthaner, 2017):

Ultrakurzzeitgedächtnis – ultrakurze Speicherung

- Im **Ultrakurzzeitgedächtnis bzw. sensorischen Gedächtnis** kann eine enorme Menge an Sinneswahrnehmungen für eine sehr kurze Zeit, nämlich maximal ein Sekunde, gespeichert werden. Diese Eindrücke werden selektiert, aber noch nicht aktiv bearbeitet, und stehen dann – wenn sie in ersten Kontrollprozessen für relevant befunden werden – für weitere Verarbeitungsprozesse zur Verfügung. Nachfolgende Wahrnehmungen überdecken die aufgenommenen Informationen sehr rasch und führen dazu, dass vieles in kürzester Zeit wieder vergessen wird.

Kurzzeitgedächtnis – etwa sieben Elemente

- Auch das **Kurzzeitgedächtnis bzw. Arbeitsgedächtnis** behält wahrgenommene Reize und Informationen nur für eine Zeitspanne von weniger als einer Minute. Dies bezieht sich z. B. auf die zuletzt gehörten Worte eines Satzes oder Reimes. Das Kurzzeitgedächtnis umfasst etwa sieben Elemente, seine Kapazität kann aber z. B. durch das Zusammenfassen einzelner Elemente zu sinnvollen Einheiten erhöht werden. Da hier eine erste Bearbeitung stattfindet, wird dieses Speichersystem auch Arbeitsgedächtnis bzw. -speicher genannt. Informationen aus den Bereichen Wahrnehmung, Erinnern, Emotion und Motivation fließen im Arbeitsgedächtnis zusammen und werden hier „entsprechend den aktuellen Handlungsanforderungen integrativ weiterverarbeitet" (Maderthaner, 2017, S. 218). Dabei ist es wichtig zu wissen, dass das Arbeitsgedächtnis umso effizienter und effektiver speichert, je mehr Sinneskanäle bei einem Lernprozess angesprochen werden. Auch regelmäßiges Wiederholen trägt dazu bei, dass Inhalte den Weg vom sensorischen Gedächtnis bis hin zur Langzeitspeicherung finden (Kraus, 2009).

Langzeitgedächtnis – dauerhafte Speicherung

- Im **Langzeitgedächtnis** wird die dauerhafte Speicherung von Lern- und Erfahrungsinhalten ermöglicht. Dort wird durch die Schaffung chemischer Verbindungen jenes Wissen in Form von miteinander vernetzten Gedächtnisspuren gespeichert, das in einer aktuellen Situation oder Lebensphase häufig benötigt und aktiviert wird wie z. B. alle Erfahrungen, die Kinder während des gemeinsamen Zubereitens einer Mahlzeit machen. Aber auch jene Inhalte, die mit bereits vergangenen Erfahrungen zu tun haben – wie etwa die Erinnerungen an bestimmte Ereignisse –, bleiben im Langzeitgedächtnis abgelegt und können zu späteren Zeitpunkten wieder aktiviert werden.

In regen Austauschprozessen zwischen Kurzzeit- und Langzeitgedächtnis werden einerseits Inhalte zur dauerhaften Speicherung weitergeleitet, andererseits kann das Kurzzeitgedächtnis auch Informationen aus dem Langzeitgedächtnis abrufen, um diese mit neuen Informationen zu vergleichen. Die Gedächtnisleistung kann z. B. durch positiven Transfer beeinflusst werden: Das bedeutet, dass Kompetenzen und Strategien, die in vorangegangenen, ähnlichen Lernsituationen erworben wurden, das gegenwärtige Lernen erleichtern. Hier ist es wichtig, metakognitive Prozesse zu unterstützen und gemeinsam darüber mit den Kindern zu reflektieren, mit welcher Strategie soeben Neues gelernt wurde und inwieweit sie dies mit etwas, das sie schon kennen, in Verbindung bringen können. Man unterscheidet positiven und negativen Transfer: Positiver Transfer betrifft z. B. motorische Fertigkeiten. So ist etwa das Gefühl für Balance, das beim Rollerfahren erworben wird, für viele andere Bewegungsarten wie Rad- oder Schifahren wichtig und förderlich. Negativer Transfer findet dann statt, wenn sich bereits Gelerntes hemmend auf neue, ähnliche Lernprozesse auswirkt, z. B. wenn unmittelbar hintereinander zwei Gedichte gelernt werden sollen.

Austausch zwischen den drei Speichersystemen

Gedächtnisleistung durch Transfer unterstützen

2.6 Exekutive Funktionen

Exekutive Funktionen gelten in der Neuropsychologie als Steuerzentrale emotionaler und kognitiver Prozesse sowie als Grundlage der Verhaltens- und Selbstregulation (Deffner, 2019). Gut entwickelte exekutive Funktionen tragen u. a. dazu bei, eigene Impulse zu kontrollieren, sich auf Neues einzustellen, Entscheidungen zu treffen sowie vorausschauend und rücksichtsvoll zu handeln. Grundlegende Komponenten exekutiver Funktionen sind:

- Arbeitsgedächtnis
- Inhibition, d. h. Hemmung spontaner Handlungsimpulse
- Kognitive Flexibilität

Exekutive Funktionen zur Steuerung

Exekutive Funktionen sind erst im frühen Erwachsenenalter weitgehend ausgebildet, aber aufgrund der neuronalen Plastizität des Gehirns lebenslang veränderbar. Eine besonders rasante Entwicklung exekutiver Funktionen ist im ersten Lebensjahr sowie zwischen dem dritten und sechsten Lebensjahr zu erkennen. So gelingt es Kindern ab dem dritten Lebensjahr meist, zwei bis drei Arbeitsaufträge sicher auszuführen, die Merkfähigkeit verbessert sich und die Anpassung an bestehende Regeln wird immer besser möglich (zusammenfassend in Deffner, 2019). Die zunehmende Perspektivenübernahme als Grundlage kognitiver Flexibilität zeigt sich beispielsweise darin, dass Kinder ab dem vierten Lebensjahr beginnen, sich in die Gefühls- und Gedankenwelt anderer hineinzudenken.

Rasante Entwicklung exekutiver Funktionen im frühen Alter

Gut ausgeprägte exekutive Funktionen tragen wesentlich zu einer erfolgreichen Lebensbewältigung bei. Zahlreiche Studien belegen einen positiven Zusammenhang mit sozialem Erfolg sowie Bildungserfolg (Bierman, Nix, Greenberg,

Unterstützung erfolgreicher Lebensbewältigung

Blair & Domitrovich, 2008; Blair, 2016; Duckworth & Seligmann, 2005, zit. n. Deffner, 2019). Weiters sind exekutive Funktionen in Form von Emotionsregulation, prosozialem Verhalten etc. wichtige Aspekte von Schulfähigkeit. Deren Förderung gilt daher als präventive Maßnahme zur Verringerung sozio-ökonomischer Benachteiligung (Bierman et al., 2008).

Genetische und soziale Einflüsse

Neben genetischen Faktoren spielt die soziale Umwelt eine wichtige Rolle bei der Entwicklung exekutiver Funktionen. Günstig sind Interaktionen zwischen Kindern und Erwachsenen, die u. a. die Selbstregulation und Autonomie des Kindes unterstützen. „Um die exekutiven Funktionen zu trainieren, benötigen Kinder v. a. viele Gelegenheiten, diese einzusetzen." (Deffner, 2019, S. 93) Förderliche Lernanregungen sollen sich in der Zone der nächsten Entwicklung befinden, also Kinder herausfordern und dazu anregen, neue Handlungsmuster zu erproben. Stress und Überforderung gelten allerdings als hinderlich für die Entwicklung exekutiver Funktionen.

Förderliche Lernumgebung zur Unterstützung exekutiver Funktionen

Die Freude am Tun, vielfältige Möglichkeiten sich auszuprobieren sowie oftmaliges, möglichst alltagsintegriertes Wiederholen von Gelerntem unterstützen die Differenzierung exekutiver Funktionen. Dabei gilt das Spiel als optimales Medium: „Beim Spiel übt sich das Kind in Kreativität, Aufmerksamkeitslenkung und Planungsfähigkeit sowie Durchhaltevermögen, Regelakzeptanz und Frustrationstoleranz." (Deffner, 2019, S. 95)

2.7 Nachhaltiges Lernen

Nachhaltigkeit durch Wiederholung in Variationen

Durch Wiederholung – auch in Variationen – und Übertragung des Gelernten auf andere Bereiche verfestigen sich Synapsen im Gehirn. Bei jungen Kindern wird diese Form des Lernens besonders sichtbar, wenn sie beispielsweise wiederholt Dinge verdecken und verbergen, ordnen, ziehen und transportieren sowie fallen lassen (Bostelmann & Fink, 2015). Wichtige Handlungsabläufe werden auf diese Weise zunehmend automatisiert und Lerninhalte im Langzeitgedächtnis abgespeichert und somit nachhaltig verankert. Schirp (2009) betont, dass Wiederholungen durchaus mit kleinen Variationen durchgeführt werden sollen, damit sich eine breitere neuronale Repräsentanz eines Inhalts entwickeln kann. Beispielsweise treibt ein Kind seine motorische Entwicklung selbst voran, indem es jede Gelegenheit benutzt, wo hinaufzuklettern und wieder hinunterzuspringen. Auch wiederkehrende Handlungsabläufe im Alltag wie das Zähneputzen prägen sich ein und werden zunehmend automatisiert.

Wiederkehrende Alltagshandlungen prägen sich ein

Pädagogische Impulse, Aktivitäten und Bildungsangebote in elementaren Bildungseinrichtungen sind meist umso nachhaltiger, je öfter sie vertieft werden. Dabei ist die Bedeutung des Alltags besonders hervorzuheben (Bäck et al., 2006).

2.8 (Hoch-) Begabung

Aspekte der (Hoch-) Begabung

Gemäß der Begabungsforschung sind die intellektuellen Fähigkeiten eines Kindes nur ein Faktor unter mehreren, die zu überragenden Leistungen führen. Laut Mönks (1992) liegt dann eine Hochbegabung vor, wenn besondere intellektuelle Fähigkeiten eines Kindes in Kombination mit Aufgabenengagement und Kreativität überdurchschnittliche Leistungen auf verschiedenen Gebieten ermöglichen. Perleth (1997) ergänzt diese Aspekte noch um soziale Kompetenz sowie künstlerische und psychomotorische Fähigkeiten, die die Begabung eines Kindes beeinflussen. In der Forschung ist man sich darüber einig, dass sich das Potenzial hochbegabter Kinder nur durch die Interaktion mit einer förderlichen Lernumwelt, die Familie, Peers und die jeweilige Bildungseinrichtung umfasst, entfalten kann. So wird im multifaktoriellen Münchner Hochbegabungsmodell von Heller, Perleth und Lim (2005) dargestellt, dass neben einer spezifischen Begabung auch qualitativ hochwertige Lerngelegenheiten und Anregungen Voraussetzungen für gute und v. a. für herausragende Leistungen sind. Doch selbst optimale Umweltmerkmale reichen alleine nicht aus, um (Hoch-) Begabung in (Hoch-) Leistung umsetzen zu können. Zusätzlich nimmt die Persönlichkeit eines Kindes, insbesondere die Ausprägung von Persönlichkeitsmerkmalen wie Leistungsmotivation, Anstrengungsbereitschaft, Kontrollüberzeugung oder Erkenntnisstreben, eine wichtige Rolle ein. Zwischen den einzelnen Faktoren des Modells werden vielfältige Wechselbeziehungen angenommen.

Bedeutung von Interaktionen und Lernumgebung

Persönlichkeit eines begabten Kindes

Um die Neugier und Lust am Lernen zu erhalten, wird das Lernen hochbegabter Kinder durch anspruchsvolle Bildungsangebote gefördert und herausgefordert. Es ist besonders wichtig, flexibel auf die individuellen Interessen der Kinder einzugehen, ihnen passende Spiel- und Bildungsmittel zur Verfügung zu stellen und sie dadurch beim Erwerb von lebensnahem Wissen zu unterstützen. Eine besondere Bedeutung kommt der Beratung der Eltern zu, die häufig wenig über das Thema Hochbegabung wissen und unsicher sind, wie sie angemessen auf die Bedürfnisse ihres hochbegabten Kindes eingehen können (vgl. CBI, 2018; Hajszan, Hartel, Hartmann & Stoll, 2013).

Hochbegabte Kinder herausfordern

3. RELEVANTE LERNFORMEN IN DER FRÜHEN KINDHEIT

Für die Planung und Begleitung von Bildungsprozessen ist es wichtig, dass Pädagoginnen und Pädagogen über unterschiedliche Lernformen und die Besonderheiten des Lernens in der frühen Kindheit Bescheid wissen. Das betrifft v. a. die herausragende Bedeutung des Spiels sowie der Kreativität und Selbsttätigkeit beim Lernen im Sinne von „Learning by doing“. Eine scharfe Abgrenzung der unterschiedlichen Lernformen ist kaum möglich, da häufig ähnliche Prozesse – wenn auch mit anderen Schwerpunkten – ablaufen.

„Learning by doing“

Nachfolgend werden jene Lernformen angeführt, die im elementarpädagogischen Kontext besonders relevant sind.

3.1 Spielen

Homo ludens – der spielende Mensch

Das Spiel ist die ureigenste Art des Menschen, sich mit seiner Umwelt auseinanderzusetzen. So geht das Erklärungsmodell des Homo ludens („der spielende Mensch") davon aus, dass der Mensch seine kulturellen Fähigkeiten v. a. über das Spiel entwickelt (Huizinga & Flitner, 2009).

Angeborene Spielfähigkeit und Spielfreude

Das Spiel wird als die wichtigste Form des frühen Lernens bezeichnet. Spielfähigkeit ist jedem Menschen angeboren und beschreibt die Spielfreude, die unermüdliche Neugier und Aktivität von Kindern sowie ihre intrinsische Motivation, die Umgebung mit allen Sinnen handlungsnahe zu begreifen und Neues zu lernen. Insbesondere das freie Spiel ist eine ideale Quelle für Lernmotivation, sozial-kommunikative Kompetenzen und divergentes Denken (Hartmann, 1997).

Lernen und Entwicklung durch freies Spiel

Spielen ermöglicht erfolgreiches Lernen in unterschiedlichen Entwicklungsbereichen:

- Spiel ist eine von Kindern selbst gewählte Aktivität.
- Spielpartnerinnen und -partner, Spielinhalt, Dauer und Ort werden selbst ausgesucht. Dadurch widmen Kinder dem Spiel viel Aufmerksamkeit und Konzentration und sind hoch motiviert für die Lernprozesse, die beim Spielen ablaufen.
- Das Spiel ist weder zielgerichtet noch zweckgebunden, sondern geschieht um seiner selbst willen.
- In einem reichhaltigen Spielumfeld werden unzählige synaptische Verbindungen im kindlichen Gehirn aufgebaut und laufend benützt. Spielmittel werden daher mit Recht als Bildungsmittel bezeichnet, weil sie Lernprozesse in Gang setzen und fördern. Spielen und Lernen sind als Einheit zu sehen.

Entwicklung des Spielverhaltens

Die Art und Weise, wie und in welchen Sozialformen Kinder spielen, ist entwicklungspsychologisch begründet:

- Das Einzelspiel des sehr jungen Kindes entwickelt sich zum Parallelspiel.
- Im ergänzenden Spiel sind erste soziale Aspekte wie das bewusste Teilen von Spielzeug relevant.
- Im kooperativen Spiel werden schließlich gemeinsame Strategien zur Zielerreichung entwickelt sowie Absprachen durchgeführt (Wygotski, 1976, 1978, zit. n. Leuchter, 2013).

Untersuchungen belegen, dass ein qualitativer Entwicklungsschritt in der Peerbeziehung ungefähr am Übergang vom dritten ins vierte Lebensjahr stattfindet. Bei unter Dreijährigen stehen dyadische Beziehungen im Vordergrund, wobei sie bereits beginnen, gemeinsam geteilte Bedeutungen zu konstruieren (Viernickel, 2000). Durch die rasante Ausbildung sprachlicher und motorischer Kompetenzen und der Wahrnehmungskapazität gegen Ende des dritten Lebensjahres werden Kinder fähig, mit mehreren Personen zielgerichtet zu interagieren (Strätz, 1992; Fried, 2004, zit. n. Brandes & Schneider-Andrich, 2019). Dreijährige spielen daher eher kurzzeitig mit anderen Kindern, während die Spielsequenzen bei Drei- bis Sechsjährigen länger und komplexer werden und zunehmend von Freundschaften bestimmt sind (Brandes & Schneider-Andrich, 2019).

Freundschaften im Spiel älterer Kinder

Das freie Spiel bietet eine gute Ausgangsbasis für Lernprozesse, da sich Kinder beim Spielen selbstbestimmt und an den eigenen Interessen orientiert mit Herausforderungen auseinandersetzen, die sie sich in Spielsituationen häufig selbst oder gemeinsam mit anderen Kindern suchen (Höke, 2011). So bestätigen Studien, dass das frei gewählte Spiel in kleinen Gruppen hinsichtlich seiner positiven Effekte für die kindliche Entwicklung dem angeleiteten und organisierten Spiel in der ganzen Gruppe überlegen ist. „Im Spiel steht das Kind immer über dem Mittel seines Alters, über seinem gewöhnlichen Verhalten im Alltag. Im Spiel ist das Kind gleichsam einen Kopf größer als in Wirklichkeit. Das Spiel enthält in kondensierter Form wie im Brennpunkt eines Vergrößerungsglases alle Entwicklungstendenzen. Im Spiel bemüht sich das Kind gleichsam, eine Stufe höher zu klettern, verglichen mit seinem sonstigen Verhalten.“ (Wygotski, 2010, S. 462, zit. n. Brandes, 2019, S. 46)

Positive Effekte des frei gewählten Spiels

Zugleich unterstützen eine positive Beziehung sowie eine angemessene, empathische Begleitung von Spielprozessen durch die Pädagogin/den Pädagogen u. a. die Motivation und Anstrengungsbereitschaft sowie die Selbststeuerung der Kinder (zusammenfassend in Leuchter, 2013).

Begleitung von Spielprozessen

Durch die intensive emotionale Beteiligung, den Spaß beim freien Spielen und die entlastende Wirkung des Spiels werden Lernprozesse – v. a. im Bereich des sozialen Lernens – besonders gefördert. Weitere Effekte beziehen sich auf die Unterstützung von Autonomie, Selbstregulation und Selbstwirksamkeit.

Entlastende Wirkung des Spiels

Kazemi-Veisari (2002) betont, dass beim Spielen individuelle Aneignungsprozesse stattfinden. Kinder spielen Erlebtes oder neu Gelerntes nicht einfach nach, sondern schreiben den Inhalten abhängig von ihrem kulturellen oder familiären Hintergrund bzw. von ihren bisherigen Bildungserfahrungen unterschiedliche Bedeutungen zu. Jedes Kind wird andere Aspekte eines Spiels in den Vordergrund stellen – abhängig davon, wie seine Lebenswelt und seine bisherigen Erfahrungen aussehen.

Individuelle Bedeutungszuschreibung im Spiel

Die Peerbeziehungen stellen im Spiel eine eigene Entwicklungsressource dar. Aufgrund des Altersunterschieds bis zu drei Jahren und der individuellen Entwicklung der einzelnen Kinder kommt es hinsichtlich der sozialen, kognitiven und emotionalen Entwicklung zu wechselseitigen Anregungen der Kinder in elementaren Bildungseinrichtungen. Im Spiel müssen unterschiedliche Ideen abgestimmt werden, sodass gemeinsam anerkannte Bedeutungen entstehen, mit denen sich das einzelne Kind identifizieren kann. Diese kognitiven Prozesse werden mit zunehmendem

Peerbeziehungen als Entwicklungsressource

Geteilte Bedeutungen in Peerbeziehungen

Alter komplexer und differenzierter und haben entwicklungsrelevante Bedeutung. Je mehr Gelegenheit für den Austausch und das Spiel in Peerbeziehungen vorhanden ist, desto vielfältiger können individuelle und gemeinsame Bedeutungsmuster und Wissensstände entwickelt werden (Brandes & Schneider-Andrich, 2019). Darüber hinaus werden im freien Spiel auch die Entwicklung von Lerndispositionen bzw. -strategien sowie von exekutiven Funktionen (Deffner, 2019) unterstützt.

3.2 Lernen durch Erfahrung und Handeln

Nachhaltiges Lernen durch Handeln

Menschen lernen nachhaltig durch den handelnden Umgang mit ihrer Umwelt. So werden auch Neugier und Interesse eines Kindes am meisten geweckt und am längsten aufrechterhalten, wenn sich das Kind aktiv betätigen kann (Herrmann, 2009). In einem zeitgemäßen Bildungsverständnis steht daher die aktive Auseinandersetzung des Menschen mit sich selbst und der Welt im Mittelpunkt.

Forschen

Zeit und Bildungsmittel zum Forschen

Neugier und Forscherdrang sind die Motoren vieler Lernprozesse. Explorieren, Forschen, Experimentieren und Entdecken sind Aktivitäten, für die in elementaren Bildungseinrichtungen viel Zeit und Raum, viele Gelegenheiten und Anlässe sowie eine geeignete materielle Ausstattung gegeben sein sollen. Bei jungen Kindern steht das prozessorientierte Explorieren, das nicht auf das Schaffen eines Produkts abzielt, im Mittelpunkt. Beim Forschen lernen Kinder v. a. durch den handelnden Umgang mit der Umwelt und haben dabei die Gelegenheit, aus vielen unterschiedlichen Situationen und Beispielen induktiv allgemeine Regeln und immer wiederkehrende Zusammenhänge zu erfahren bzw. abzuleiten. Eine Regel oder eine Handlungsstrategie wird verinnerlicht, wenn sie immer wieder erfolgreich angewendet werden kann. Dabei geht flüchtiges Wissen in Können über, das fest im Gehirn verankert ist und jederzeit aktiviert werden kann. Letztendlich hat das kindliche Gehirn selbst eine solche Regel generiert – Kinder lernen, ohne dass ihnen im engen Sinne des Wortes etwas beigebracht wird. Durch reflektierende Gespräche über ihr Lernen werden Kindern die eigenen Lernstrategien bewusst und lernmethodische Kompetenz wird aufgebaut (siehe Kapitel Didaktik der elementaren Bildung).

Kompetent durch erfolgreiche Anwendung

Wertschätzung und Zurückhaltung der Fachkraft

Eine wichtige Voraussetzung für erfolgreiches und nachhaltiges Lernen ist in diesem Zusammenhang ein wertschätzendes Lernklima, in dem Fehler als wichtig und als Chance für neue Erkenntnisse gelten. Die Aufgabe der Pädagogin/des Pädagogen besteht v. a. darin, zurückhaltend und aufmerksam zu beobachten, wenn nötig, das Kind durch Fragen anzuleiten und gegebenenfalls Hinweise zu geben, damit der forschende, kreative Prozess aufrecht bleibt.

Gestalten

Selbstwirksamkeit durch kreativen Ausdruck

Kreatives Gestalten, Zeichen, Malen und Ausdrucksformen wie Tanzen, Singen oder Theaterspielen sind Möglichkeiten, die eigene Handlungskompetenz zu erweitern und zu differenzieren. Ein Kind erlebt sich als selbstwirksam, wenn eigene Ideen verwirklicht und eigene Produkte geschaffen werden. Indem diese Produkte ausgestellt, präsentiert oder verwendet werden, werden Wertschätzung und Anerkennung vermittelt.

Materialvielfalt für schöpferisches Tun

In elementaren Bildungseinrichtungen sind bei einem entsprechenden Angebot an (unstrukturierten) Materialien und Arbeitsbehelfen viele Gelegenheiten für kreative, schöpferische Prozesse gegeben. Wichtig ist es, die Originalität, Individualität und Spontanität der einzelnen Kinder zu unterstützen und gegebenenfalls dabei entstehender Unordnung gegenüber Ordnung den Vorzug zu geben. Hinsichtlich der Gestaltung der Umgebung sollen vielfältige Materialien und funktionstüchtige Werkzeuge vorhanden sein. Besonders eignen sich unstrukturierte Materialien, die viele Möglichkeiten der Gestaltung offen lassen. Solche Materialien lösen Prozesse des selbstständigen, entdeckenden Lernens aus und motivieren Kinder aus sich heraus. Neben einer kreativitätsfördernden Umgebung sind genügend Zeit zum Beobachten und Forschen sowie viel Platz für Spontanaktivitäten der Kinder notwendig.

Auswirkung des Tuns auf das Gehirn

Spitzer (2005) beschreibt u. a. die positiven Auswirkungen des Werkens auf die Gehirnentwicklung. Ähnlich wie beim Musizieren mit Instrumenten werden dadurch motorische Gedächtnisspuren permanent optimiert. Außerdem erfahren Kinder durch gelungene Aktivitäten eine Stärkung ihrer Selbstwirksamkeit und ihres Selbstwertgefühls. Wichtig sind dabei „das Auswählen der richtigen Aufgabe, des Materials und des kindgerechten Ziels, die Begleitung des Kindes und die Unterstützung beim Überwinden von Klippen" (Spitzer, 2005, S. 13).

Erfinden

Entdeckungen führen zu Erkenntnissen

Häufig werden Kinder aus ihrer Fantasie heraus bzw. aus dem Bedürfnis, Neues zu schaffen, erfinderisch. Auch aufgrund von zufälligen Entdeckungen können neue Erkenntnisse entstehen. Selbstwirksamkeit, also die Überzeugung, durch eigene Handlungen etwas bewirken zu können, ist ein wichtiger Antrieb, um aktiv zu werden und sich an neue Herausforderungen zu wagen. Bedeutsam für solche Lernprozesse sind die dadurch zunehmende Entwicklung von Frustrationstoleranz sowie der Aufbau einer wertschätzenden Fehlerkultur in elementaren Bildungseinrichtungen. Renz-Polster und Hüther (2016, S. 238ff.) betonen in diesem Zusammenhang die Bedeutung von „Beharrlichkeit", welche Menschen auszeichnet, die Neues entdeckt oder Ungewöhnliches umgesetzt haben. Beharrlichkeit spielt in jenen Situationen eine Rolle, wo Menschen an Grenzen stoßen, auf Widerstände treffen

Bedeutung von Fehlerkultur und Beharrlichkeit

oder mit unerwarteten Situationen konfrontiert werden. Carr (2001) spricht in diesem Zusammenhang von der Lerndisposition „Standhalten bei Herausforderungen und Schwierigkeiten“ (siehe Kapitel Beobachtung und Dokumentation).
Gelingen Erfindungen oder können Pläne umgesetzt werden, entsteht das Gefühl der Zufriedenheit aufgrund von Aufgabenbewältigung, das wiederum erfolgreiches Lernen unterstützt. Dabei ist auch das Belohnungssystem des Gehirns, das für die Ausschüttung von Dopamin verantwortlich ist, beteiligt (Herrmann, 2009).

Aktivierung des Belohnungssystems im Gehirn

Erfinden bezieht sich nicht nur auf das Schaffen von Produkten, auch geistige Erfindungen, Gedankenprozesse beim Philosophieren oder Ideen zur Konfliktbewältigung sind dieser Lernform zuzuordnen.

Arbeiten

Teilhaben an der Erwachsenenwelt

Kinder wollen in eine Gemeinschaft hineinwachsen und an der Erwachsenenwelt beteiligt sein. Sie wollen Dinge tun und Materialien benutzen, die in ihrem Alltag Bedeutung haben und sich mit der Welt der Erwachsenen identifizieren. Besonders interessieren sie sich daher für Tätigkeiten, die ihnen aus der Lebenswelt Erwachsener vertraut sind wie z. B. für Kochen, Einkaufen, Tischdecken oder Gartenarbeit. Diese Tätigkeiten haben eine hohe Relevanz und Bedeutsamkeit für Kinder und können gut im Alltag einer elementaren Bildungseinrichtung eingeplant werden. Sind Kinder daran beteiligt und erfährt ihr Einsatz Anerkennung, wird ihre Motivation steigen: Motivation gilt als eine der wichtigsten Voraussetzungen für lustvolles und erfolgreiches Lernen und hängt mit der Freisetzung von Dopamin im Gehirn zusammen. Die Erfahrung der eigenen Tüchtigkeit ermöglicht wiederum das Erleben von Selbstwirksamkeit und stärkt das Selbstvertrauen sowie die Erfolgsgewissheit (Herrmann, 2009).

3.3 Lernen durch Erfolg

Instrumentelle und operante Konditionierung

Diese Lernform bezieht sich auf die behavioristischen Lerntheorien der 1950er Jahre und geht auf die Versuche zur **instrumentellen Konditionierung** nach E. L. Thorndike sowie zur **operanten Konditionierung** nach B. F. Skinner zurück (vgl. Maderthaner, 2017). Nach der instrumentellen Konditionierung werden jene Verhaltensweisen gelernt, die zur Beseitigung einer Triebspannung wie z. B. Hunger führen. Die operante Konditionierung besagt, dass Verhalten, das positive Reaktionen bzw. Folgen nach sich zieht – also positiv verstärkt wird –, als erfolgreich bewertet und deshalb immer wieder angewendet wird. Anerkennung bzw. positive Rückmeldungen, die ein Kind aufgrund seines Verhaltens erfährt, etwa durch ein aufmunterndes Lächeln, tragen dazu bei, eine Aktivität zu wiederholen. Die meiste Wirkung bei einer erfolgreich bewältigten Anforderung haben jedoch die eigenen positiven Gefühle eines Kindes: Die Freude, etwas bewirkt zu haben, eine Heraus-

Auswirkungen des Erfolgs

forderung erfolgreich bewältigt und dabei Selbstwirksamkeit erfahren zu haben, sind nachhaltige Verstärker und Antrieb, sich auf Lernsituationen einzulassen. Erfährt ein Kind ganz direkt und unmittelbar den Erfolg seines Tuns – z. B. wenn es ein Bauwerk vollendet hat –, wird es sich dieser oder einer ähnlichen Herausforderung immer wieder stellen.

Zu beachten ist, dass v. a. im sozialen Bereich auch nicht wünschenswerte Verhaltensweisen aus der Sicht eines Kindes „erfolgreich" sein können und daher wiederholt werden. Wenn etwa physische oder psychische Gewalt zum Erfolg führen, wird ein Kind diese Strategien möglicherweise wieder anwenden. Hierbei ist die Pädagogin/der Pädagoge gefordert, einzuschreiten und exemplarisch mit dem Kind alternative, sozial anerkannte Handlungsmöglichkeiten zu überlegen. Fast alle lernpsychologischen Konzepte zeigen auf, dass die Auftrittswahrscheinlichkeit eines Verhaltens abnimmt, wenn keine Erfolgsbestätigung eintritt, also keine Verstärkung stattfindet.

Interventionen bei unerwünschtem Verhalten

3.4 Lernen am Modell

Das Lernen am Modell, auch Imitations-, Beobachtungs- oder Nachahmungslernen genannt, geht auf die kognitiven Lerntheorien der 1960er Jahre zurück und ist nach Bandura (1965, zit. n. Maderthaner, 2017, S. 198) „bei Kindern die vielleicht wichtigste Lernform (...), besonders im Bereich des Sozialverhaltens". Beim Nachahmungslernen handelt es sich aber nicht um ein passives Nachahmen oder bloßes Imitieren des Modells, sondern um eine individuelle schöpferische Umdeutung dessen, was das Kind in einer bestimmten Situation wahrgenommen, für bedeutsam empfunden und innerlich verarbeitet hat.

Modelllernen, mehr als passives Nachahmen

Bereits bei frühen Lernprozessen, wie etwa bei der Entwicklung der Sprache, ahmen Babys und Kleinkinder das Verhalten ihrer Bezugspersonen nach. Durch positive Reaktionen werden sie motiviert, ihre neu erworbenen Fähigkeiten immer wieder zu zeigen und weiterzuentwickeln. Wichtig ist es, die Selbstwirksamkeit von Kindern zu unterstützen, damit diese aus sich selbst heraus motiviert sind, sich immer neuen Herausforderungen zu stellen (Hobmair, 2014).

Bezugspersonen als wichtige Modelle

Lernen am Modell wird in der Regel nicht bewusst vollzogen. Die Nachahmungsbereitschaft wird durch eine positive emotionale Beziehung zwischen Modell und Beobachterin/Beobachter, die durch Wertschätzung und Verstehen gekennzeichnet ist, begünstigt (Hobmair, 2014; Renz-Polster & Hüther, 2016). Es können aber auch unerwünschte Verhaltensweisen, wie z. B. Aggression, durch Beobachtung und Imitation übernommen werden. Entsprechende Erfahrungen aus den Medien oder der Peergroup können dabei großen Aufforderungscharakter haben.

Positive Beziehung begünstigt Modelllernen

Eine wesentliche Rolle spielt Lernen am Modell u. a. bei der Vermittlung von Werten, da sich Werthaltungen und Einstellungen durch Verhalten und Handlungen

Vermittlung von Werten

zeigen. Pädagoginnen und Pädagogen sind sich ihrer Rolle als (Lern-) Vorbilder daher bewusst und reflektieren die durch ihr Verhalten vermittelten Werte. Vorbilder, die selbst interessiert und von einem Thema begeistert sind, stellen das stärkste Medium dar. In jeder Lernsituation wird intuitiv abgeschätzt, ob das Modell authentisch agiert, selbst motiviert ist und sich mit seinen Aussagen identifiziert (Roth, 2009). Erwachsene sollten sich daher selbst als Lernende und Forschende präsentieren, Mut zum „Nichtwissen" haben und Interesse an Neuem zeigen. Sie können in gemeinsamen Lernprozessen mit Kindern agieren und sich neues Wissen aneignen. Kinder profitieren davon, erfolgreiche Lernstrategien zu beobachten, nachzuvollziehen und zu reflektieren – etwa, wenn die Pädagogin/der Pädagoge etwas im Internet recherchiert oder ein Lexikon zu Rate zieht. Die dafür notwendigen Medien und Materialien, wie z. B. Sachbücher, Lexika, Kunstbände und Kulturführer, Computer und Internetanschluss, gehören deswegen zur Grundausstattung jeder elementaren Bildungseinrichtung.

Wirkung von Begeisterung

Mut zum Nichtwissen

Beim Lernen durch Beobachten und Nachahmen ist nicht nur das Modell der Erwachsenen wichtig. Besondere Bedeutung kommt hier den Peers, also der Gleichaltrigengruppe zu. Beim gemeinsamen partnerschaftlichen Handeln sind die Kinder meist hoch motiviert und geben einander wechselseitige Anregungen, lernen also mit- und voneinander. „Indem sich Kinder auf verschiedenen Entwicklungsniveaus austauschen, entstehen vielfältige Lernanreize, von denen sowohl die jüngeren als auch die älteren profitieren." (Renz-Polster & Hüther, 2016, S. 20)

Modelllernen bei Peers

Studien an Geschwistern und Beobachtungen in altersgemischten Kindergruppen belegen auch den besonders positiven Effekt des „Lehrens": Das ist dann der Fall, wenn Kinder ihr Wissen anderen, meist jüngeren Kindern vermitteln, z. B. wenn sie ihnen etwas erklären. Dies bringt häufig eine effiziente Verstärkung ihres eigenen Wissens, ihrer sozialen Kompetenz und ihres Selbstbewusstseins mit sich (Eliot, 2010; Renz-Polster & Hüther, 2016). Auch können Kinder, die z. B. über besondere Kenntnisse oder Fertigkeiten verfügen, ihr Wissen an andere interessierte Kinder weitergeben. Solche Bildungsprozesse finden viel Raum, wenn es den Erwachsenen gelingt, sich zurückzuhalten und Interaktionen zwischen den Kindern zu fördern. Auch im Rahmen der Begabungsförderung wird empfohlen, klassische Rollenverteilungen bewusst aufzulösen, sodass einerseits Pädagoginnen und Pädagogen selbst als Lernende auftreten sowie andererseits Kinder als Expertinnen und Experten für ihre Themen wahrgenommen werden (CBI, 2018).

Lernen durch Lehren

3.5 Lernen durch Einsicht

Das Lernen durch Einsicht geht auf die Gestaltpsychologie zurück und fußt auf der Annahme, dass Lernen durch Nachdenken, durch gedankliches Umstrukturieren und Neuorganisieren eines Problems bzw. einer Situation stattfindet. Als Ergebnis

Lernen durch Nachdenken

dieser Denkprozesse zeigt sich geändertes oder neuartiges Verhalten (Hobmair, 2014). Häufig wird in diesem Zusammenhang auch von „Aha-Erlebnissen" gesprochen. Ältere Kindergartenkinder erlangen zunehmend diese Fähigkeit und können Lernherausforderungen auch „virtuell", das heißt durch Nachdenken und Überlegen bewältigen. Erwachsene unterstützen Kinder in solchen Situationen, indem sie ihnen helfen, ihre Gedanken zu strukturieren und zu reflektieren. Im Sinne ko-konstruktiver Bildung entspricht dies dem Interaktionstypus „Sustained Shared Thinking", worunter eine Form kognitiver Kooperation bzw. „nachhaltig geteiltes Denken" verstanden wird (Hildebrandt, Scheidt, Hildebrandt, Hédervári-Heller & Dreier, 2016).

Sustained Shared Thinking

Sustained Shared Thinking setzt aktive Partizipation der Interagierenden voraus und zielt auf gemeinsame gedankliche Problemlösungen, Begriffsklärungen und Bewertungen von Ereignissen ab. Im Gespräch werden Lernprozesse Schritt für Schritt durchdacht, geordnet und verbalisiert. Dadurch werden auch lernmethodische Kompetenzen und Metakompetenz gefördert (Pahnke & Spindler, 2016).

Bildungsprozesse, die auf Nachdenken beruhen, entwickeln sich häufig erst nach und nach. Wenn Kinder ausreichend Zeit und einen geschützten Rahmen zum Überlegen vorfinden und sich ernst genommen fühlen, werden sie Lösungen entdecken, die durch vorschnelle Handlungen oder Entscheidungen von Erwachsenen verloren gingen.

Zeit und Raum, um Lösungen zu entdecken

Warum-Fragen der Kinder sind für diese Art des Lernens besonders wichtig. Kinder wollen immer mehr wissen, sie wollen Gelerntes oder Beobachtetes hinterfragen. Jede Frage wird gleichwertig anerkannt und wertgeschätzt, indem nach einer Antwort gesucht wird. Teilweise stoßen Erwachsene bei solchen Gesprächen ebenfalls an die Grenzen ihres Wissens. Dann sollten sie sich mit den Kindern gemeinsam auf den Weg machen, Neues zu erlernen.

Aufgaben und Anregungen zur Vertiefung

Wissen

- Erklären Sie die Bedingungen der Entwicklung: Wie wirken Anlage, Umwelt und Selbststeuerung zusammen?
- Fassen Sie zusammen, wie Motivation und Interesse sowie unterschiedliche Emotionen die Lernprozesse von Kindern unterschiedlichen Alters beeinflussen und präsentieren Sie Ihre Überlegungen in der Klasse.
- Beschreiben Sie die exekutiven Funktionen und produzieren Sie dazu einen kurzen Legefilm.
- Argumentieren Sie, warum das Spiel die zentrale Lernform in elementaren Bildungseinrichtungen darstellt. Erläutern Sie die wichtigsten Merkmale dieser Lernform.

Transfer

- Beurteilen Sie anhand von Beobachtungen aus Ihrer Praxiseinrichtung, wie die individuellen Grundbedürfnisse von Kindern unterschiedlichen Alters im Alltag einer elementaren Bildungseinrichtung umfassend berücksichtigt werden können. Vergleichen Sie Ihre Überlegungen mit einer Kollegin/einem Kollegen.
- Präsentieren Sie Beispiele aus Ihrer Praxiseinrichtung, in denen Selbststeuerung von Kindern sichtbar wird. Analysieren Sie anhand dieser exemplarischen Situationen, wie Sie als Pädagogin/Pädagoge Selbststeuerungsprozesse der Kinder unterstützen können. Berücksichtigen Sie dabei sowohl jüngere als auch ältere Kinder.
- Überlegen Sie zu zweit, wie exekutive Funktionen im Alltag einer elementaren Bildungseinrichtung gefördert werden können und vergleichen Sie Ihre Überlegungen mit einem anderen Tandem.
- Diskutieren Sie in der Kleingruppe die Merkmale von (Hoch-) Begabung und präsentieren Sie ein Beispiel, wo Sie vermuten, dass (Hoch-) Begabung vorliegt.

Reflexion

- Reflektieren Sie, unter welchen Bedingungen Sie selbst am besten lernen. Diskutieren Sie in der Klasse, wie Sie Ihre Erkenntnisse auf das Lernen in elementaren Bildungseinrichtungen übertragen können.
- Reflektieren Sie, wie sich positive und negative Emotionen auf Ihre eigenen Lernprozesse auswirken. Leiten Sie daraus ab, worauf Sie als Fachperson bei der Begleitung von Bildungs- und Lernprozessen von Kindern achten werden und präsentieren Sie Ihre Überlegungen in der Klasse.
- Tauschen Sie sich in der Kleingruppe darüber aus, wie das Lernen durch Erfahrung und Handeln nachhaltig in Ihrer Bildungsbiografie wirksam war.
- Beschreiben Sie Personen, die für Ihr pädagogisches Handeln Vorbilder sind, und was diese Personen auszeichnet. Gestalten Sie ein Mind-Map zur Veranschaulichung.

Beobachtung und Dokumentation

Beobachtung und Dokumentation stellen eine Grundlage der kind- und ressourcenorientierten Bildungsarbeit dar. Sie sind unverzichtbare Werkzeuge bzw. Tools zur Erfassung der Entwicklung und der Bildungsbiografie eines Kindes. Durch Beobachtung können die kindlichen Interessen, Bedürfnisse und Begabungen, die vielfältigen Ausdrucksweisen und Kompetenzen sowie der individuelle Entwicklungsverlauf systematisch erfasst werden. Mit entsprechender Dokumentation stellen die Fachkräfte die Beobachtungsergebnisse professionell dar und haben dadurch die Möglichkeit, Bildungsprozesse und Entwicklungsverläufe kontinuierlich zu überprüfen und transparent zu machen. Wichtig ist, dass dabei der Datenschutz beachtet wird und z. B. schriftliche Aufzeichnungen geschützt aufbewahrt, Informationen über ein Kind ausschließlich im vertraulichen Rahmen an die Eltern weitergeben und Fotos und Videosequenzen nur mit Zustimmung der Eltern verwendet werden.

Tools einer ressourcenorientierten Bildung

1. VORAUSSETZUNGEN FÜR PROFESSIONELLE BEOBACHTUNG UND DOKUMENTATION

Damit Beobachtung und Dokumentation gelingen und nachhaltig für die Bildungsarbeit genutzt werden können, sind folgende Aspekte wichtig:

1.1 Pädagogische Haltung

Den Aufgabenbereich Beobachtung und Dokumentation als fixen Bestandteil der pädagogischen Arbeit zu integrieren und dafür regelmäßig Zeit im Alltag zu reservieren, setzt eine pädagogische Haltung voraus, die sich u. a. durch folgende Aspekte auszeichnet:

Am Kind orientierte pädagogische Haltung

- Neugier und Interesse, jedes Kind kennenzulernen und es durch das aus der Beobachtung erworbene Wissen bestmöglich zu begleiten.
- Sich bewusst Zeit für jedes einzelne Kind zu nehmen.
- Sich an den individuellen Ressourcen jedes einzelnen Kindes zu orientieren.
- Interessen, Kompetenzen, Begabungen und Bedürfnisse jedes Kindes als Grundlagen der Planung von Bildungsprozessen zu nehmen.
- Vertrauen in die Kompetenz und Selbstständigkeit eines Kindes zu haben und die Selbstwirksamkeit zu unterstützen.

- Freispiel bzw. freies Spiel und Alltag in elementaren Bildungseinrichtungen als Bildungszeit und damit als wichtige Beobachtungssituationen anzusehen.
- Prozessorientierung der produktorientierten Arbeit vorzuziehen.
- Fähigkeit, sich zurückzunehmen.
- Wissen, dass Beobachtungen Momentaufnahmen sind, die sich laufend verändern.

1.2 Fachkompetenz

Beobachtungsergebnisse transparent machen

Pädagoginnen und Pädagogen sind aufgrund ihrer Ausbildung mit Methoden der Beobachtung und Bildungsdokumentation vertraut. Wichtig ist es, Beobachtungsergebnisse professionell und transparent gegenüber der jeweiligen Zielgruppe (Kinder, Eltern, Lehrpersonen etc.) darzustellen. Fachwissen über Entwicklungspsychologie, das in Fortbildungen oder durch Literatur vertieft wird, unterstützt die Fachkräfte dabei, Informationen aus der Beobachtung der Kinder fachlich zu interpretieren und individuelle pädagogische Konsequenzen daraus abzuleiten (Viernickel & Völkel, 2017).

Wahrnehmungsfehler reflektieren

Da die Beobachtung anderer Menschen oft von eigenen Erwartungshaltungen, Stimmungen, Verallgemeinerungen, Interpretationen oder Projektionen verfälscht bzw. verzerrt wird (siehe Wahrnehmungsfehler), ist die Reflexion über mögliche Wahrnehmungsfehler in diesem Prozess eine wichtige Voraussetzung für die Qualität der Beobachtungsergebnisse. Bei Bedarf ist eine zweite Beobachtung durch eine andere Fachkraft hinzuzuziehen. Videoanalysen können unterstützend wirken.

Deskription und Interpretation unterscheiden

Professionalität zeichnet sich durch die präzise Unterscheidung zwischen einer deskriptiven, wertneutralen Formulierung des kindlichen Verhaltens und den wertenden fachlichen Interpretationen, Annahmen und Hypothesen aus:

- Eine **deskriptive Formulierung** bezieht sich auf konkrete Verhaltensweisen und Handlungen, die von jedem nachvollziehbar und daher nicht wertend beschrieben sind, sodass unterschiedliche Personen unabhängig voneinander zum selben Beobachtungsergebnis kommen, z. B. „Peter streicht Marie über ihren Arm".
- In Unterscheidung dazu stehen **wertende Interpretationen, Annahmen, Vermutungen, Deutungen und Hypothesen,** die aufgrund der Beobachtung aufgestellt werden. Diese sind immer vor dem subjektiven Hintergrund der beobachtenden Person zu sehen und fallen daher unterschiedlich aus, z. B. „Er hat sie gern" oder „Er sucht körperliche Zuwendung".

Diese Unterscheidung muss in der professionellen Beobachtung bewusst vorgenommen und reflektiert werden und soll im Gespräch und aus schriftlichen Aufzeichnungen hervorgehen.

2. METHODEN DER BEOBACHTUNG

Nachfolgend wird ein Überblick über unterschiedliche Methoden der Beobachtung gegeben:

Natürliche Beobachtung Die Beobachtung findet in der natürlichen Umgebung der beobachteten Person statt, z. B. im Kindergarten, auf dem Spielplatz, zu Hause.	**Künstliche Beobachtung** Für die Beobachtung wird eine spezielle Beobachtungssituation geschaffen, z. B. logopädische Diagnostik.
Systematische Beobachtung Dies meint ein planmäßiges, auf einen bestimmten Fokus gerichtetes, zweckorientiertes Erfassen von Verhaltensweisen mittels standardisierter Beobachtungskategorien, z. B. vorgegebene Beobachtungsbögen.	**Gelegenheitsbeobachtung** Die Beobachtung hat keine speziellen Ziele, sie ist frei, ungerichtet und ergebnisoffen, z. B. im Alltag, mittels Logbuch.
Teilnehmende Beobachtung Die Person, die beobachtet, ist selbst aktiv ins Geschehen eingebunden und beobachtet gleichzeitig.	**Nicht-teilnehmende Beobachtung** Die Person, die beobachtet, ist nicht am Geschehen beteiligt und greift für die Zeit der Beobachtung auch nicht in das Geschehen ein.
Kurzzeitbeobachtung Für die Beobachtung ist ein kurzer Zeitabschnitt vorgesehen.	**Langzeitbeobachtung** Die Beobachtung findet systematisch über einen längeren Zeitraum statt.
Deskriptive wertneutrale Beobachtung Die Beobachtung wird deskriptiv ohne Wertungen und Interpretationen festgehalten.	**Beobachtung mit Checkliste** Die Beobachtung hat möglichst objektive Daten zum Ziel, z. B. durch Strichlisten, Ankreuzen etc.

2.1 Beobachtungsfokus

Auswahl möglicher Beobachtungsfokusse

Vor Beginn der Beobachtung ist zu überlegen, wofür die Beobachtungsergebnisse gebraucht werden. Mögliche Fokusse können z. B. sein: Entwicklungsverläufe und -schritte eines Kindes über einen längeren Zeitraum zu erfassen und sichtbar zu machen, ein Kind oder eine Situation besser zu verstehen, Eltern fundiert und auf der Grundlage ausführlicher Dokumentationen Rückmeldungen über ihr Kind zu geben, die Ursache für ein Verhalten zu deuten, Hinweise zu sammeln, wie ein bestimmter Bildungsimpuls von den Kindern aufgenommen wurde, pädagogische Impulse abzuleiten etc.

Mittels Beobachtung können das Verhalten, die Entwicklung und die Kompetenzen einzelner Kinder (Individualebene) oder gruppendynamische Aspekte, pädagogische Abläufe und/oder räumliche Aspekte (Gruppenebene) erfasst werden.

Fokusse auf der Individualebene

Entwicklung und Interesse eines Kindes

- **Entwicklungsbereiche eines Kindes:** Grob- und Feinmotorik, Sprache, Spielverhalten, Motivation, Selbstständigkeit, lebenspraktische Kompetenzen, Engagiertheit, Wohlbefinden, Problemlösekompetenz, Wahrnehmung, Konfliktverhalten, soziale Kontakte, emotionale Stabilität, Kreativität, Natur- und Wissenschaftsverständnis, spirituelles Verständnis, kognitive Entwicklung und Lernstrategien, Schulfähigkeit, Transitionskompetenzen u. v. m.
  Bei Kindern mit deutlichen Entwicklungsrisiken und/oder Verhaltensauffälligkeiten ist es zusätzlich zu den eigenen Beobachtungen indiziert, eine Expertin/einen Experten (Psychologin/Psychologe, Logopädin/Logopäde etc.) hinzuzuziehen.
- **Interessen eines Kindes,** die sich auf Bildungsbereiche beziehen: Mathematik, Naturwissenschaften und Technik, Literacy, kreatives Gestalten, Musik u. v. m.

Fokusse auf der Gruppenebene

Aspekte der Gruppe

- **Gruppendynamische Aspekte:** Freundschaften, Gruppenbildungen, Nutzung einzelner Spielbereiche, Räume und Spielmaterialien, Zeitrhythmen u. v. m.
- **Pädagogische Abläufe:** Alltagsroutinen wie Mahlzeiten, Pflegeroutinen, Ruhephasen, Übergänge, Zusammentreffen in der Gesamtgruppe, Sicherheit, Hygiene u. v. m.
- **Räumliche und strukturelle Aspekte:** Auswahl, Platzierung und Gestaltung unterschiedlicher Spielbereiche und Materialien, Raumaufteilung, Rückzugsmöglichkeiten u. v. m.

2.2 Beobachtungszeit und -ort

Zeitpunkt für ungestörte Beobachtungen

Beobachtung kann sich auf Alltagssituationen, auf das Freispiel, auf Bildungsangebote und Projekte, auf Einzel- oder Gruppenaktivitäten beziehen. Beobachtung ist vor allem in sensiblen Phasen bedeutsam, wie z. B. während der Eingewöhnung oder bei Krisen des Kindes, um verdichtete Entwicklungsprozesse wahrzunehmen und sich mit den Eltern darüber auszutauschen. Um qualitätsvolle Ergebnisse zu erzielen, ist ein möglichst ungestörter Beobachtungsprozess ohne Zeitdruck günstig. Im ersten Schritt sollten die Fachkräfte ihren täglichen Zeitablauf und Tagesrhythmus nach Zeitpunkten durchleuchten, die sich am besten für gezielte Beobachtungen eignen. Dazu zählen z. B. Phasen, wo eine Zweitbesetzung in der Gruppe ist oder organisiert werden kann, wo Kinder selbstständig aktiv sind, z. B. in der Freispielphase und wo wenig Störung von außen, z. B. durch abholende Eltern, zu erwarten ist. Der Zeitpunkt der Beobachtung ist mit dem Beobachtungsziel abzu-

stimmen. So kann die Grobmotorik z. B. im Garten oder bei Bewegungseinheiten gut erfasst werden.
Die Zuverlässigkeit der Beobachtung und die Genauigkeit der Dokumentation werden erhöht, wenn unterschiedliche Situationen als Grundlage dienen wie z. B. Einzel- und Gruppenaktivitäten, unterschiedliche Orte und Zeitpunkte etc.
Wichtig ist es, den Eltern die Beobachtung als Qualitätsinstrument der Elementarpädagogik transparent zu machen und sie über die festgelegten Beobachtungszeiten im Tagesablauf zu informieren. Auch den Kindern kann man mittels optischer Zeichen zusätzlich signalisieren, dass eine Pädagogin/ein Pädagoge gerade beobachtet und nicht zur Verfügung steht, z. B. indem sie/er dann ein bestimmtes Klemmbrett benutzt.

Transparenz gegenüber Eltern und Kindern

3. WAHRNEHMUNGSFEHLER

In der Beobachtung anderer Personen wird die objektive Wirklichkeit durch die eigene Wahrnehmung verfälscht und verzerrt. In der Literatur werden folgende „Wahrnehmungsfallen" beschrieben (Bensel & Haug-Schnabel, 2018; Krenz, 2010, zit. n. Stadlmair, 2011):

Verzerrte bzw. verfälschte Wahrnehmung

- **Primacy- bzw. Recencyeffekt:** Der Primacyeffekt besagt, dass ein Kind aufgrund des ersten Eindrucks eingeschätzt und bewertet wird. Alle weiteren Erfahrungen werden diesem ersten Bild untergeordnet. So wird z. B. ein Kind, das beim ersten Kreisspiel unangenehm aufgefallen ist, als „Störenfried" gespeichert. Der Recencyeffekt hingegen meint, dass alle Erfahrungen mit einem Kind dem zuletzt gewonnenen Eindruck untergeordnet werden.
- **Halo-Effekt:** Aus einzelnen, besonders hervorstechenden Merkmalen eines Kindes wird auf seine Gesamtpersönlichkeit geschlossen. Ein Kind mit einer mathematischen Begabung wird beispielsweise auch in anderen Entwicklungsbereichen als besonders begabt eingeschätzt, obwohl es vielleicht ganz durchschnittliche sprachliche Kompetenzen aufweist.
- **Self-fulfilling Prophecy (Rosenthal-Effekt):** Positive oder negative Erwartungen, die in ein Kind gesetzt werden, beeinflussen die Beobachtung und das Verhalten des Kindes. Unausgesprochene Annahmen wie „Das schafft sie/er ohnehin nicht!" verunsichern etwa ein Kind, sodass es sich die geforderte Leistung womöglich selbst nicht mehr zutraut. Das Vertrauen in die Kompetenz eines Kindes kann sich hingegen förderlich auf die Bewältigung von Herausforderungen auswirken.
- **Kontrastfehler:** Wahrnehmungen können aufgrund des Umfelds, in dem sie gemacht werden, verzerrt werden. Ein aufgewecktes, aktives Kind wirkt z. B. unter vielen schüchternen und ruhigen Kindern besonders lebhaft.

- **Kategorisierungstendenz:** Wegen der Zugehörigkeit eines Kindes zu einer Gruppe werden ihm automatisch bestimmte „typische" Eigenschaften zugeordnet. Dem Kind einer Ärztin werden z. B. positivere Eigenschaften zugeschrieben als dem einer Arbeitslosen.
- **Projektionsfehler:** Dabei werden einem Kind Eigenschaften zugeordnet, die man an sich selbst nicht wahrhaben will oder kann. Auch wenn man sich dem Kind ähnlich fühlt, können Wahrnehmungen verfälscht werden: „Ich war auch so wie die Kathi, so schüchtern und fleißig ..."
- **Sympathie- bzw. Antipathieeffekt:** Diese Gefühle verzerren die Wahrnehmung. Wirkt ein Kind sympathisch, wird es positiver beurteilt und mögliche störende Verhaltensweisen wie z. B. das Streben, immer im Mittelpunkt zu stehen, werden milder bewertet als bei einem Kind, das unsympathisch ist. Negative Vorerfahrungen mit einem Kind verleiten ebenfalls dazu, das Kind kritischer zu beurteilen.
- **Generalisierungsfehler:** Einmalig bei einem Kind beobachtete Verhaltensweisen werden verallgemeinert. Nimmt ein Kind z. B. einmal einem anderen Kind ein Auto weg, wird es beim nächsten Mal wieder verdächtigt.
- **Logischer Fehler:** Von einer Eigenschaft wird auf andere Eigenschaften geschlossen, z. B. unfrisiert – schlampig.
- **Bewertungsfehler:** Die Interessen und Werthaltungen der beobachtenden Person verfälschen durch Interpretationen das Ergebnis.
- **Attributionen:** Das Verhalten eines Kindes wird mittels Ursachenzuschreibungen erklärt, z. B. „Max räumt nicht ein, weil er faul ist" oder „Inge räumt ein, weil sie so brav ist".

4. PÄDAGOGISCHE DIAGNOSTIK

Einschätzen individueller Lernvoraussetzungen

Diagnosekompetenz als Handlungsgrundlage

Pädagogische Diagnostik ist im Kontext von Lernen als ein Werkzeug zur möglichst genauen Einschätzung der individuellen Lernvoraussetzungen eines Kindes zu verstehen. In ihrer pädagogischen Funktion zielt pädagogische Diagnostik auf die Unterstützung der Lernenden ab und wird daher auch als Lernprozess- oder Förderdiagnostik bezeichnet. Sie dient zur Einsicht in die Lernprozesse der Kinder, um in der Folge passende Lernangebote zu gestalten (BMBF & SQA, 2017). Die Diagnosekompetenz von Pädagoginnen und Pädagogen in Bezug auf die Einschätzung von Lernvoraussetzungen und Lerndispositionen ist ein wesentlicher Faktor für ein begründetes, fokussiertes Handeln, indem dadurch angemessene Herausforderungen und Fördermaßnahmen für ein Kind abgeleitet werden können. Pädagogische Diagnostik basiert auf Wahrnehmung und systematischer Beobachtung der Fachkräfte und kann je nach Grad der wissenschaftlichen Fundierung informell, formell oder semiformell orientiert sein (BMBF & SQA, 2017):

- **Informelle pädagogische Diagnostik** umfasst Beobachtungen, Erfahrungen und subjektive Theorien der Fachkräfte aufgrund zufälliger, unsystematisch erworbener Einschätzungen im Alltag. Die professionelle Herausforderung besteht darin, diese theoriegeleitet zu reflektieren und gegebenenfalls anzupassen bzw. zu revidieren.

Informelle pädagogische Diagnostik

- **Formelle pädagogische Diagnostik** bezieht sich auf wissenschaftlich fundierte, theoriegeleitete, methodisch kontrollierte Verfahren. Diese werden von darin eingeschulten Pädagoginnen und Pädagogen angewendet, da für den Einsatz solcher Verfahren meist Theoriewissen, Kompetenz und Routinen erworben werden müssen. Die Ergebnisse werden für die Planung und Durchführung der zielgerichteten Förderung eines Kindes genutzt.
  Psychologische Diagnostik, die den Einsatz von Intelligenztests, Persönlichkeitstests und klinischen Verfahren umfasst, gehört zum Aufgabenbereich der Psychologie und ist inhaltlich klar von pädagogischer Diagnostik abzugrenzen.

Formelle pädagogische Diagnostik

- **Semiformelle pädagogische Diagnostik** wird in der Praxis häufig genutzt, entspricht jedoch nicht den Qualitätsansprüchen der formellen Diagnostik. Dafür werden meist eigens konzipierte Verfahren, Instrumente, Beobachtungs- und Einschätzbögen, z. B. des Trägers, herangezogen, die systematisch und zielgerichtet durchgeführt werden. Diese Instrumente unterstützen die Fachkräfte dabei, Lernvoraussetzungen, Lernprozessen und Lernergebnissen systematisch auf der Spur zu sein. Dies ist für Pädagoginnen und Pädagogen sowie Kinder und deren Eltern gleichermaßen relevant.

Semiformelle Diagnostik

Die Lernprozessdiagnostik ist ein dialogisch und kooperativ gestalteter Prozess aller Beteiligten. Insbesondere ältere Kinder sollen befähigt werden, ihre eigenen Lernprozesse im Sinne lernmethodischer Kompetenzen zu reflektieren, zu analysieren und in weiterer Folge über (ihr) Lernen zu kommunizieren.

Lernprozessdiagnostik, ein ko-konstruktiver Prozess

Der Fokus der pädagogischen Diagnostik kann unterschiedlich ausgerichtet sein und sich z. B. auf die Motivation eines Kindes, seinen Umgang mit Herausforderungen, Kommunikationsprozesse, individuelle Lernprozesse sowie soziale und emotionale Aspekte des Lernens beziehen.

5. INSTRUMENTE BZW. VERFAHREN

Für Beobachtung und pädagogische Diagnostik in elementaren Bildungseinrichtungen stehen publizierte sowie von einzelnen Trägern entwickelte Instrumente bzw. Verfahren zur Verfügung, die unterschiedliche Fokusse verfolgen und auch miteinander kombiniert werden können.

Auswahl von Beobachtungsverfahren

- Verfahren mit dem Fokus auf Aktivitäten und Bildungsprozessen von Kindern
- Verfahren zur Erfassung der Kompetenzen eines Kindes in verschiedenen Entwicklungsbereichen

- Verfahren zur frühzeitigen Erkennung von Entwicklungsrisiken eines Kindes
- Verfahren zur Beobachtung der Interessen eines Kindes
- Verfahren zur Erfassung der Gruppendynamik

(vgl. Viernickel & Völkel, 2017)

Qualität von Beobachtungsverfahren

Beobachtungsverfahren können sich hinsichtlich ihrer Qualität bzw. ihrer praktischen Handhabung unterscheiden. In der Projektbeschreibung „Entwicklung eines Konzepts zum Bildungskompass im elementarpädagogischen Bildungsbereich" (CBI, 2016a) sind folgende Kriterien für die Auswahl von publizierten Verfahren zur Entwicklungsbeobachtung, die sowohl der fachwissenschaftlichen Auseinandersetzung als auch den Anforderungen der Praxis gerecht werden, formuliert:

- **Altersgruppe:** Das Verfahren ist für den entsprechenden Altersbereich konzipiert bzw. geeignet.
- **Ganzheitlichkeit:** Das Verfahren deckt grundlegende Entwicklungsbereiche wie Kognition, Motorik, sozial-emotionale Entwicklung und sprachliche Entwicklung ab.
- **Entwicklungspsychologische Fundierung:** Das Verfahren bezieht sich auf entwicklungspsychologische Quellen.
- **Praktikabilität/Ökonomie:** Das Verfahren ist in der elementarpädagogischen Praxis praktikabel durchzuführen, verständlich, mit vertretbarem Aufwand und wenig Vorbereitungszeit ökonomisch einsetzbar.
- **Zielgruppe:** Das Verfahren ist für Pädagoginnen und Pädagogen ausgewiesen.
- **Aktualität:** Das Verfahren bzw. die Neufassungen und Überarbeitungen sind nicht älter als zehn Jahre.
- **Wissenschaftliche Gütekriterien** (Objektivität, Reliabilität und Validität[2]): Verfahren entsprechen mindestens dem wissenschaftlichen Hauptgütekriterium der Validität.

Ergänzende selbsterstellte Beobachtungsbögen

Checklisten, die im Team erarbeitet werden, können ergänzend zu Beobachtungsinstrumenten eingesetzt werden und eignen sich v. a. dazu, Beobachtungen unterschiedlichster Alltagssituationen und Bildungsangebote zu strukturieren. Beobachtungsergebnisse sind umso genauer, je konkreter und detaillierter Beobachtungsinhalte differenziert werden. Nachteile eines vom Team entworfenen Beobachtungsbogens sind mögliche methodische Fehler bei der Entwicklung des Bogens.

6. RELEVANZ VON BEOBACHTUNG, PÄDAGOGISCHER DIAGNOSTIK UND DOKUMENTATION

Überlegtes Setting für objektive Bedingungen

Die regelmäßige Beobachtung und Dokumentation ist für alle Bereiche der Bildungsarbeit und in allen Altersstufen unverzichtbar. Ein festgelegtes Setting gewährleistet die Wiederholbarkeit und Vergleichbarkeit der Beobachtungen.

[2] Objektivität liegt dann vor, wenn die Beobachtungsergebnisse unabhängig von der beobachtenden Person sind; Reliabilität beschreibt den Grad der Genauigkeit, mit dem ein Instrument ein Merkmal misst; Validität gibt an, inwieweit ein Verfahren das erfasst, was es zu erfassen angibt (Kubinger, 2009).

Möglichst objektive Bedingungen entstehen dadurch, dass Beobachtungsinhalt, Zeitpunkt, Dauer, Ort, Methode und Dokumentationsform vorher festlegt und mögliche Wahrnehmungsfehler reflektiert werden. Die systematische Beobachtung kann genutzt werden, um den Entwicklungsstand, die Interessen und Begabungen der Kinder differenziert zu erfassen sowie subjektive Theorien, Deutungen und Hypothesen der Pädagoginnen und Pädagogen zu überprüfen. Die pädagogische Diagnostik fokussiert insbesondere auf die Aspekte des Lernens jedes Kindes.

6.1 Ausgangslage für pädagogisches Handeln

Das pädagogische Handeln in elementaren Bildungseinrichtungen orientiert sich am Konzept der Ko-Konstruktion von Bildung (Fthenakis, 2009). Für die Begleitung des einzelnen Kindes verdeutlicht die Bildungsdokumentation Entwicklungsverläufe, Interessen, Kompetenzen, Begabungen, Lernstrategien und Bedürfnisse und ist Grundlage eines individuellen Förderkonzepts für das jeweilige Kind. Dies kann sich z. B. auf eine Unterstützung der motorischen Entwicklung durch grobmotorische Angebote beziehen. Kinder mit besonderen Interessen und Begabungen sollen zusätzliche Anregungen und Materialien erhalten. Beobachtung und Dokumentation helfen Pädagoginnen und Pädagogen, sich auf die kindliche „Weltsicht" einzulassen, sich also in die Perspektive des Kindes zu versetzen, die subjektiven Absichten des Kindes zu erforschen und darauf aufbauend die Bildungsarbeit auszurichten (Viernickel & Völkel, 2017, S. 7).

Ko-konstruktive Förderkonzepte

Perspektive des Kindes einnehmen

Beobachtungen sowie pädagogische Diagnostik von guter Qualität setzen voraus, dass

- Verfahren bzw. Instrumente fachgerecht ausgewählt und eingesetzt,
- die Ergebnisse zeitnah, differenziert und verständlich rückgemeldet,
- konkrete Fördermaßnahmen im Team, mit den Eltern und gegebenenfalls mit dem Kind überlegt werden.

Für die Begleitung der Gruppe wird durch regelmäßige Beobachtung und Dokumentation die Gruppendynamik sichtbar. Die Beobachtung bezieht sich darauf, wie Bereiche, Materialien und Angebote von der Kindergruppe angenommen werden, wo die Interessen der Gruppe liegen, welchen Spielgemeinschaften sich bilden etc. (Viernickel & Völkel, 2017). Diese Aufzeichnungen zeigen, wo Interventionen, Impulse und Anregungen sinnvoll erscheinen.

Analyse gruppendynamischer Prozesse

Die Auseinandersetzung mit Beobachtungen im Team führt zu unterschiedlichen Perspektiven, die diskutiert, reflektiert und interpretiert werden können. Die Qualität von Beobachtungsergebnissen kann gesteigert werden, wenn ein Kind von mehreren Kolleginnen und Kollegen eingeschätzt wird und diese Beobachtungen im Team besprochen werden.

Austausch im Team

Auch für die Arbeit an der Konzeption der elementaren Bildungseinrichtung und für die Qualitätsentwicklung ist die Auseinandersetzung mit Beobachtung und Dokumentation wichtig. Selbst formulierte Ziele und Schwerpunkte der Bildungsarbeit können hinsichtlich ihrer Umsetzung im pädagogischen Alltag überprüft werden. Ergebnisse der Beobachtung bzw. der pädagogischen Diagnostik sind Grundlage für:

Nutzen von Beobachtung und pädagogischer Diagnostik

- Ko-konstruktive Bildungsprozesse
- Planung von entwicklungsangemessenen Bildungsangeboten, -impulsen und Projekten für die Gruppe
- Individuelle Begleitung und Förderung einzelner Kinder zum Aufbau und zur Stärkung ihrer Kompetenzen und Lerndispositionen
- Entwicklungs- und Beratungsgespräche mit Eltern
- Bedarfsorientierte Vernetzung mit Expertinnen und Experten
- Kooperation mit Fachkräften aus anderen Bildungsinstitutionen (z. B. Schule)
- Qualitätssicherung und -entwicklung der pädagogischen Arbeit

6.2 Bedeutung für das Kind

Die partizipative Einbeziehung des Kindes bei der Einschätzung seiner Stärken, individuellen Lernprozesse und -strategien hat einen positiven Einfluss auf sein Selbstwertgefühl. Das Kind erlebt, dass seine Persönlichkeit im Mittelpunkt steht, indem seine Handlungen und Werke als interessant und bedeutsam bewertet und festgehalten werden. Durch das Anlegen beispielsweise eines Portfolios oder die Formulierung einer Lerngeschichte entsteht die Möglichkeit, die Beobachtungen mit dem Kind zu besprechen, damit es seine eigenen Entwicklungsschritte, Stärken und Potenziale erkennen, verstehen und besser ausschöpfen kann.

Mit dem Kind über seine Lernprozesse sprechen

Eine Narration über die Entwicklungs- und Lernprozesse des Kindes kann z. B. als Bildungs- und Lerngeschichte verfasst und mit Fotos angereichert werden. „Kindern auf diese Weise bewusst zu machen, was sie gelernt und wie sie das geschafft haben, ist (...) eine Möglichkeit für das Kind, sich seiner Selbstgestaltungskräfte und Selbstwirksamkeit bewusst zu werden.“ (Weiss, 2007, S. 22) Das entspricht dem Prinzip Empowerment (vgl. CBI, 2009). Indem die Pädagogin/der Pädagoge mit einem Kind oder mehreren Kindern über ihre unterschiedlichen Lernstrategien reflektiert, was und wie Neues gelernt wurde, was besonders gut gelungen ist oder wobei noch Hilfe benötigt wird, wird die Fähigkeit der Kinder zur Metakognition unterstützt (Gisbert, 2002).

Kinder denken über ihre Lernstrategien nach

6.3 Bedeutung für die Bildungskooperation mit Eltern

Beobachtung als Grundlage für Elterngespräche

Die Bedeutung der Beobachtung und pädagogischen Diagnostik für die Entwicklung und Bildung eines Kindes muss für Eltern transparent dargestellt werden. Sie sollen informiert sein, dass diese ein Element der kindorientierten Bildungsarbeit

ist. Die Dokumentation der kindlichen Entwicklung und Bildung dient als Grundlage für (Beratungs-) Gespräche mit den Eltern und bringt Transparenz in die pädagogische Arbeit.
Eltern erhalten z. B. durch Fotos und Filme einen direkten Einblick in die elementare Bildungseinrichtung und können so die Vielfalt der Bildungsarbeit nachvollziehen. Zum anderen kann – unterstützt durch wörtliche Aufzeichnungen oder die Sammlung der Werke des Kindes – mit den Eltern konkret besprochen werden, wie die Entwicklung der Interessen, Kompetenzen und Begabungen ihres Kindes in einem bestimmten Zeitraum verlaufen ist. Dazu zählen die Lernfortschritte des Kindes, seine persönlichen Vorlieben und sozialen Beziehungen innerhalb der Gruppe sowie individuelle Fördermaßnahmen. Gerade solche Interventionen können den Eltern umso verständlicher vermittelt werden, je anschaulicher die Unterlagen sind, die bei einem (Entwicklungs-) Gespräch verwendet werden. Besonders in der Eingewöhnung gibt es Eltern Sicherheit, Rückmeldung über das Verhalten ihres Kindes zu bekommen. Dadurch wird ihr Vertrauen in die Bildungseinrichtung gestärkt. Wichtig ist es, Beobachtungen über das Verhalten des Kindes deskriptiv und wertneutral zu formulieren und eigene wertende Interpretationen, Deutungen und fachlich begründete Hypothesen sprachlich zu unterscheiden. Im Austausch über die Beobachtungen in der Einrichtung und jene der Eltern zu Hause lassen sich Fördermaßnahmen ableiten und die Eltern am Bildungsprozess des Kindes beteiligen. Unterlagen, die Eltern ausgehändigt werden, sollen stets in professioneller Art und Weise gehalten sein.

Lernfortschritte des Kindes für Eltern festhalten

Mit Eltern Fördermöglichkeiten überlegen

6.4 Bedeutung für die Bildungskooperation mit der Volksschule

Im Rahmen der Transition vom Kindergarten in die Volksschule dient unter Einbindung der Eltern die Weitergabe von Beobachtungen und Einschätzungen aus dem Kindergarten, wie z. B. die Dokumentation von Kompetenzentwicklung und Lerndispositionen bzw. Übergabeblätter, der Anschlussfähigkeit von Lernprozessen und wirkt unterstützend für das Kind und seine Familie. Bei der Einschreibung in die Volksschule kann die Bildungs- und Lernbiografie des Kindes durch ein sogenanntes Übergangsportfolio, das gemeinsam mit dem Kind und bestenfalls auch mit den Eltern zusammengestellt wird, veranschaulicht werden.

Anschlussfähigkeit an die Schule

6.5 Bedeutung für die Öffentlichkeitsarbeit

Unterschiedliche Formen der Dokumentation eignen sich besonders für die Präsentation der elementaren Bildungseinrichtung nach außen. Durch professionelle und qualitätsvolle Gestaltung der Dokumentation verdeutlicht eine elementare Bildungseinrichtung ihren wichtigen gesellschaftlichen Auftrag und trägt dazu bei,

Präsentation des Bildungsauftrags nach außen

das Wissen der Öffentlichkeit über Elementarpädagogik zu erweitern. Dazu zählen z. B. Beiträge in Fachzeitschriften oder Veröffentlichungen auf Gemeindeebene, Ausstellungen in öffentlichen Gebäuden sowie die Gestaltung einer Homepage.

7. FORMEN DER DOKUMENTATION

Für die Dokumentation von Bildungsprozessen steht eine Fülle an Formen und Methoden zur Verfügung, die unterschiedlich differenziert und aufwendig in der Anwendung sind.

7.1 Alltagsdokumentation

Lernprozesse im Alltag erkennen

Bei der Dokumentation des Alltags geht es um das schriftliche Festhalten von alltäglichen Beobachtungen. Die Fachkräfte können dafür z. B. mittels Logbuch oder Post-its in wenigen Worten jene Situationen notieren, die besonders interessant erscheinen (Viernickel & Völkel, 2017). Dazu zählen etwa Entwicklungsschritte junger Kinder, innovative Spielideen der Kinder, Konflikte, Reaktionen der Kinder auf neue Materialien u. v. m.

Alltagsbeobachtungen im Team reflektieren

Diese Dokumentation kann von Pädagoginnen und Pädagogen zur eigenen Reflexion genutzt werden oder im Austausch mit Kolleginnen und Kollegen interessante Erkenntnisse liefern, wie z. B.: „Wem fallen welche Situationen auf?" „Gibt es Kinder, die häufig genannt werden und solche, über die gar nichts notiert wird?" Aus den Notizen können sich Impulse für weitere gezielte Beobachtungen bzw. für die Planung der Bildungsarbeit ergeben.

7.2 Soziogramm

Beziehungsdynamik in der Kindergruppe erfassen

Das Soziogramm ist ein systematisches Verfahren zur Ist-Stand-Erhebung sozialer Beziehungen innerhalb einer Gruppe (Viernickel & Völkel, 2017). Die Pädagogin/der Pädagoge kann die Beziehungsdynamik in der Gruppe mittels gut überlegter Beobachtungskriterien innerhalb eines definierten Zeitraums erfassen, wie z. B.: „Wie oft wird ein Kind von anderen als Spielpartnerin bzw. -partner gewählt?", „Wie oft fordert ein Kind andere zum Mitspielen auf?" Auch qualitative Fragen wie z. B: „Werden Kinder von anderen verspottet oder diskriminiert?" können für ein Soziogramm verwendet werden. Zur Dokumentation eignet sich ein Tabellenschema mit allen Kindern der Gruppe (vgl. Bensel & Haug-Schnabel, 2018). Soziogramme müssen im Team ausführlich reflektiert werden und Angebote zur Erweiterung der Sozialkompetenz der Kinder nach sich ziehen. Ein Soziogramm kann auch eingesetzt werden, um zu überprüfen, ob sich die Beziehungen in der Gruppe über einen gewissen Zeitraum verändert haben.

Gruppendynamik im Team reflektieren

Kinder befragen

Ein Soziogramm kann auch durch direkte Befragung der Kinder erstellt werden, wie etwa: „Mit wem spielst du am liebsten?" „Neben wem möchtest du im Erzählkreis am liebsten sitzen?“ Diese Fragen müssen jedoch sorgsam gestellt werden, um Irritationen bei den Kindern zu vermeiden.

7.3 Narration/Erzählung

Kinder erzählen immer wieder kurze oder längere Geschichten oder machen auf Nachfragen Aussagen zu ihren Bauwerken, Zeichnungen oder Rollenspielen. Diese können von der Pädagogin/dem Pädagogen verschriftlicht werden. Damit erhalten Kinder einerseits Einsicht in die symbolhafte Bedeutung von Schrift und die Möglichkeit, Informationen mittels Schrift unabhängig von einer Person weiterzugeben, andererseits sind damit individuelle Erzählungen dokumentiert.

Verschriftlichung kindlicher Erzählungen

Indem Kinder angeregt werden, Erlebtes zu berichten, wird die narrative Kompetenz gefördert, Sprache losgelöst vom gegebenen Kontext zu verwenden. Das Kind lernt mit Unterstützung der Fachkraft wie z. B. durch strukturierendes Nachfragen, Ereignisabfolgen zusammenhängend zu erzählen und die dazu erforderlichen sprachlichen Mittel zu verwenden (CBI, 2016b). Erzählungen eignen sich auch dazu, von der Pädagogin/dem Pädagogen schriftlich oder digital festgehalten und dokumentiert zu werden.

Erzählen fördert narrative Kompetenz

Auch bei einer Bildungs- und Lerngeschichte über die Entwicklungs- und Lernprozesse eines Kindes, die von der Pädagogin/dem Pädagogen nach vorangegangener Beobachtung und Analyse geschrieben wird, handelt es sich um eine Narration. Diese soll die Entwicklung des Kindes erfassen und Anlass für ein Gespräch mit dem Kind bzw. den Eltern geben.

Lerngeschichten, Narration der Fachkraft

Wanddokumentationen, die in der Reggio-Pädagogik mit dem Begriff „Sprechende Wände“ bekannt wurden, beziehen mehrere oder alle Kinder in die Dokumentation mit ein und sind auch als Informationsgrundlage für Eltern gedacht (Leu et al., 2015). Ähnlich dem Portfolio für einzelne Kinder werden Fotos, Zeichnungen, Werke, Aussagen und Geschichten, aber auch Kommentare und Beobachtungen der Fachkräfte dargestellt. Darüber hinaus können Projekte mit Überschriften betitelt und strukturiert werden.

„Sprechende Wände“, sichtbare Dokumentation

7.4 Digitale Aufzeichnungen

Fotos, Videos oder Tonaufnahmen im Bildungsgeschehen sind unter Berücksichtigung des Datenschutzes besonders eindrückliche Formen der Dokumentation. Diese Aufzeichnungen unterstützen die Auseinandersetzung des Kindes mit seinen Entwicklungsschritten und Kompetenzen sowie das gemeinsame Erinnern an bestimmte Situationen und damit verknüpfte Gefühle. Im Rahmen der Bildungskooperation mit Eltern sind digitale Aufzeichnungen geeignet, um die Entwicklung des Kindes sowie die Bildungsarbeit transparent darzustellen. Fotos können beispielsweise für die Herstellung von Fotobilderbüchern bzw. -mappen oder

Lernprozesse digital sichtbar machen

Wandzeitungen verwendet werden. Videos, die am Ende des Bildungsjahres zusammengeschnitten werden, dienen Kindern und Eltern als Erinnerung und Jahresrückblick.

Videos zur Reflexion im Team nutzen

Darüber hinaus sind Videos eine wichtige Grundlage zur Selbstreflexion bzw. Reflexion im Team: So können Interaktionen wie z. B. der eigene Sprachgebrauch oder die sensitive Responsivität im Dialog mit jungen Kindern mit Hilfe von Videosequenzen oder Tonaufnahmen analysiert und reflektiert werden. Durch wiederholtes Betrachten/Ansehen können Situationen diskutiert und unterschiedlich interpretiert werden.

7.5 Entwicklungsportfolio

Das Wort „Portfolio" kommt aus dem Lateinischen und bezeichnet eine Mappe, in der Blätter gesammelt werden können. Ein Entwicklungsportfolio veranschaulicht die Entwicklung und die Bildungsbiografie eines Kindes auf ressourcenorientierte Weise, macht diese nachvollziehbar und dient zur Reflexion über die Lernerfahrungen und -strategien der Kinder (Fthenakis, Daut, Eitel, Schmitt & Wendel, 2009).

Lernprozesse dokumentieren

Der wichtigste Grundsatz des Portfolios lautet: „Portfolio beschreibt das Positve." (Bostelmann, 2008, S. 20) Es stellt eine strukturierte Sammlung verschiedener Entwicklungsdokumente dar: Dazu zählen z. B. Zeichnungen und Geschriebenes, wörtliche Protokolle, Fotos von Tätigkeiten und Werken, Meilensteine der Entwicklung bei jungen Kindern, Lerngeschichten etc. Kinder werden aktiv an der Auswahl jener Inhalte, Werke und Fotos beteiligt, die in ein Portfolio aufgenommen werden. Sie können die Erwachsenen auch bitten, etwas für sie aufzuschreiben und dem Portfolio beizufügen. Nicht immer stimmen die Blickwinkel und Wünsche der Kinder mit jenen der Erwachsenen überein. Hier ist eine Haltung wichtig, die den Kindern Eigenverantwortung zugesteht und ihre Entscheidungen respektiert.

Bewusstmachen von Interessen und Stärken

In der Auseinandersetzung mit seinem Portfolio wird das Kind dazu angeregt, über seine individuellen Lerninhalte, -strategien und -ziele zu reflektieren. Im Sinne der Metakompetenz wird dem Kind bewusst, wo seine Interessen und Stärken liegen, was es schon kann und was es noch lernen möchte, wie es Probleme löst und eigene Strategien zur Bewältigung des Alltags entwickelt (Groot-Wilken, 2007; Stundner & Lammerhuber, 2014).

Portfolio, Eigentum des Kindes

Ein Entwicklungsportfolio stellt ein persönliches Dokument des Kindes dar, in das nicht ungefragt Einsicht genommen werden darf. Es soll dem Kind jederzeit zur Verfügung stehen, um darin zu blättern, es gemeinsam mit seinen Eltern zu betrachten, sich zu erinnern und sich der eigenen Kompetenzen und Lernfortschritte bewusst zu werden.

Entwicklungsportfolios können auf verschiedenste Art gestaltet werden, etwa als offene Mappen, die ständig erweitert werden, als Buch gebunden oder in einer schönen Schachtel gesammelt. Auch Fotos, Notizen oder Briefe der Eltern können in ein Portfolio integriert werden.

7.6 Übergangsportfolio

Kompetenzen beim Schuleintritt sichtbar machen

Eine spezielle Form des Portfolios ist das Übergangsportfolio (Fthenakis et al., 2009), das im letzten Kindergartenjahr unter Berücksichtigung der Einschreibung in die Schule erstellt wird. Das Übergangsportfolio hat das Ziel, die Kompetenzen des Kindes beispielweise der Schulleitung bzw. der zukünftigen Lehrperson sichtbar zu machen und bietet einen vertrauensbildenden Anlass, mit dem Kind ins Gespräch zu kommen. Das Portfolio kann auch vom Kind selbst bei der Einschreibung oder am Beginn der ersten Klasse vorgestellt werden.

Übergangsportfolio als Brückeninstrument

Das Übergangsportfolio stellt ein „Brückeninstrument" zwischen dem Kindergarten und der Schule dar und ist für die Präsentation in der Schule vorgesehen. Es unterstützt die Transition des Kindes zwischen den beiden Bildungsinstitutionen und macht die Kompetenzen, Stärken, Lernstrategien sowie Lerninteressen des Kindes sichtbar. Die Inhalte werden vom Kind gemeinsam mit der Pädagogin/dem Pädagogen und im besten Fall mit den Eltern zum Teil aus dem bestehenden Entwicklungsportfolio ausgewählt, zum Teil für das Übergangsportfolio ergänzt. Ein Übergangsportfolio kann Beiträge aus unterschiedlichen Perspektiven umfassen:

Verschiedene Perspektiven auf das Lernen des Kindes

- Beiträge des Kindes, z. B. Fotos, Werke, Lerngeschichten etc., in denen zum Ausdruck kommt, „wer ich bin, was ich kann und weiß und wie ich es gelernt habe" (Stundner & Lammerhuber, 2014, S. 45).
- Beiträge der Familie, z. B. Kommentare und Wünsche der Eltern in Bezug auf den Schuleintritt.
- Beiträge der Pädagogin/des Pädagogen in Bezug auf Interessen und Bedürfnisse, Lernstrategien und (Transitions-) Kompetenzen des Kindes, etwa in Form eines Briefes.

7.7 Bildungs- und Lerngeschichten

Entwicklung ressourcenorientiert darstellen

Bildungs- und Lerngeschichten bzw. „Learning Stories", die von Margaret Carr (2001) in Neuseeland entwickelt wurden und auf eine ressourcenorientierte Darstellung von Entwicklungsverläufen fokussieren, knüpfen an die theoretischen Konzepte von Wygotski (1987, zit. n. Flämig, Musketa & Leu, 2009) und Leontjews (1973, zit. n. Flämig et al., 2009) an. Die Dynamik der psychischen Entwicklung des Kindes wird als Prozess des Übergangs von einem Entwicklungsniveau zum nächsten verstanden. Entwicklung stellt also einen „ununterbrochenen Prozess der Selbstbewegung dar, der in erster Linie dadurch gekennzeichnet ist, dass ständig Neues auf den bisherigen Stufen nicht Existierendes entsteht und sich abbildet" (Wygotski, 1987, S. 59, zit. n. Flämig et al., 2009, S. 10). Die „Tätigkeit" ist dabei der Weg des

Tätigkeit als Weg des Kindes

Kindes, um zu neuen psychischen Qualitäten der Regulation seiner Handlungen zu kommen. Durch die Tätigkeit werden äußere Umwelteinflüsse und innere Entwicklungsvoraussetzungen zusammengeführt: Indem das Kind eingebettet in das tägliche Leben der anderen Menschen seiner Umwelt tätig wird, „konstruiert es sich seine eigene individuelle Struktur der äußeren Welt" (Flämig et al., 2009, S. 10). Dies entspricht dem Bild vom Kind als Konstrukteur von Bildung und Kultur und der konstruktivistischen Auffassung von Bildungs- und Lernprozessen.

„Magic Moments" erkennen

„Learning Stories" entstehen aus einer ausgewählten Beobachtung eines Kindes in einer Alltagssituation, die einen sogenannten Magic Moment darstellt. „Magic Moments" sind Situationen, in denen intensives Lernen stattfindet, wo Kinder tief in die Beschäftigung mit einer Sache eintauchen und alles um sich herum vergessen – also magische, zauberhafte Momente des Lernens, „die möglichst unmittelbar und spontan aufgeschrieben werden sollten" (Haas, 2013, S. 31).

Lerndispositionen analysieren

Die beobachtete Situation wird dokumentiert, anhand der von Carr (2001) formulierten Lerndispositionen analysiert und zuletzt als Brief an das Kind niedergeschrieben. Unter Lerndispositionen werden die individuellen Fähigkeiten bzw. Dispositionen eines Menschen, sich zu motivieren und sich neuen Herausforderungen zu stellen sowie die Bereitschaft zu lernen verstanden. Mit den Worten Margret Carrs geht es darum, „that a learner is ready, willing and able to learn" (Carr, 2001, S. 9). Lerndispositionen bilden die Basis für lebenslange Bildungsprozesse und sind notwendig, um sich selbstständig neues Wissen anzueignen.

Fünf Lerndispositionen nach Margaret Carr

Folgende Lerndispositionen werden unterschieden (Leu et al., 2015):

- **Interessiert sein:** Was ist das Interesse des Kindes in der Beobachtungssituation und woran ist es zu erkennen?
- **Engagiert sein:** Woran ist das Engagement des Kindes zu erkennen?
- **Standhalten bei Herausforderungen und Schwierigkeiten:** Woran ist das Standhalten des Kindes zu erkennen?
- **Sich ausdrücken und mitteilen:** Wie drückt sich das Kind aus, wie teilt es sich mit?
- **An der Lerngemeinschaft mitwirken und Verantwortung übernehmen:** Woran ist zu erkennen, dass das Kind an der Lerngemeinschaft mitwirkt und Verantwortung übernimmt?

Lerngeschichten unterstützen Metakompetenz

Die Lerngeschichte und die beobachteten Lerndispositionen und -strategien werden mit dem Kind besprochen, um die Reflexion der eigenen Lernprozesse und damit Metakognition sowie Metakompetenz zu unterstützen. Sie können auch im Team diskutiert werden, um passende Reaktionen auf die Entwicklung und die Bedürfnisse eines Kindes zu überlegen, die es dabei unterstützt, seine Lerndispositionen weiterzuentwickeln. Lerngeschichten eignen sich besonders gut als Bestandteile eines Portfolios und können durch Fotos ergänzt werden (Flämig, 2006). Bei

Lerngeschichten für jüngere Kinder werden vermehrt Fotos einbezogen. Für die Begleitung der Transition von der elementaren Bildungseinrichtung in die Schule kann eine adaptierte Form zum Einsatz kommen (Kleeberger, Frankenstein & Leu, 2009).

Aufgaben und Anregungen zur Vertiefung

Wissen

- Stellen Sie die Unterschiede zwischen deskriptiver Beschreibung des kindlichen Verhaltens und fachlichen Interpretationen, Annahmen und Hypothesen dar. Erklären Sie diese anhand einiger konkreter Praxisbeispiele von Kindern unterschiedlichen Alters.
- Erarbeiten Sie anhand von Anschauungsmaterialien den Unterschied zwischen informeller, formeller und semiformeller pädagogischer Diagnostik. Fertigen Sie dazu eine vergleichende Übersichtstabelle an.
- Skizzieren Sie in Kleingruppen, welchen fachwissenschaftlichen und praktischen Anforderungen Beobachtungsverfahren in elementaren Bildungseinrichtungen entsprechen müssen. Präsentieren Sie Ihre Überlegungen in der Klasse.
- Geben Sie das Konzept der Bildungs- und Lerngeschichten wieder. Vergleichen Sie die fünf Lerndispositionen nach Margaret Carr, finden Sie Beispiele für jüngere und ältere Kinder und präsentieren Sie Ihre Ergebnisse auf einem Flipchart.

Transfer

- Ziehen Sie in einer Kleingruppe jeweils eine der in Kapitel 2 beschriebenen Methoden der Beobachtung. Analysieren Sie Einsatzmöglichkeiten und Gewinn der ausgewählten Methode für die Praxis und argumentieren Sie diese im Rahmen einer fachlichen Diskussion.
- Erheben Sie in Ihrer Praxiseinrichtung, ob und in welcher Form Portfolio als Dokumentationsmethode verwendet wird. Vergleichen Sie Ihre Ergebnisse mit denen Ihrer Kolleginnen und Kollegen.
- Beobachten Sie paarweise eine Person bei einer Tätigkeit. Formulieren Sie Ihre Beobachtungen deskriptiv und wertneutral und vergleichen Sie Ihre Ergebnisse.
- Reflektieren Sie Vor- und Nachteile der in Kapitel 7 beschriebenen Formen der Dokumentation. Tauschen Sie sich mit einer Pädagogin/einem Pädagogen aus der Praxis darüber aus.

Reflexion

- Reflektieren Sie Aspekte einer förderlichen pädagogischen Haltung bei der Beobachtung von Kindern und vergleichen Sie diese in der Kleingruppe mit der in Kapitel 1.1 beschriebenen pädagogischen Haltung zur Beobachtung.

- Diskutieren Sie mit Ihren Kolleginnen und Kollegen Stolpersteine für die Umsetzung kontinuierlicher Beobachtung im Alltag einer elementaren Bildungseinrichtung und entwickeln Sie gemeinsam Lösungsmöglichkeiten.
- Reflektieren Sie anhand der in Kapitel 3 beschriebenen Wahrnehmungsfehler Ihre persönlichen „Fallen“ in der Beobachtung von Kindern. Überlegen Sie, wie Sie dem entgegenwirken können und präsentieren Sie Ihre Überlegungen in der Klasse.
- Erklären Sie, auf welche Weise Sie Ihre Beobachtungen für die Begleitung von Kindern in Ihrer Praxiseinrichtung und für die Planung von Angeboten nutzen.

Bildungskooperation mit Eltern

Die Bezeichnung Bildungskooperation beschreibt die Zusammenarbeit zwischen elementarer Bildungseinrichtung und Eltern[3] bzw. Familien. Kooperation wird u. a. durch folgende Aspekte definiert (Hanke, 2017):

Aspekte der Kooperation mit Eltern

- Sie ist auf gemeinsam zu erreichende Ziele und Aufgaben bezogen,
- bedarf des gegenseitigen Vertrauens,
- setzt eine gewisse Autonomie der Kooperationspartnerinnen und -partner voraus,
- ist der Reziprozität, also Wechselseitigkeit verpflichtet.

Dienstleistungsbetrieb mit besonderen Aufgaben

Elementare Bildungseinrichtungen sind Orte der Bildung sowie Dienstleistungsbetriebe mit besonderen Bedingungen. Einerseits haben sie die Aufgabe, die Kinder in ihrer Entwicklung zu begleiten und zu fördern sowie die Kompetenzentwicklung in verschiedenen Bildungsbereichen zu unterstützen. Andererseits haben sie als familienergänzende Einrichtungen die Zielsetzung, auch Eltern in Bezug auf Erziehung und Bildung zu beraten. In elementaren Bildungseinrichtungen wird daher auch von Eltern als Kundinnen und Kunden gesprochen.

Kinder handeln in unterschiedlichen Mikrosystemen

Die Kooperation mit Eltern ist eine wichtige Säule der Bildung in elementaren Bildungseinrichtungen, die ebenso wie die Familie ein Mikrosystem des Kindes sind, an dem es handelnd beteiligt ist. Die Wechselprozesse zwischen diesen verschiedenen Umweltsystemen bzw. Lebensräumen des Kindes haben Auswirkungen auf seine Entwicklung und können gegenseitige Unterstützung, aber auch Widersprüche hervorbringen. Daher müssen diese bei der Gestaltung von Bildungsprozessen berücksichtigt werden. Die konstruktive Zusammenarbeit mit Eltern ist als wesentlicher Faktor für eine bestmögliche Entwicklung eines Kindes anzusehen.
Die ständigen Veränderungen der Gesellschaft bringen eine Vielfalt an Anforderungen an elementare Bildungseinrichtungen mit sich. Durch die Beteiligung unterschiedlicher Akteure am Geschehen in einer elementaren Bildungseinrichtung kann es zu Spannungsfeldern kommen, die durch aktive Auseinandersetzung bewältigt werden können. Die Anerkennung der pädagogischen Arbeit durch die Eltern bzw. die Wertschätzung der elterlichen Erziehungsleistung durch die pädagogischen Fachkräfte sind wesentliche Aspekte für die Zufriedenheit auf beiden Seiten und tragen zu einer positiven Atmosphäre bei.

Gegenseitige Wertschätzung als Basis

In der gesellschaftlichen Schlüsselposition einer elementaren Bildungseinrichtung ist es wichtig, die Kooperation mit Eltern sowie die Öffentlichkeitsarbeit als Teile

[3] Der Begriff Eltern wird synonym für Erziehungsberechtigte verwendet.

des pädagogischen Konzepts aktiv zu gestalten. Berufliche Erfahrungen, Austausch im Team, Literaturstudium und kontinuierliche Fort- und Weiterbildung sind die Basis einer gelungenen Bildungskooperation.

1. QUALITÄT IN DER BILDUNGSKOOPERATION MIT ELTERN

In Anlehnung an die Qualitätsbereiche der pädagogischen Arbeit mit Kindern können auch für die Bildungskooperation mit Eltern Standards der Struktur-, Orientierungs- und Prozessqualität definiert werden.

1.1 Strukturqualität der Bildungskooperation

Strukturelle Rahmenbedingungen entscheiden maßgeblich mit, ob die Bildungskooperation gelingen kann. Das Team überlegt sich bei der räumlichen Gestaltung der Bildungseinrichtung, wie es sich den Eltern gegenüber präsentieren möchte. Dementsprechend werden z. B. Eingangsbereich, Garderoben und Leitungsbüro auch in Bezug auf Eltern konzipiert und genützt. Denn bereits strukturelle Bedingungen signalisieren Eltern, ob sie willkommen sind und spiegeln das pädagogische Konzept wider. Bei der Gestaltung dieser Räume ist beispielsweise auf Licht, Farben, erwachsenengerechte Möbel, Pflanzen, Schaukästen, orientierungsgebende Beschilderung etc. zu achten. Ein gemütlicher Platz zum Warten und um mit anderen ins Gespräch zu kommen, fördert den Kontakt der Eltern untereinander. Die Konzeption, Fachzeitschriften und Informationsbroschüren können aufliegen. Dies ist besonders in der Eingewöhnungszeit relevant.

Gestaltung von Räumen für Eltern

Für vertrauliche Gespräche mit Eltern bedarf es eines Bereiches bzw. Raumes, der die ungestörte Kommunikation ermöglicht. Für eine qualitativ hochwertige Strukturqualität ist nicht nur das Team, sondern auch der Träger verantwortlich. Letzterer trägt durch das Bereitstellen von zeitlichen, personellen und finanziellen Ressourcen dazu bei, dass die Anforderungen der Bildungskooperation vom Team bewältigt werden können. Das bedeutet, dass Zeit für Vorbereitung und Reflexion zur Verfügung steht und dass alle Angebote für Eltern in der Dienstzeit stattfinden können. Das Bereitstellen von Fachliteratur und die Möglichkeit für Fortbildung und Supervision sind Voraussetzungen für eine qualitätsvolle Bildungskooperation (Tietze et al., 2017).

Bildungskooperation braucht Ressourcen

1.2 Orientierungsqualität der Bildungskooperation

Haltung und Einstellung des pädagogischen Personals gegenüber den Eltern sind die Basis einer gelingenden Bildungskooperation. Die Beziehung zu den Eltern soll sich im Sinne der Ressourcenorientierung durch folgende Aspekte auszeichnen (vgl. Weltzien, 2011):

Respektvolle und vorurteilsbewusste Haltung

- Bildungskooperation basiert auf einer Atmosphäre des Vertrauens und gegenseitigen Respekts.
- Eltern werden als Wissende hinsichtlich ihrer Kinder anerkannt und mit ihren Anliegen ernst genommen.
- Die Zusammenarbeit mit Eltern wird als mögliche Ressource angesehen und genützt.
- Der Diversität der Familien ist mit Wertschätzung und vorurteilsbewusster Haltung zu begegnen, z. B. hinsichtlich Religion, Familienform, sozialer und kultureller Zugehörigkeit (Richter, 2014; Wagner, 2017).
- Fachkräfte sind sich ihrer Vorbildrolle für Eltern bewusst.
- Durch Reflexion werden Ängste und Unsicherheiten im Elternkontakt bewusst gemacht.
- Pädagoginnen und Pädagogen sind sich ihrer Fachkompetenz bewusst und geben pädagogisches Wissen weiter. Sie achten darauf, unterstützend und nicht belehrend zu wirken.
- Die pädagogische Fachkraft kennt ihre fachlichen Grenzen, indem sie z. B. keine Ursachzuschreibungen oder Diagnosen psychischer Auffälligkeiten stellt und die Eltern gegebenenfalls an Expertinnen bzw. Experten weitervermittelt.
- Die Beziehungsgestaltung mit den Eltern ist als dynamischer Prozess anzusehen und bedarf einer kontinuierlichen Reflexion.

Fachkompetenzen durch Qualifizierung

Fortbildungen, die aktuelle Forschungserkenntnisse sowie brisante und heikle Themen aufgreifen, tragen zur Erweiterung der Fachkompetenz bei und sind wichtige Voraussetzung einer zeitgemäßen Bildungskooperation.

1.3 Prozessqualität der Bildungskooperation

Die Prozessqualität bezieht sich auf Interaktionen, die Eltern in einer elementaren Bildungseinrichtung erfahren. Qualitätssicherung hat folgende Aspekte im Fokus:

Bedeutung von Atmosphäre und professioneller Kommunikation

- Je angenehmer die Atmosphäre ist und je mehr die Eltern das Gefühl haben, respektiert zu werden, umso besser kann sich die Kooperation mit den Eltern entwickeln. In den Interaktionen mit ihnen werden Haltung und Einstellung gegenüber Eltern sichtbar.
- Die Interaktionen sind geprägt durch eine respektvolle Umgangsform und professionelle Gesprächsführung.
- Die Pädagogin/der Pädagoge geht bewusst mit der Anrede von Eltern um und begründet gegebenenfalls, warum mit manchen das „Du-Wort" gilt.
- Die pädagogische Fachkraft baut aktiv eine Beziehung zu allen Eltern auf.
- Für eine erfolgreiche Kommunikation setzen sich die Fachkräfte mit Kommunikationsmodellen auseinander. Sie wenden in Gesprächen mit den Eltern die Haltung und Technik des „aktiven Zuhörens" an (Rogers, 1985).

- Die Pädagogin/der Pädagoge achtet darauf, beide Elternteile gleichermaßen für die Bildungskooperation anzusprechen.

Bewusste Kontaktaufnahme mit allen Eltern

- Die Pädagogin/der Pädagoge achtet auf eine ausgewogene Kontaktaufnahme mit allen Eltern. Dies gilt besonders, wenn viele bzw. alle Eltern anwesend sind. Eltern beobachten oft aufmerksam, mit wem die Pädagogin/der Pädagoge Kontakt aufnimmt und stellen Vergleiche an.
- Verschwiegenheit in familiären und vertraulichen Angelegenheiten sowie der gesetzeskonforme Datenschutz werden gewahrt.
- Professionalität drückt sich in einer bewussten fachlichen Haltung aus. Diese ist offen, authentisch und interessiert, objektiv, sachlich, argumentativ und fachkompetent.

Fachkompetenz für die Betreuung

- Die Pädagogin/der Pädagoge unterscheidet bei professionell geführten Beratungsgesprächen zwischen Fachberatung und Erziehungsberatung mit „nicht-wissender“ Haltung: In der Fachberatung wird den Eltern die pädagogische Expertise zur Verfügung gestellt, z. B. hinsichtlich der Auswahl von Spielmaterial. In der Erziehungsberatung mit „nicht-wissender“ Haltung der Pädagogin/des Pädagogen werden Eltern an eigene Handlungs- und Lösungsüberlegungen in der Erziehung ihres Kindes herangeführt.
- In Gesprächen mit Eltern unterscheidet die Pädagogin/der Pädagoge präzise zwischen deskriptiver (beschreibender) und daher wertneutraler Beobachtung von Entwicklung bzw. Verhalten des Kindes und wertenden Interpretationen, Deutungen und Hypothesen (siehe Kapitel Beobachtung und Dokumentation).
- Die Pädagogin/der Pädagoge nimmt konstruktive Kritik der Eltern an, reflektiert diese und ist fähig, mit nicht angemessen geäußerter Kritik professionell umzugehen.
- Schwierige Situationen in der Zusammenarbeit mit Eltern werden im Team, mit der Leitung und gegebenenfalls in einer Supervision bearbeitet.

2. ZIELE DER BILDUNGSKOOPERATION

Die Bildungskooperation ist ein komplexes Handlungsfeld und umfasst vielfältige Zielsetzungen, die sich gegebenenfalls an den Standards des Trägers orientieren.

2.1 Beziehungsaufbau zu den Eltern

Tragfähige Beziehungen zu den Eltern

Das wichtigste Ziel der Zusammenarbeit mit Eltern in elementaren Bildungseinrichtungen ist eine vertrauensvolle und tragfähige Beziehung, um die Entwicklung und Bildung des Kindes und die Zufriedenheit aller am Geschehen beteiligten Personen bestmöglich zu unterstützen (Pendl, 2017; Roth, 2014). Die Verantwortung für einen guten Elternkontakt liegt in erster Linie beim Team der elementaren Bildungseinrichtung. Damit eine kooperative Beziehung zu den Eltern aufgebaut werden kann, muss es ein klares Verständnis hinsichtlich der unterschiedlichen Kompetenzen geben, die beide Seiten in einen konstruktiven Bildungsprozess einbringen können (OECD, 2006). Besonders am Beginn der Zusammenarbeit gilt es, gegenseitige Erwartungen sowie Grenzen zu thematisieren.

Gegenseitige Erwartungen klären

Da Pädagoginnen und Pädagogen mit unterschiedlichsten Elternpersönlichkeiten konfrontiert werden und gefordert sind, darauf individuell und professionell einzugehen, sind persönlichkeitsbildende Fortbildungen sowie Kommunikations- und Konfliktseminare zielführend. Eltern können z. B. zurückhaltend, unterstützend, fordernd, ängstlich, freundlich, arrogant, (über-) fürsorglich, engagiert, ehrgeizig, vernachlässigend, tolerant, aggressiv, abwertend, gestresst, überfordert etc. sein.

Vielfalt der Eltern professionell begegnen

2.2 Transparenz in der Kooperation mit Eltern

Zur Orientierung sind schriftliche Informationen über die Organisation und die Rahmenbedingungen der Einrichtung an Eltern weiterzugeben – z. B. beim Aufnahmegespräch – bzw. in der Konzeption festzuhalten.

In manchen Belangen ist die Entscheidungskompetenz der Eltern zu respektieren und ihr Einverständnis mittels Unterschrift einzuholen, z. B. hinsichtlich der Vergabe von Kalium-Jodtabletten, der Weitergabe von Daten, des Hinzuziehens von Expertinnen und Experten bei der Abklärung möglicher Auffälligkeiten des Kindes, der Veröffentlichung von Fotos und Videos etc.

Entscheidungen der Eltern respektieren

Eltern sind über das pädagogische Konzept sowie einzelne Projekte zu informieren. Das Team der Bildungseinrichtung soll die pädagogischen Absichten nicht nur transparent darstellen, sondern auch mit Verweis auf aktuelle Erkenntnisse aus der Elementarpädagogik fachlich argumentieren. Durch Informationen über didaktische Prinzipien, frühkindliches Lernen sowie entwicklungspsychologische und pädagogische Erkenntnisse wird das Wissen der Eltern bereichert. Eine effektive Möglichkeit, die Bildungsarbeit in der elementaren Bildungseinrichtung für Eltern erfahrbar zu machen, ist, sie selbst am Lernfeld ihrer Kinder zu beteiligen.

Eltern kontinuierlich informieren

Über die Erarbeitung einer schriftlichen Konzeption kann sich das gesamte Team einer Einrichtung auf gemeinsame pädagogische Orientierungen beziehen. Diese Verbindlichkeiten werden nach innen von allen mitgetragen und nach außen für Eltern und Öffentlichkeit transparent dargestellt. Eine Konzeption beinhaltet neben organisatorischen Informationen v. a. das pädagogische Konzept der Einrichtung. Dazu gehören pädagogische Zielsetzungen, Werte, Einstellungen und Sichtweisen hinsichtlich kindlicher Bildungs- und Entwicklungsprozesse (siehe Kapitel Pädagogische Qualität).

Verbindlichkeit durch eine Konzeption

2.3 Wissen über das Kind

Austausch über das Kind für eine individuelle Bildungsbegleitung

Da Bildungs- und Entwicklungsprozesse dynamisch, d. h. einer ständigen Veränderung unterworfen sind, ist es wichtig, regelmäßig den Kontakt zu den Eltern zu pflegen. Pädagoginnen und Pädagogen sind sich bewusst, dass jedes Kind eine individuelle Bildungs-, Bindungs- und Kommunikationsbiografie (Weltzien, 2016) hat sowie an verschiedenen sozialen Mikrosystemen teilnimmt, in denen es mitunter ganz unterschiedliches Verhalten zeigt. Sie sehen das Kind im Kontext seiner wichtigsten sozialen Systeme, um es gut verstehen und begleiten zu können. In Gesprächen mit den Eltern erfahren die Fachkräfte wichtige Informationen über das Kind, die sie zur Planung und Reflexion der Bildungsarbeit benötigen. Eltern wird in diesem Austausch in deskriptiven, wertneutralen Formulierungen vermittelt, wie ihr Kind in Lernprozessen in der Bildungseinrichtung (re)agiert, welche Rolle es in der Gruppe einnimmt und welche Entwicklungen beobachtet werden. Im Sinne einer Vorbildfunktion erleben Kinder durch Offenheit zwischen Bildungseinrichtung und Familien, wie sich unterschiedliche Lebenswelten miteinander verbinden lassen.

2.4 Partizipation der Eltern

Möglichkeiten der Partizipation für Eltern

Eine qualitätsvolle Kooperation gibt Eltern die Gelegenheit, sich inhaltlich aktiv einzubringen und in bestimmten Bereichen mitzuentscheiden. Gut durchdachte Verantwortungsbereiche und Gestaltungsmöglichkeiten für Eltern bieten unterschiedliche Möglichkeiten der Partizipation und sollen als Ressourcen für das tägliche Miteinander mit den Kindern gesehen werden. Mitarbeit und Beteiligung kann die Motivation der Eltern, die Bildungsarbeit zu unterstützen, steigern und beeinflusst ihre Zufriedenheit mit der Einrichtung. Zu bedenken ist, dass Eltern sich durch die Erwartung der Beteiligung auch belastet fühlen können. Dies muss vom Team wahrgenommen und respektiert werden.
In elementaren Bildungseinrichtungen stehen folgende Möglichkeiten der Partizipation von Eltern zur Verfügung:

- **Mitarbeit:** Eltern und Familien werden bewusst in den pädagogischen Alltag eingebunden und erhalten Möglichkeiten, am Gruppengeschehen teilzunehmen. Beispiele sind: Mitwirken im Alltag, Teilnahme an Ausflügen, Einbringen von Fachexpertise, Talenten und Kompetenzen etc.
- **Mitbestimmung:** Überlegungen, Wünsche und Ideen der Eltern werden angehört und, wenn möglich, in das pädagogische Konzept einbezogen. So könnten Eltern bei gewissen Aspekten oder bei der Auswahl von Bildungsthemen und Projekten mitbestimmen oder innerhalb eines Projektes eigene Schwerpunkte setzen.

- **Mitentscheidung:** Eltern wirken in beschlussfassenden Gremien, wie z. B. einem Elternverein, mit und treffen mit dem Team Entscheidungen in dafür vorgesehenen Bereichen wie z. B. bei der Auswahl des Essens. Durch die Mitentscheidung erhalten Eltern Mitverantwortung.

2.5 Beratung und Unterstützung

Elementare Bildungseinrichtungen sind häufig die ersten außerfamiliären Anlaufstellen für Familien. Die meisten Eltern haben Fragen und machen sich Gedanken über die Entwicklung ihres Kindes. Das pädagogische Wissen der Fachkräfte soll die Eltern in ihren Erziehungsaufgaben unterstützen. Eine derartige Kommunikationskultur wird gemeinsam mit den Eltern durch ein vermehrtes Gesprächsangebot in der Eingewöhungszeit aufgebaut.

Beratung der Eltern zu Entwicklungsfragen

Da Eltern bei Anliegen, die ihr Kind betreffen, sensibel reagieren, soll sich die Pädagogin/der Pädagoge nicht verleiten lassen, diese Fragen bei Tür- und Angelgesprächen zu behandeln, sondern einen Termin für ein Beratungsgespräch anbieten. In diesem Rahmen wird die Vertraulichkeit gewahrt und den Eltern die Möglichkeit geboten, sich mit ihren (Erziehungs-) Anliegen oder Problemen zu öffnen. Gegebenenfalls werden Kontaktadressen von Expertinnen und Experten weitergeben.

Vertrauliches Setting für die Beratung

Im Rahmen der Bildungskooperation soll auch Platz für Diskussionsprozesse zu aktuellen Themen sein, die für die Familien und die elementare Bildungseinrichtung relevant sind, wie z. B. Erziehungsfragen, Kinderrechte, Ernährung, Sexualerziehung, Umgang mit digitalen Medien etc. Diese können etwa in einem themenbezogenen Elternabend behandelt werden.

2.6 Konflikt- und Beschwerdemanagement

Wo viele Menschen aufeinandertreffen, gibt es unterschiedliche Bedürfnisse, Wünsche, Vorstellungen und Werthaltungen. Daher sind Konflikte auch elementaren Bildungseinrichtungen inhärent. Es gehört zur Aufgabe des Teams, aktiv und professionell mit unterschiedlichen Standpunkten umzugehen und eine konstruktive Konfliktkultur mit den Eltern aufzubauen.

Konstruktive Konfliktkultur aufbauen

Kritik durch Eltern soll nicht zu einem Abbruch der Kommunikation und Kooperation von Seiten der elementaren Bildungseinrichtung führen. Es empfiehlt sich, bereits vorab im Team Richtlinien für den Umgang mit Kritik zu definieren und in der Konzeption transparent zu machen. Eltern wird damit signalisiert, dass das pädagogische Team an konstruktiver Rückmeldung interessiert ist.

Standards für den Umgang mit Kritik

Das Team sollte besprechen, ob die Anliegen einzelner bzw. mehrerer Eltern in das pädagogische Konzept aufgenommen werden oder ob es Gründe gibt, sie nicht

Anliegen der Eltern ernst nehmen

oder nur teilweise zu integrieren. Das Ergebnis dieser Erörterung muss den Eltern rückgemeldet und fachlich argumentiert werden. Elternbeschwerden, die direkt an den Träger gehen, sollten mit der Leitung und dem Team rückgesprochen werden.

2.7 Diversity Management

Gesellschaftliche Veränderungen und Vielfalt von Familien bilden sich in elementaren Bildungseinrichtungen ab. Ziel einer inklusiven pädagogischen Praxis ist die vorurteilsbewusste Begegnung mit jedem Kind und seiner Familie unabhängig von Religion, Geschlecht, sexueller Orientierung, Lebensgestaltung, Gesundheit, sozialem Status und Herkunft (Wagner, 2017; Wagner, Hahn & Enßlin, 2006). Gerade elementare Bildungseinrichtungen sind geeignete Orte für die Begegnung von Menschen aus unterschiedlichsten Lebenssituationen. Ein Team mit einer vorurteilsbewussten Haltung, welches auch von Seiten des Trägers mit entsprechenden Strukturbedingungen unterstützt wird, kann zu einer Bereicherung für alle Beteiligten werden.

Ziele einer inklusiven Pädagogik

Pädagoginnen und Pädagogen sind im Kontakt mit Eltern Vorbilder, denn Kinder lernen am meisten aus alltäglichen Erfahrungen in ihrem unmittelbaren Handlungsraum. Sie entnehmen ihrer Umgebung ständig Informationen über die Beschaffenheit der Welt, so auch der sozialen Welt, wie etwa über bestehende Vorurteile, Klischees und Diskriminierungen (Wagner et al., 2006).

Vorbild sein durch den Kontakt zu Eltern

Eine Atmosphäre, die alle Eltern gleichwertig willkommen heißt, signalisiert Kindern wie Eltern, dass sie zur Gemeinschaft gehören. Für den Aufbau einer gestärkten Ich-Identität des Kindes sind die Bewertung und das Ansehen des kindlichen Bezugssystems und seiner Bezugsgruppenidentität, vorrangig der eigenen Familie, von maßgeblicher Bedeutung. Etwa ab dem dritten Lebensjahr wird in der Identitätsentwicklung von Kindern deutlich, dass sie Botschaften über die Bewertung von Gruppen in ihr Selbstbild integrieren (Richter, 2014). Zur Unterstützung der kindlichen Persönlichkeitsentwicklung bieten Pädagoginnen und Pädagogen sowohl Kindern als auch ihren Eltern eine Lernumgebung, die Zugehörigkeit vermittelt und Identifikationsangebote beinhaltet, z. B. Aushänge und Informationen in unterschiedlichen Sprachen, vielfältige kultur- und geschlechtssensible Spielmaterialien etc.

Vorurteilsbewusste Lernumgebung schaffen

Für einen professionellen Umgang mit Diversität ist eine kontinuierliche Reflexion der eigenen kulturellen Werte und Einstellungen des pädagogischen Personals grundlegend. Das bedarf eines hohen Maßes an Offenheit und die Fähigkeit, mit Widersprüchen und Konflikten umzugehen, Empathie für fremde Kulturen zu entwickeln und Diskriminierung zu erkennen, insbesondere in Situationen oder bei Verhaltensweisen, die möglicherweise nicht mit dem persönlichen Wertesystem der Fachkräfte übereinstimmen. Teamgespräche, Supervisionen und gezielte Fortbildungen können helfen, diese fordernden Situationen zu meistern.

Diversität erfordert Reflexion von Werten

2.8 Vernetzung

Eine elementare Bildungseinrichtung als Ort der Kommunikation und Begegnung stellt nur ein Mikrosystem von vielen dar, in dem Kinder und Familien handelnd tätig sind. Durch professionelle Elternkooperation signalisiert das Team der Einrichtung Offenheit, Transparenz, Flexibilität und Veränderungsbereitschaft.

Vernetzung der Mikrosysteme

Durch vielfältige Kontakte zu anderen öffentlichen Einrichtungen und Institutionen wie Bibliothek, Volksschule, Gemeinde, Vereine etc. eröffnen sich Möglichkeiten für innovative Projekte im Sinne einer umweltoffenen Arbeit. Vernetzung inkludiert auch Kontakte zu Expertinnen und Experten aus anderen Fachbereichen wie Sonder- und Heilpädagogik, Psychologie, Logopädie etc.

Kontakte zu relevanten Einrichtungen

Wünschenswert wäre es, einige elementare Bildungseinrichtungen zu Familienzentren auszuweiten. Dieser Ansatz wurde erstmals in Großbritannien in sogenannten „Early Childhood Excellence Centers" verwirklicht und wird heute in mehreren europäischen Ländern erprobt (vgl. Rau, Saumweber & Kluge, 2018).

2.9 Evaluierung

Kundenorientierung und Transparenz beinhaltet die regelmäßige Evaluierung der Zufriedenheit der Eltern mit der Einrichtung und der Bildungsarbeit. Im Anschluss an eine Befragung der Eltern ist nach Auswertung und Diskussion der Ergebnisse eine Information an Eltern vorzubereiten. Nicht alle Anforderungen der Eltern sind zu erfüllen. Es ist jedoch notwendig, die Eltern darüber zu informieren, welche Konsequenzen sich aus der Evaluierung für das Team ergeben.

Evaluierung der Elternzufriedenheit

Mögliche Formen der Evaluierung sind Wunsch- und Beschwerdebriefkasten, Fragebögen, Gespräche, Elternrunden, Elterngremien etc.

3. FORMATE DER BILDUNGSKOOPERATION MIT ELTERN

Für die Zusammenarbeit mit den Eltern steht eine Fülle von Formaten zur Verfügung. Die Kunst der Pädagogin/des Pädagogen ist es, das geeignete Format für die jeweilige Elterngruppe und für den entsprechenden Inhalt und die angestrebte Zielsetzung auszuwählen. In der persönlichen Kommunikation mit Eltern bedarf es einer professionellen Gesprächsführung durch die Pädagogin/den Pädagogen.

Formate für die Kooperation auswählen

Für Eltern mit geringen Deutschkenntnissen ist eine Möglichkeit zur Übersetzung zu organisieren. Dies kann eine Person aus der Familie sein, die das uneingeschränkte Vertrauen der Familie genießt und sich im Gespräch neutral verhalten kann. Günstiger ist es, wenn eine unabhängige Person, z. B. eine Person aus dem Team oder eine professionelle Dolmetscherin bzw. ein Dolmetscher, übersetzt.

Übersetzung organisieren

3.1 Aufbau der Bildungskooperation

Erste Kontakte wirken nachhaltig

Die ersten Interaktionen mit neuen Eltern sollten aufgrund der prägenden Wirkung für die weitere Bildungskooperation gut überlegt werden. Dazu sind Vereinbarungen im Team nötig, die in der Konzeption festgehalten werden. Eltern sind unsicher und voller Erwartungen und achten zu Beginn sensibel darauf, wie man mit ihnen und ihrem Kind, aber auch mit anderen Kindern oder im Team untereinander umgeht. Atmosphäre und Stimmungen werden besonders aufgenommen. In solchen Momenten werden eine gute Teamkultur und eine durchdachte Organisation des Alltags sichtbar.

3.1.1 Erstkontakt

Erstkontakt professionell planen

Der erste Eindruck, den Eltern sich von einer elementaren Bildungseinrichtung machen, ist nachhaltig und kann später oft schwer verändert werden. Das bedeutet, dass bereits der Erstkontakt, meist bei der Besichtigung der Bildungseinrichtung, entscheidend ist. Daher soll das Team diese Erstsituation gut durchdenken und darauf vorbereitet sein. Im Sinne eines gemeinsamen Profils sollten sich alle Kolleginnen und Kollegen einschließlich des nicht-fachlichen Personals an einem gemeinsamen Leitfaden orientieren.
Sowohl beim persönlichen Erstkontakt als auch beim ersten Telefongespräch bzw. im Text der Mailbox soll auf eine professionelle Präsentation geachtet werden. Mitarbeiterinnen und Mitarbeiter stellen sich im persönlichen Kontakt oder am Telefon mit ihrem Nachnamen vor.

Aspekte für die Erstbesichtigung durch Eltern

Bei der Erstbesichtigung sind Eltern besonders für die Atmosphäre und den Umgang mit ihrem Kind sensibel. Daher ist eine wertschätzende und kindorientierte Begrüßung des Kindes wichtig. Je nach besprochener Vorgangsweise werden die Eltern an die Leitung oder an eine Kollegin/einen Kollegen, die/der dafür zuständig ist, verwiesen. Bei der Besichtigung der Räumlichkeiten sollen nicht nur Informationen über organisatorische Rahmenbedingungen weitergegeben werden, sondern auch eine kurze Einführung in das pädagogische Konzept der Einrichtung erfolgen. Bereits hier wird gelebte Diversität für Eltern sichtbar, z. B. indem Begrüßungen und andere schriftliche Informationen in verschiedenen relevanten Sprachen ausgehängt sind.

3.1.2 Aufnahmegespräch

Aufnahmegespräch, Grundlage der Bildungsbegleitung

Meist werden die Daten des Kindes in einem Erstgespräch durch die Leitungskraft erfasst. Zielführend ist, dass das Aufnahmegespräch zum Austausch mit den Eltern über ihr Kind von der künftigen gruppenführenden Pädagogin/dem Pädagogen geführt wird. Grundsätzlich werden beide Elternteile zum Aufnahmegespräch eingeladen. Zu Beginn können den Eltern die Räumlichkeiten gezeigt und die an-

wesenden Teammitglieder vorgestellt werden. Dabei wird eine Vertrauensbasis zu den Eltern hergestellt, welche den Grundstein für die Kooperation und Haltung zueinander bildet. Eltern haben in dieser Situation ein feines Gespür dafür, ob ihnen Wertschätzung entgegengebracht wird, z. B. aufgrund ihrer kulturellen Herkunft, Lebensform oder Religion.
Eine schriftliche Konzeption ist die Grundlage dafür, Eltern mit der Bildungsarbeit einer Einrichtung vertraut zu machen. Günstig ist es, wenn diese bereits vor dem Aufnahmegespräch zur Verfügung gestellt wird, sodass die Eltern erste Fragen stellen können.

Checkliste für das Aufnahmegespräch

- Das Gespräch findet in einer wohlwollenden Atmosphäre statt. Es wird auf die richtige Aussprache der Vor- und Nachnamen geachtet bzw. wenn nötig nachgefragt.
- Um Vertrauen zu bilden, sollen zu Beginn nicht Formalitäten geklärt, sondern den Eltern zugehört und Fragen zur Familie und zum Kind gestellt werden.
- Daten der kindlichen Entwicklung in verschiedenen Bereichen, Krankheiten, Allergien, Gewohnheiten, Rituale, Interessen, besondere Bedürfnisse des Kindes sowie sozioökonomische Bedingungen der Familien werden aufgenommen.
- Empfehlenswert ist die Erarbeitung eines Leitfadens für das Aufnahmegespräch mit dem Ziel, eine Grundlage für eine Situationsanalyse der gesamten Kindergruppe zu erheben.
- Eltern haben die Möglichkeit, ihre Fragen und Erwartungen zu formulieren.
- Eltern erhalten eine schriftliche Information über die Einrichtung, z. B. in Form eines Folders. Informationen stehen nach Möglichkeit in den gängigsten Erstsprachen der Eltern zur Verfügung.
- Das pädagogische Konzept und spezielle Schwerpunkte der elementaren Bildungseinrichtung werden dargestellt.
- Auf den Ablauf der Eingewöhnungsphase wird besonders eingegangen (vgl. Bäck et al., 2006).
- Eltern werden die Möglichkeiten der Partizipation dargestellt.

3.1.3 Schnupperzeit

Schon vor Eintritt in die elementare Bildungseinrichtung sollen Eltern mit ihrem neu eingeschriebenen Kind zu einem kurzen Aufenthalt in die künftige Gruppe eingeladen werden. Dadurch erhalten sie einen ersten Einblick in das Gruppengeschehen, können beobachten, teilnehmen und sich so mit der neuen Situation vertraut

Erster Einblick durch Schnuppertage

machen. Die Schnupperzeit signalisiert den Eltern die Offenheit der elementaren Bildungseinrichtung. Diese wird so ausgewählt, dass einerseits alltägliche Abläufe sichtbar werden und sich andererseits die Pädagogin/der Pädagoge – unterstützt durch zusätzliches Personal – zeitweise den Eltern und dem Kind widmen kann. Daher wird am besten immer nur eine Familie eingeladen. Günstig sind Tageszeiten, zu denen eher wenige Kinder anwesend sind. Alternativ dazu können alle neuen Eltern mit ihren Kindern zu einem Termin außerhalb der Anwesenheit der Kinder der Bildungseinrichtung eingeladen werden. Beim gemeinsamen Spiel lernen einander alle neuen Eltern kennen.

3.1.4 Einführungselternabend

Erste Informationen beim Einführungsabend

Speziell für alle neuen Eltern kann ein Einführungsabend stattfinden. Dieser bietet Gelegenheit, das pädagogische Konzept sowie das Eingewöhnungskonzept, den Alltag, Regeln in der Bildungseinrichtung und den Umgang mit Krankheiten zu präsentieren und mittels Videos und Fotos konkret darzustellen. Pädagoginnen und Pädagogen können häufig gestellte Fragen beantworten. Solch ein Einführungsabend hat auch zum Ziel, den Kontakt der Eltern untereinander zu fördern, die sich aufgrund der gemeinsamen Ausgangssituation gegenseitig unterstützen können. Eventuell stehen zusätzlich „erfahrene" Eltern für den direkten Austausch zur Verfügung.

3.1.5 Anwesenheit der Eltern während der Eingewöhnungszeit

Eingewöhnungszeit, Beziehungszeit mit Eltern

Die Eingewöhnung stellt eine höchst sensible Phase für Kind und Eltern dar, da viele Kinder das erste Mal außerfamiliär betreut werden. Diese Phase der Transition bedarf besonderer Aufmerksamkeit. Da die Eingewöhnung Kind und Eltern gleichermaßen betrifft und die Pädagogin/der Pädagoge die neuen Familien kennenlernt, stellt eine gelungene Eingewöhnung eine wichtige Basis für die Qualität der weiteren Elternkooperation und die Bildungs- und Beziehungsarbeit dar. Die Eingewöhnung soll deswegen intensiv für den Aufbau der Beziehung zu den Eltern und dem Kind genutzt werden. In einer gelingenden Eingewöhnungszeit erleben Eltern, dass sie mit ihrem Kind willkommen sind sowie wahrgenommen, gut informiert und sicher angeleitet werden. In der Literatur werden verschiedene Modelle für den Eingewöhnungsprozess beschrieben bzw. haben manche Träger eigene Eingewöhnungskonzepte erarbeitet. Wichtig ist jedoch das Bewusstsein, dass die Eingewöhnung ein individueller, auf das Kind und die Eltern abgestimmter Prozess ist, der seitens aller Beteiligter hohe Flexibilität erfordert. Es empfiehlt sich, die Eingewöhnung neuer Kinder zeitlich versetzt zu planen, sodass sich die Pädagogin/der Pädagoge den Eltern und dem neuen Kind widmen kann. Zusätzliches Personal in der Gruppe während dieser Phase ist ein Zeichen guter Qualität und soll im Dienstplan berücksichtigt werden (vgl. Bäck et al., 2006).

Eingewöhnung, ein individueller Prozess

3.1.6 Austausch- und Reflexionsgespräche in der Eingewöhnung

Zeit für Austausch im Eingewöhnungsprozess

Wichtig ist, dass Eltern während der gesamten Eingewöhnung genügend Gelegenheit haben, sich mit der Pädagogin/dem Pädagogen und bei Bedarf mit der Leitung in Ruhe über den Eingewöhnungsprozess auszutauschen. Bewährt haben sich vorab terminlich fixierte Austausch- und Reflexionsgespräche, die den Eltern begleitend zur Eingewöhnung angeboten werden. Der Kommunikationsprozess beinhaltet ein Vorgespräch vor dem Start der Eingewöhnung. Hier werden nochmals organisatorische Dinge abgesprochen, gegenseitige Erwartungen geklärt und etwaige Sorgen und Ängste thematisiert. Je nach Ablauf und Dauer der Eingewöhnung erfolgen darauf aufbauend ein bis zwei begleitende Elterngespräche, wo der Verlauf der Eingewöhnung besprochen und angepasst wird. Zeigt ein Kind im Eingewöhnunsprozess über längere Zeit Loslösungs- bzw. Anpassungsschwierigkeiten, gilt es, mit den Eltern gemeinsam, Lösungsmöglichkeiten zu überlegen. Besonders wichig ist es, neben dem kindlichen Verhalten auch die Befindlichkeit der Eltern in Bezug auf den Loslösungsprozess anzusprechen. Am Ende der Eingewöhnung erfogt ein abschließendes Reflexionsgespräch.

3.2 Einzelkontakte

In diesem Abschnitt werden Möglichkeiten für Gespräche mit Eltern über die Entwicklung ihres Kindes, die wenn möglich bzw. bei Bedarf mit beiden Elternteilen stattfinden sollen, beschrieben. Bei Inhalten mit vertraulichem und persönlichem Charakter muss der Datenschutz gewahrt werden. Diese werden nicht in Anwesenheit des betroffenen Kindes und anderer Erwachsenen besprochen.

Fachkompetenz im Einzelkontakt mit Eltern

Für eine qualitätsvolle Gestaltung von Einzelkontakten sind die Auseinandersetzung mit Literatur zur Gesprächsführung sowie Fortbildungsangebote zu empfehlen. Das gilt besonders dann, wenn eine Fachkraft mit herausfordernden und konfliktreichen Gesprächssituationen konfrontiert ist. Professionelles Handeln zeichnet sich durch eine wertschätzende, vorurteilsbewusste, offene und reflektierte Haltung gegenüber unterschiedlichen Elterntypen aus.

3.2.1 Tür- und Angelgespräch

Täglich gelebte Kommunikationskultur

Diese Kurzgespräche stellen die häufigste Form der täglichen Kontaktaufnahme zu den Eltern dar. Sie sollen ganz bewusst während des gesamten Jahres gepflegt werden. Mit Eltern von neu aufgenommenen Kindern sind diese Gespräche in der Eingewöhnungszeit grundlegend. In den Bring- und Abholphasen sollte sich die Pädagogin/der Pädagoge nahe der Türe platzieren, um Gesprächsbereitschaft zu signalisieren. Zusätzliches Personal schafft in dieser Zeit Gelegenheiten für eine gelebte Kommunikationskultur. Durch offenes Zugehen auf Eltern und „aktives Zuhören" zeigt die Pädagogin/der Pädagoge Interesse an der Bildungskooperation. Tür- und Angelgespräche bieten die Möglichkeit, ohne besonderen Anlass über den Gruppenalltag zu erzählen. Eltern interessieren sich für die alltäglichen Tätigkeiten und Erlebnisse ihres Kindes. Da Kinder nicht immer von sich aus erzählen, ist es günstig, wenn das pädagogische Personal den Eltern kleine Begebenheiten aus dem Gruppengeschehen mitteilt. Besonders bei jungen Kindern ist es wichtig, sich über pflegerelevante Aspekte auszutauschen, wie z. B. Nahrungsaufnahme, Ausscheidung, Schlafen etc. Das stärkt auch die Vertrauensbasis und fördert eine tragfähige Beziehung. Für Eltern, die wenig oder kein Deutsch verstehen, können Fotos und mehrsprachige Informationen hilfreich sein. Auch Eltern geben in Tür- und Angelgesprächen wesentliche Informationen über ihr Kind sowie relevante Hinweise für diesen Tag weiter, z. B. wenn ein Kind früher als sonst oder von jemand anderem abgeholt wird.

Austausch über Alltägliches

3.2.2 Telefongespräch

Mit Eltern, deren Kinder regelmäßig mit dem Bus nach Hause gebracht werden, sollte mehrmals im Jahr telefonisch Kontakt aufgenommen werden, da keine Tür- und Angelgespräche möglich sind. Eltern werden über diese Regelung informiert.

3.2.3 Entwicklungsgespräch

Entwicklungsgespräche einplanen

Ein Entwicklungsgespräch findet ein- bis zweimal pro Jahr mit allen Eltern statt und hat den gegenseitigen Austausch über die Entwicklung des Kindes zum Ziel. Bereits bei der Einschreibung werden die Eltern darüber informiert und am Beginn des Bildungsjahres werden mögliche Termine bekannt gegeben. Die Dauer des Gesprächs wird mit maximal einer Stunde festgesetzt. Das Gespräch findet in einer ungestörten und eigens dafür vorbereiteten Umgebung statt. Empfohlen ist eine schriftliche Vorbereitung über die Entwicklungsbereiche und Bildungsprozesse des Kindes. Manche Träger stellen dafür Vorbereitungsformulare zur Verfügung, die auch gleichzeitig als Gesprächsleitfaden dienen. Die Pädagogin/der Pädagoge beobachtet jedes Kind und dessen Entwicklung in unterschiedlichen Bereichen und dokumentiert Entwicklungsstand und Lernprozesse in deskriptiver, wertneutraler Form anhand von beobachteten Verhaltensweisen. Fotos und Werke können die Entwicklungsphasen und Interessen des Kindes zusätzlich veranschaulichen. Wenn Besonderheiten und Verhaltens- oder Entwicklungsauffälligkeiten bei einem Kind auftreten, sollten Beobachtungen von unterschiedlichen Fachkräften vorliegen, um ein ganzheitliches Bild und möglichst objektive Schlussfolgerungen zu gewährleisten.

Schriftliche Vorbereitung des Entwicklungsgesprächs

Eltern interessieren sich für ihre Kinder

Die meisten Eltern sind daran interessiert, ob ihr Kind altersgemäße Kompetenzen entwickelt, am Gruppengeschehen teilnimmt und sich in der elementaren Bildungseinrichtung wohlfühlt. Deshalb sind Eltern kontinuierlichen Beobachtungen gegenüber positiv eingestellt. Interessen, Begabungen, Stärken oder besondere Bedürfnisse des Kindes werden angesprochen. Zu beachten ist, dass Eltern bezüglich Auffälligkeiten im Verhalten oder in der Entwicklung ihres Kindes besonders hellhörig und sensibel sind und eine Abwehrhaltung zu erwarten ist. In diesem Fall muss die Pädagogin/der Pädagoge besonders auf Wortwahl und Wertschätzung achten und die Unterscheidung von deskriptiver, wertneutraler Beobachtung und wertenden Interpretationen, Annahmen und Hypothesen berücksichtigen.

Wissen der Eltern über ihr Kind einbeziehen

Mit Beobachtungen und Erzählungen über Begebenheiten von zu Hause können die Eltern ihren Beitrag zu einer ganzheitlichen Sichtweise der Entwicklung des Kindes leisten. Es wird sichtbar, ob sich das Kind zu Hause und in der Einrichtung unterschiedlich verhält oder ähnliche Beobachtungen gemacht werden. Im Rahmen dieses Austausches soll besprochen werden, wie die Entwicklung des Kindes von Eltern und Fachkräften unterstützt und gefördert werden kann. Durch den kontinuierlichen und offenen Austausch zwischen Familie und Bildungseinrichtung werden bestmögliche Bedingungen für die Entwicklung des Kindes geschaffen.
Die Inhalte des Gespräches sollten am Ende kurz zusammengefasst und stichwortartig notiert werden. Die Notizen dienen als Grundlage zur Planung von Fördermaßnahmen und für das nächste Gespräch.

3.2.4 Beratungsgespräch

Setting des Beratungsgesprächs

Das Beratungsgespräch dient der Auseinandersetzung mit Besonderheiten und Auffälligkeiten eines Kindes bzw. mit Fragen der Erziehung seitens der Eltern. Für ein Beratungsgespräch bedarf es eines speziellen Settings und einer entsprechenden Vorbereitung. Einerseits soll den Eltern ein Beratungsgespräch angeboten werden, wenn sie sich mit Erziehungsfragen und Problemen vertrauensvoll an die Fachkraft wenden. Andererseits kann die Initiative von der pädagogischen Fachkraft ausgehen, wenn diese Besonderheiten wie Entwicklungsrückstände oder spezielle Begabungen bei einem Kind beobachtet. Wichtig ist, dass die Pädagogin/der Pädagoge nicht zu lange zuwartet, um einen Gesprächstermin anzusetzen. Je früher man mit den Eltern in Austausch tritt, umso eher kann entsprechende (Früh-) Förderung – bei Bedarf unter Einbeziehung anderer Expertinnen und Experten – mit den Eltern angedacht werden (Bayer-Chisté, 2017). Im Beratungsgespräch nimmt die Pädagogin/der Pädagogen bewusst eine „nicht-wissende“ Haltung ein, wendet das „aktive Zuhören“ an und leitet die Eltern an, ihre Deutungen über das Verhalten ihres Kindes auszudrücken und ihre eigenen Handlungs- und Lösungsstrategien in der Erziehung ihres Kindes zu überlegen.

Termine rechtzeitig ansetzen

3.2.5 Konfliktgespräch

Konflikte zeitnah ansprechen

Konfliktgespräche mit Eltern werden von der Pädagogin/dem Pädagogen oder der Leitung eingefordert, wenn Eltern wesentliche Abmachungen bzw. Anordnungen der Einrichtung nicht einhalten oder unangemessene Forderungen stellen, die mit dem pädagogischen Konzept nicht vereinbar sind, wie z. B., dass ein Kind nicht mit einem bestimmten anderen Kind spielen soll.

Setting für ein Konfliktgespräch

Auch Eltern können ein solches Gespräch verlangen, wenn sie unzufrieden sind und Kritikpunkte besprechen wollen. Wenn Eltern von sich aus einen Konflikt ansprechen, sollte dieser nicht zwischen Tür und Angel diskutiert, sondern ein Termin für ein klärendes (Konflikt-) Gespräch angeboten werden. Ein Konfliktgespräch bedarf ebenso wie das Beratungsgespräch eines speziellen Settings und einer besonders guten Planung seitens der Pädagogin/des Pädagogen. Es ist dabei besonders wichtig, „aktives Zuhören" anzuwenden sowie eine ressourcen- und lösungsorientierte Haltung zu signalisieren.

Beteiligte am Konfliktgespräch überlegen

Vorab ist abzuwägen, wer bei einem Konfliktgespräch dabei sein soll bzw. muss. Manchmal ist es sinnvoll, wenn zusätzlich die Leitung bzw. die Fachaufsicht teilnimmt. Auch externe neutrale Moderation kann hilfreich sein. Dabei ist auf eine ausgewogene Personenanzahl auf Seiten der Familie und der Einrichtung zu achten. Eltern sollen auch die Möglichkeit bekommen, vertraute Personen mitzunehmen. Wichtig ist die Dokumentation mittels eines Gesprächsprotokolls. Da Konflikte mit Eltern emotional belastend sein können, kann Supervision hilfreich sein.

3.3 Teilnahme der Eltern am Gruppengeschehen

Öffnung der Bildungseinrichtung für Eltern

Den eindrucksvollsten Einblick in die Arbeit einer elementaren Bildungseinrichtung erhalten Eltern, wenn sie direkt am Gruppengeschehen teilnehmen können. Dies stellt für jedes Team eine Herausforderung dar und soll überlegt und gut geplant werden. Im Konzept und bei einem Elternabend werden Eltern über bestehende Möglichkeiten und Abläufe informiert.

Durch die Teilnahme können Eltern pädagogische Angebote und alltägliche Abläufe erleben, können beobachten, wie ihr Kind in einer Kindergruppe agiert und andere Kinder kennenlernen. V. a. Eltern aus anderen Kulturen erhalten so einen direkten Zugang zur pädagogischen Arbeitsweise des Teams.

3.3.1 Einladungen in den Alltag

Teilnahme der Eltern am Alltag

In Absprache mit dem Team erhalten Eltern die Möglichkeit, bis zu mehrere Stunden am Geschehen des Alltags der Bildungseinrichtung teilzunehmen. Dabei müssen Unsicherheiten und Einwände einzelner Kolleginnen und Kollegen berücksichtigt werden. Um Missverständnisse zu vermeiden, sollten Regeln sowie die Erwartungen an die Eltern in der Besuchszeit mitgeteilt werden. Dazu zählt

z. B., ob eine Anmeldung erforderlich ist. Es soll für die Besuchszeit der Eltern kein spezielles Programm mit den Kindern geplant werden. Die Eltern gewinnen Einblick in die pädagogische Arbeit und erhalten Anregungen für das eigene Erziehungsverhalten. Indem sie beobachten, wie anspruchsvoll die Arbeit mit einer Kindergruppe ist, entwickelt sich häufig ein neues Verständnis für die Rolle der Fachkräfte und die Alltagsorganisation.

3.3.2 Aktive Mitarbeit der Eltern im Gruppengeschehen

Aktive Mitarbeit der Eltern

Eltern stellen mit ihrem Wissen und ihren Kompetenzen eine Ressource für die Bildungsarbeit dar und können sich aktiv bei der Planung von Lernprozessen und Projekten einbringen. Am ersten Elternabend kann unverbindlich erhoben werden, welche Eltern dafür Interesse, Zeit und passendes Fachwissen haben. Eltern können für Kinder Aktivitäten anbieten, wie z. B. Sachgespräche über ihren Beruf, Bilderbücher vorlesen etc. Es können auch Exkursionen zum Arbeitsplatz der Eltern geplant werden. Wesentlich ist, dass die Pädagogin/der Pädagoge mit den Eltern die methodische und kindgerechte Umsetzung abspricht.

3.4 Gruppenbezogene Angebote für Eltern

Formate für mehrere oder alle Eltern

Angebote für mehrere oder alle Eltern sollen sowohl zur Information dienen als auch Diskussionsmöglichkeiten bieten. Dafür sind Methoden für Erwachsene und Moderation notwendig. Veranstaltungen, wo mehrere Eltern zusammentreffen, sind ein geeignetes Format, um Kontakte der Eltern untereinander zu ermöglichen und durch Aktivitäten und Diskussionen zu forcieren. Die Pädagogin/der Pädagoge soll sich bewusst sein, dass sie/er für alle Eltern eine wichtige Ansprechperson ist. Daher soll darauf geachtet werden, mit allen Eltern in Kontakt zu kommen. Im Umgang mit Eltern verschiedener kultureller Herkunft oder unterschiedlicher Lebensformen ist sich das Team seiner Vorbildwirkung bewusst. Es ist zu berücksichtigen, dass Eltern mit anderer Erstsprache als Deutsch gruppenbezogenen Angeboten mitunter aufgrund sprachlicher Barrieren fernbleiben.

3.4.1 Elternabend

Elternabende dienen in erster Linie pädagogischen Anliegen und dem gegenseitigen Kennenlernen. Die meisten organisatorischen Informationen können ebenso gut in schriftlicher Form weitergegeben werden und müssen nicht vorrangig am Elternabend behandelt werden.

Bildungsarbeit am Elternabend präsentieren

Der Elternabend eignet sich besonders dafür, Entwicklungs- und Bildungsprozesse, den Bildungsalltag, aktuelle Themen und das pädagogische Konzept der elementaren Bildungseinrichtung anschaulich und transparent, z. B. mittels Videos oder Fotos, darzustellen. Eltern können Gelegenheit erhalten, Spiel- und Bildungsmittel und verschiedene Bereiche in der elementaren Bildungseinrichtung selbst auszuprobieren, um deren pädagogischen Wert kennenzulernen. Besuchen Kinder mit einer anderen Erstsprache als Deutsch die Gruppe, soll das pädagogische Konzept zur Förderung von Deutsch als Zweitsprache bzw. zur Mehrsprachigkeit erläutert werden. Besonders der erste Elternabend kann mit einem gemütlichen Zusammensein ausklingen, sodass Eltern die Gelegenheit haben, einander kennenzulernen. Pädagoginnen und Pädagogen aus anderen elementaren Bildungseinrichtungen mit Zusatzausbildungen bzw. Spezialwissen oder externe Expertinnen und Experten können als Referentinnen und Referenten eingeladen werden. Ausstellungen von Werken der Kinder oder Bilderbüchern machen den Abend für Eltern noch attraktiver.

Zeitgerechte Planung des Elternabends

Wichtig sind die zeitgerechte Aussendung der Einladung (mindestens drei Wochen vorher) sowie die günstige Auswahl des Tages und der Uhrzeit. Wesentliche Faktoren für einen zufriedenstellenden Besuch des Elternabends sind die Berücksichtigung des Zeitbudgets und der Berufstätigkeit der Eltern sowie die Auswahl interessanter Themen. Bei Bedarf kann eine Kinderbetreuung während der Zeit des Elternabends angeboten werden, die es z. B. alleinerziehenden Eltern erleichtert, das Angebot wahrzunehmen. Diese Aspekte können durch eine Befragung der Eltern geklärt werden.

3.4.2 Elternbeirat bzw. -vertretung

Interessensvertretung der Eltern

Der Elternbeirat bzw. die Elternvertretung setzt sich aus Eltern zusammen, die am Anfang des Arbeitsjahres von den Eltern gewählt werden. Dieses Gremium ist in Absprache mit dem Träger zu gründen und gibt die Vorstellungen aller Eltern einer Gruppe oder einer Einrichtung an das Team weiter. Anregungen können sowohl die pädagogische Arbeit als auch organisatorische und strukturelle Aspekte gegenüber dem Träger und kommunalen Umfeld betreffen. Die Verantwortlichen der elementaren Bildungseinrichtung bzw. des Trägers setzen sich mit den Anliegen der Eltern auseinander und überlegen deren Umsetzbarkeit. Der Elternbeirat wird regelmäßig über die Ergebnisse dieser Gespräche sowie über aktuelle Entwicklungen in der Bildungseinrichtung informiert. Es besteht auch die Möglichkeit, dass die Elternvertretung in der Zeitung der Einrichtung oder auf der Homepage eine eigene Rubrik gestaltet und einen wertvollen Beitrag zum Austausch und zur Öffentlichkeitsarbeit leistet.

3.4.3 Elternrunden

Elternrunden werden durch die elementare Bildungseinrichtung initiiert und dienen der intensiven inhaltlichen Erarbeitung relevanter pädagogischer Themen. Sie bieten auch einen geschützten Rahmen für die Auseinandersetzung mit sensiblen oder tabuisierten Inhalten wie z. B. der kindlichen Sexualität, der Sauberkeitserziehung oder Nahrungsaufnahme bei jungen Kindern, der Autonomiephase, dem Umgang mit digitalen Medien etc. Im Vordergrund steht der Austausch von Erfahrungen der Eltern untereinander. Die unterschiedlichen Perspektiven und Zugangsweisen von einzelnen Müttern und Vätern können mögliche Modelle für andere Eltern darstellen und entlastend wirken. Die Pädagogin/der Pädagoge kann die Moderation übernehmen und bei Bedarf ihr/sein Fachwissen einbringen. Im Rahmen von Elternfortbildungen oder Elterncoachings können externe Expertinnen und Experten eingeladen werden, um Angebote zu unterschiedlichen Themen zu gestalten.

Auseinandersetzung in der Elternrunde

3.4.4 Jour fixe

In regelmäßigen Abständen und auf freiwilliger Basis treffen Eltern und das Team (in der Dienstzeit) einander in einer gemütlichen Atmosphäre zu einem informellen Austausch. Beim Jour fixe sind alle Themen erlaubt, auch solche, die nicht unmittelbar mit der Bildungsarbeit in Zusammenhang stehen. Das Team gibt die Termine am Beginn des Arbeitsjahres bekannt. Ein kleines Buffet kann mit Hilfe der Eltern organisiert werden. Zur Förderung des Austausches mit der Öffentlichkeit können diese Treffen auch für andere Personen der Gemeinde oder aus anderen Institutionen wie z. B. der Volksschule zugänglich gemacht werden.

Treffen in gemütlicher Atmosphäre

3.4.5 Feste und Feiern

Feste und Feiern bieten Gelegenheit, in einer ungezwungenen Atmosphäre miteinander in Kontakt zu kommen. Eltern lernen einander, die anderen Kinder und das Team besser kennen. Günstig ist es, den Eltern die Termine für Feste und Feiern im Jahresablauf so früh wie möglich bekanntzugeben, damit sie die Möglichkeit haben, diese einzuplanen. Kinder sind aktiv in die Vorbereitung, Gestaltung und Durchführung von Festen einzubinden, gegebenenfalls können Eltern mitwirken. Die Pädagoginnen und Pädagogen achten darauf, während des Festes mit allen Eltern in Kontakt zu treten.

Miteinander feiern

3.4.6 Veranstaltungen für spezifische Elterngruppen

Um spezifische Elterngruppen wie z. B. Väter, Alleinerziehende, Eltern mit Migrationserfahrung etc. zu erreichen und deren Bedürfnisse zu berücksichtigen, ist es günstig, zielgruppenorientierte Angebote zu setzen. Allerdings ist dabei auf die Vermeidung von Stigmatisierung einzelner Eltern (-gruppen) zu achten. Für diese Veranstaltungen müssen die Rahmenbedingungen auf die Zielgruppe abgestimmt werden, beispielsweise könnte für alleinerziehende Eltern eine Kinderbetreuung organisiert werden. So kann die Bildungseinrichtung der gesellschaftlichen Realität

Angebote für spezifische Zielgruppen

gerecht werden und gesellschaftspolitische Akzente setzen, indem z. B. die Bedeutung der Väter für Kinder hervorgehoben wird. Die Erfahrung zeigt, dass es manchmal längere Anlaufzeiten braucht, bis solche Angebote von den Eltern angenommen werden und regen Zustrom bekommen.

3.5 Mediengestützte Bildungskooperation

Vorteile der mediengestützten Bildungskooperation

Medien sind analoge und digitale Kommunikationsmittel zur Informationsweitergabe. Der Vorteil von mediengestützter Bildungskooperation ist, dass die jeweiligen Informationen für bestimmte Zielgruppen, z. B. Eltern, Schule, Öffentlichkeit etc., passend aufbereiten werden können. Diese können die Informationen je nach Zeitbudget und Interesse nachlesen.

Bei der Gestaltung der Inhalte sollte u. a. auf folgende Kriterien geachtet werden:

Kriterien der Gestaltung schriftlicher Informationen

- Formale Kriterien wie Layout, Übersichtlichkeit, korrekte Rechtschreibung, Schriftgröße, Strukturierung, Ästhetik, Farben, Layout, keine Überfüllung etc.
- Aktualität der Inhalte
- Verständlichkeit der Texte
- Erwachsenengerechte Anrede und Gestaltung
- Beachtung des Datenschutzes, z. B. Fotorechte
- Beiträge in relevanten Sprachen

3.5.1 Konzeption

Eltern erhalten die Konzeption

Die Konzeption sollte auf Anfrage der Eltern jederzeit verfügbar sein oder, wenn möglich, allen Eltern ausgehändigt werden oder digital als Download zur Verfügung stehen. Als Zeichen einer guten Öffentlichkeitsarbeit kann die Konzeption in anderen relevanten Institutionen wie z. B. am Gemeindeamt oder in der Volksschule aufliegen. Dadurch kann folgender Nutzen für Eltern und die interessierte Öffentlichkeit, aber auch für das Team selbst entstehen:

Nutzen der Konzeption

- Informationsgewinn und Signal der Offenheit und Bereitschaft des Teams zu Kommunikation und Zusammenarbeit.
- Argumente und Entscheidungshilfen für eine Einrichtung durch Überschaubarkeit und nachvollziehbare Beschreibung von deren Schwerpunkten, Zielen und Methoden.
- Verdeutlichung des einzigartigen Profils und der individuellen Qualität der Einrichtung.

(siehe Kapitel Pädagogische Qualität)

3.5.2 Schaukästen und Wandtafeln

Schaukästen dienen zur Information der Öffentlichkeit sowie zur Dokumentation der Bildungsarbeit und sind regelmäßig zu aktualisieren und ansprechend und ästhetisch zu gestalten. Sie sollen die elementare Bildungseinrichtung und die pädagogische Arbeit präsentieren und Interesse wecken. Je nach Standort sollten die Inhalte unterschiedliche Schwerpunkte haben.

Präsentation der elementaren Bildungseinrichtung nach außen

Wandtafeln in der elementaren Bildungseinrichtung bereiten Informationen für Eltern auf und sollen ansprechend gestaltet sowie durch grafische Elemente angereichert sein. Insbesondere nicht sichtbare Bildungsprozesse wie z. B. die Entwicklung der einzelnen Kompetenzen oder einer gemeinsamen Konfliktkultur sollen transparent gemacht werden. Ausgestellte Materialien und Fotos tragen zu einer Veranschaulichung der pädagogischen Arbeit bei. Es ist darauf zu achten, dass bei Präsentationen von Kinderwerken jedes Kind berücksichtigt wird und keine Bewertungen vorgenommen werden.

Wandtafeln zur Transparenz

3.5.3 Elternzeitung

In kontinuierlichen Abständen kann eine Elternzeitung hergestellt werden. Sie kann auszugsweise die pädagogische Orientierung, aktuelle pädagogische Anliegen und Schwerpunkte, erzieherische Fragen, entwicklungspsychologische Grundlagen, interessante Begebenheiten, Ankündigungen von geplanten Unternehmungen sowie Texte von Liedern, Gedichten etc. beinhalten. Die Beiträge sollten mit Fotos und Grafiken aufgelockert werden. Wichtig ist, dass jedes Kind immer wieder einmal vorkommt.

Inhalte einer Elternzeitung

3.5.4 Elternbriefe oder Newsletter

Elternbriefe bzw. Newsletter werden an alle Familien per E-Mail weitergegeben und eignen sich dazu, aktuelle organisatorische und inhaltliche Informationen zu vermitteln. Vor der Aussendung eines Newsletters ist datenschutzrechtlich das Einverständnis der Eltern einzuholen.

Informationen mittels Elternbrief und Newsletter

3.5.5 Homepage

Die Homepage ist ein geeignetes Medium, das pädagogische Konzept und organisatorische Strukturmerkmale einer elementaren Bildungseinrichtung vorzustellen. Sie kann auch für Informationen, Hinweise und Kurzberichte über Projekte und Elternveranstaltungen genutzt werden. So erhalten Eltern, die nicht teilnehmen konnten, Informationen. Links zu anderen Institutionen fördern die Vernetzung der Bildungseinrichtung mit der sozialen und kulturellen Umwelt.

Präsentation im Internet

3.5.6 Rückmeldemöglichkeiten für Eltern

Schriftliche Rückmeldemöglichkeiten für Eltern signalisieren Offenheit des Teams. Sie können z. B. als Elternbriefkasten und über ein Plakat zu einem bestimmten Thema angeboten werden. Eltern erhalten dadurch die Gelegenheit, Wünsche und konstruktive Kritik – bei Bedarf anonym – an das Team weiterzugeben. Zu beachten

Feedback von Eltern einholen

ist, dass Rückmeldungen einzelner Eltern nicht zwingend zu Änderungen führen müssen. Das Team soll überlegen, ob die Anregungen in das pädagogische Konzept passen. Bei Bedarf kann etwa ein spezielles Thema am Elternabend zur Diskussion gestellt werden. Wichtig ist es, den Eltern mitzuteilen, dass eine Auseinandersetzung im Team stattgefunden hat.

3.5.7 Fragebogenerhebung

Fragebögen zur Elternzufriedenheit

Mittels wissenschaftlich fundierter Fragebögen können bestimmte Themen bzw. die Zufriedenheit der Eltern erhoben werden. Wichtig ist Klarheit im Team über das Ziel der Befragung. Bei der Erstellung eines eigenen Fragebogens ist es nötig, sich bei Bedarf das entsprechende Know-how mittels Fachliteratur oder Fortbildungen anzueignen oder eine externe Expertin bzw. einen Experten hinzuzuziehen. Eltern sind über die Ergebnisse der Erhebung sowie eventuelle Konsequenzen, die sich daraus für das Team ergeben haben, zu informieren.

4. PLANUNG UND REFLEXION DER BILDUNGSKOOPERATION

Bildungskooperation als wechselseitiger Austausch zwischen elementarer Bildungseinrichtung und Familien wird von vielen Faktoren beeinflusst. Für eine professionelle Gestaltung der Bildungskooperation sind Fachwissen und planvolles Vorgehen unerlässlich.

4.1 Analyse der Elterngruppe

Analyse der Elterngruppe, Hintergrundwissen für die Planung

Im Sinne einer konstruktiven Bildungskooperation ist es notwendig, über den Lebenshintergrund der Familien Bescheid zu wissen. Das Wissen über die Familien ist wichtig für die pädagogische Arbeit mit den Kindern. Weiters können die Pädagoginnen und Pädagogen dadurch erkennen, welche Formate und Methoden der Zusammenarbeit sinnvoll und passend erscheinen und eine hohe Elternbeteiligung erwarten lassen. Angebote der Bildungskooperation können so kundenorientiert auf die Eltern abgestimmt werden. Dabei werden Interessen und Ressourcen der Eltern berücksichtigt. Eltern in Karenz werden z. B. andere Voraussetzungen mitbringen als Eltern, die Vollzeit berufstätig sind. Familien mit einem guten sozialen Netzwerk können möglicherweise mehr mitarbeiten als Familien, die keine Unterstützung in ihrem privaten Umfeld genießen. Zu beachten sind auch die unterschiedlichen ökonomischen Möglichkeiten der Eltern, da mangelnde finanzielle Ressourcen von Seiten der Eltern oft aus Scham nicht angesprochen werden.

Familiäre Aspekte beim Erstgespräch erfragen

Die notwendigen Informationen werden im Aufnahmegespräch persönlich eingeholt. Dafür ist es wichtig, sich ausreichend Zeit zu nehmen und den Eltern Vertraulichkeit zuzusichern. Im Laufe des Bildungsjahres sollten die Angaben bei Bedarf ergänzt werden. Folgende Informationen können im Rahmen des Erstgesprächs erhoben werden:

- Familienzusammensetzung und Lebensform
- Beruf, aktuelle Beschäftigung, Arbeitszeiten etc.
- Wohnort
- Erstsprache(n) und Familiensprache(n)
- Weitere Informationen, die die Eltern mitteilen möchten

4.2 Phasen in der Bildungskooperation

Eltern erleben während ihrer Zusammenarbeit mit der elementaren Bildungseinrichtung unterschiedliche Phasen, in denen jeweils andere Prozesse im Vordergrund stehen.

- **Kennenlernen und Orientierung:** Neue Eltern werden erst allmählich mit dem Team der elementaren Bildungseinrichtung und anderen Eltern vertraut und lernen Abläufe sowie Vorgaben der Institution kennen. In dieser Phase sind Eltern häufig unsicher, suchen den Kontakt zur Pädagogin/zum Pädagogen und benötigen Unterstützung und detaillierte Information. Die Beziehung zu den Fachkräften wird aufgebaut. Eltern sind in dieser Phase besonders aufnahmebereit, deshalb sollte diese Zeit über den Beziehungsaufbau hinaus für Informationsgewinn über das Kind und seine Bedürfnisse genützt werden. Eltern, deren Kinder die Bildungseinrichtung schon länger besuchen, können neue Eltern mit ihrem Wissen unterstützen.

Kennenlernen und Orientierung der Eltern

- **Sicherheit und Vernetzung:** Zunehmend entwickelt sich Vertrautheit zwischen allen Beteiligten. Die einzelnen Kompetenzen der Eltern kristallisieren sich heraus und können eingebunden werden. Einige Eltern sind bereit, sich einzubringen und Verantwortung zu übernehmen. Im bestmöglichen Fall gelingt es, die Eltern miteinander zu vernetzen und gemeinsame Projekte zu initiieren. Andere Eltern können oder wollen sich weniger in den Bildungsalltag einbringen. Dies muss akzeptiert werden. Wichtig ist jedoch, dass auch diesen Eltern immer wieder Möglichkeiten der Beteiligung angeboten werden.

Möglichkeiten der Elternmitarbeit anbieten

- **Abschied und Übergang:** Vor dem Austritt der Kinder aus der elementaren Bildungseinrichtung kommt es zu einer Phase des Abschieds, die wiederum viel Sensibilität aller Beteiligten erfordert. Das gilt auch für Kinder, die während des laufenden Bildungsjahres austreten. Einerseits geht es um die Loslösung aus einer vertrauten Umgebung und das Ende eines Lebensabschnitts. Falls noch Geschwister in der Bildungseinrichtung sind oder aufgenommen werden, fällt der Abschied weniger intensiv aus. Andererseits beschäftigen sich die Eltern schon mit dem Eintritt des Kindes in die Schule. In jedem Fall soll die Pädagogin/der Pädagoge diese Abschiedsphase bewusst wahrnehmen, spezielle Angebote setzen und die Eltern und ihre Kinder dabei begleiten.

Abschied und Übergang in die Schule bewusst gestalten

4.3 Reflexion der Bildungskooperation

Impulse durch Reflexion der Bildungskooperation

Die Zusammenarbeit mit den Eltern bedarf ebenso wie die pädagogische Arbeit mit den Kindern einer regelmäßigen Reflexion, um die Kontaktaufnahme, die Beziehungsgestaltung sowie die jeweiligen Angebote rückblickend kritisch zu beleuchten. Daraus können sich neue Impulse und Anregungen ergeben. Besonders wichtig ist die Reflexion während der Eingewöhnung und am Übergang zur Volksschule, aber auch bei konfliktreichen Situationen in der Bildungskooperation. Wenn notwendig, sollen dem Team Moderation, Mediation, Teamcoaching oder Supervision zur Verfügung stehen.

4.4 Checkliste für die Planung

Für die Planung konkreter Angebote im Rahmen der Bildungskooperation sollen folgende Aspekte durchdacht werden, die anhand eines Praxisbeispiels vorgestellt werden:

ASPEKT	LEITFRAGE	BEISPIEL
Zielsetzung	Was wollen wir erreichen?	Information über und Auseinandersetzung mit der pädagogischen Orientierung der elementaren Bildungseinrichtung
Themen	Welche Inhalte sollen bearbeitet werden?	Bild vom Kind, Bildungsverständnis und Rolle der Pädagoginnen und Pädagogen
Zielgruppe	Wer wird angesprochen?	Alle Eltern
Art des Angebots	Welches Format eignet sich am besten für die Umsetzung?	Elternabend
Termin	Zu welcher Zeit können möglichst viele Eltern teilnehmen?	Aufgrund einer Umfrage unter den Eltern wird Mittwoch, 20 – 21:30 Uhr, fixiert.

ASPEKT	LEITFRAGE	BEISPIEL
Zeitpunkt der Einladung	Welcher Zeipunkt gewährleistet die Teilnahme vieler Eltern?	Eine Terminvorschau wurde zu Beginn des Jahres ausgegeben.
Ort	Welcher Raum/ Platz eignet sich?	Hortgruppe, da es dort ausreichend erwachsenengerechte Möbel gibt.
Material / Medien	Welche Materialien und Medien unterstützen die Umsetzung?	Handout für jede Familie, Beamer, Laptop, Powerpointpräsentation, Kärtchen, Stifte und Flipchart für Kleingruppenarbeit.
Expertinnen / Experten / öffentliche Stellen	Ist die Unterstützung von externen Referentinnen / Referenten notwendig bzw. günstig?	Keine externen Referentinnen/Referenten notwendig
Verantwortungsbereich bzw. Aktionsplan im Team	Welches Teammitglied übernimmt bis wann welche Aufgabe?	• Leitung bereitet Präsentation vor. • Eine Fachkraft besorgt die Materialien. • Zwei Fachkräfte überlegen und moderieren die Kleingruppenarbeit. • Eine Fachkraft befragt einige Kinder mit einem Aufnahmegerät über ihre Vorstellungen, wie Erwachsene im Kindergarten sein sollten. • Assistentinnen und Assistenten bereiten den Raum vor. • Eine Fachkraft übernimmt die Dokumentation

ASPEKT	LEITFRAGE	BEISPIEL
Mitarbeit der Eltern	Gibt es für Eltern die Möglichkeit, an diesem Angebot mitzuarbeiten?	Eltern organisieren das Buffet.
Mitarbeit der Kinder	Wie können Kinder in das Angebot einbezogen werden?	Sie werden befragt, wie Erwachsene im Kindergarten sein sollen.

Aufgaben und Anregungen zur Vertiefung

Wissen

- Erklären Sie die Bedeutung der Bildungskooperation mit Eltern für das Bildungsgeschehen mit Kindern unterschiedlichen Alters.
- Erläutern Sie die Ziele der Bildungskooperation und gestalten Sie einen Legefilm.
- Bewerten Sie die in Kapitel 3 ausgeführten Formate der Bildungskooperation danach, welche Rolle sie im Beziehungsaufbau mit den Eltern spielen. Begründen Sie Ihre Überlegungen schriftlich.
- Beschreiben Sie die Kriterien, die bei der Gestaltung von Inhalten in der mediengestützten Bildungskooperation zu berücksichtigen sind. Gestalten Sie einen Elternbrief, der diesen Kriterien entspricht.

Transfer

- Tauschen Sie sich in Kleingruppen über Merkmale guter Strukturqualität in der Bildungskooperation mit Eltern von Kindern unterschiedlichen Alters aus. Vergleichen Sie diese mit Ihren Erfahrungen aus Ihren Praxiseinrichtungen.
- Führen Sie in Kleingruppen ein Aufnahmegespräch im Rollenspiel durch. Verteilen Sie die Rolle der Eltern, der Pädagogin/des Pädagogen sowie einer beobachtenden Person. Reflektieren Sie den Prozess im Anschluss anhand der Checkliste aus Kapitel 3.1.2 und beschreiben Sie Herausforderungen.
- Planen Sie ein Fest und überlegen Sie Möglichkeiten für die Mitbeteiligung der Eltern. Gestalten Sie dazu ein Mind-Map zur Präsentation in der Klasse.
- Teilen Sie in der Gruppe die in Kapitel 3.4 genannten Formate „Gruppenbezogene Angebote für Eltern“ auf und bereiten Sie diese in Einzelarbeit vor, um sie im Anschluss den anderen Mitgliedern Ihrer Gruppe zu präsentieren. Tauschen Sie sich über Ihre Erfahrungen in der Praxis aus.

Reflexion

- Reflektieren Sie, was Ihnen in Ihrer Haltung gegenüber Eltern wichtig ist und begründen Sie dies gegenüber Ihren Kolleginnen und Kollegen.
- Verfassen Sie aus der Perspektive eines Elternteils einen Tagebucheintrag, in dem Sie über Ihre Gedanken und Gefühle anlässlich der bevorstehenden Eingewöhnung Ihres Kindes schreiben. Diskutieren Sie im Tandem, wie Sie Eltern in dieser Situation unterstützen können.
- Führen Sie in der Gruppe ein Brainstorming über Vorurteile, Klischees und/oder Diskriminierungen gegenüber Eltern durch. Reflektieren Sie anhand dieser Sammlung in Einzelarbeit Ihre eigenen Haltungen und diskutieren Sie in der Gruppe, wie diese Ihre Interaktionen mit den Eltern beeinflussen.
- Reflektieren Sie Vorteile und mögliche Herausforderungen der drei Möglichkeiten der Partizipation von Eltern aus Kapitel 2.4 und entwerfen Sie eine Pro- und Kontraliste.

Teamarbeit

Teamarbeit als Basis von Arbeitszufriedenheit und -effizienz

Gute Teamarbeit ist Voraussetzung und wertvolle Ressource für innovative, professionelle und qualitativ hochwertige Bildungsprozesse in elementaren Bildungseinrichtungen. Darüber hinaus trägt sie zur Zufriedenheit und zu einer höheren Effizienz und Effektivität der Arbeit bei (Bernitzke, 2014). Teamarbeit ergibt sich nicht von selbst aus dem gemeinsamen Arbeitsverhältnis mehrerer Kolleginnen und Kollegen, sondern ist ein dynamischer Prozess und muss erarbeitet, reflektiert und weiterentwickelt werden. Die Leitung nimmt dabei eine Schlüsselrolle ein.

Synergien durch Teamkommunikation

Ein Team zeichnet sich u. a. dadurch aus, dass gemeinsame Handlungsstrategien zur Erfüllung des Arbeitsauftrages entwickelt werden. Dabei spielen gut etablierte, partizipative Kommunikationsstrukturen eine wichtige Rolle, um zu gemeinsamen Entscheidungen zu gelangen und die Handlungen der einzelnen Teammitglieder aufeinander abstimmen zu können. Die Mitglieder eines Teams verfolgen gemeinsame Ziele, übernehmen Verantwortung in Abhängigkeit von ihren jeweiligen Rollen und ergänzen einander bestmöglich in ihren Fähigkeiten und Kompetenzen. Die dadurch entstehenden Synergieeffekte führen dazu, dass der gemeinsame Erfolg aller Mitglieder größer ist als die Summe dessen, was einzelne Personen zu leisten imstande wären (Bernitzke, 2014; Fialka, 2011).

1. QUALITÄTSBEREICHE DER TEAMARBEIT

In Anlehnung an die Qualitätsbereiche der pädagogischen Arbeit mit Kindern können für die Teamarbeit ebenso Aspekte der Struktur-, Orientierungs- und Prozessqualität beschrieben werden.

1.1 Strukturqualität der Teamarbeit

Gute Strukturqualität unterstützt erfolgreiche Teamarbeit

Qualitätsvolle strukturelle Rahmenbedingungen unterstützen eine erfolgreiche Entwicklung der Teamarbeit. Dazu zählen günstige und ansprechende räumliche Bedingungen wie z. B. ein eigener Raum, der dem gesamten Team Platz bietet und mit bequemen Möbeln ausgestattet ist. Das Equipment für die Teamarbeit sollte u. a. Folgendes umfassen: Kopierer, Computer, Internet, Beamer, Foto- und Videokamera, Flipchart, Pinnwand etc. Gute Teamarbeit ist nur möglich, wenn dafür ausreichend zeitliche Ressourcen vorgesehen sind und der Dienstplan kontinuierliche Besprechungen für alle ermöglicht.

Produktive Arbeitsgruppen

Ein wesentlicher Faktor für das Gelingen der Teamarbeit ist die Anzahl der Personen. Um miteinander produktiv arbeiten zu können, ist eine Gruppengröße von fünf bis sieben Personen ideal. Je mehr Mitglieder ein Team umfasst, desto komplexer werden die Interaktionen. Bei größeren Gruppen ist es daher günstig,

Untergruppen zu bilden, um arbeitsfähig zu bleiben. Damit der Informationsfluss gewährleistet ist, kann je eine Vertreterin/ein Vertreter jeder Untergruppe gemeinsam mit der Leitung ein Kernteam bilden. Die Aufgabe des Kernteams ist es, alle Informationen zusammenzuführen und Entscheidungen zu treffen.

1.2 Orientierungsqualität der Teamarbeit

Orientierungsqualität meint die Einstellungen und Haltungen der einzelnen Teammitglieder in Bezug auf die Teamarbeit sowie die Bedeutung, die dem Team an sich beigemessen wird.
Folgende Aspekte tragen zu einer guten Orientierungsqualität der Teamarbeit bei:

- Teamarbeit wird als Unterstützung für die eigene Arbeit angesehen.
- Zusammenarbeit basiert auf einer Atmosphäre des Vertrauens und gegenseitigen Respekts.
- Kulturelle und sprachliche Vielfalt im Team wird als Ressource für die Bildungsarbeit und die Zusammenarbeit mit Eltern betrachtet.
- Alle Teammitglieder kennen die gesetzlichen Grundlagen für die pädagogische Arbeit und den institutionellen Bildungsauftrag.
- Sie wissen über die jeweiligen Aufgaben- und Stellenbeschreibungen in den unterschiedlichen Funktionen Bescheid.
- Jede Kollegin/jeder Kollege ist sich ihrer/seiner Fachkompetenz und fachlichen Grenzen bewusst.
- Durch Reflexion werden eigene Haltungen gegenüber Leitung, Kolleginnen und Kollegen sowie Konflikte im Team bewusst gemacht und bei Bedarf unter Coaching, Mediation oder Supervision bearbeitet.

Respekt und Ressourcenorientierung im Team

Fachkompetenz und Wissen über Aufgabenbereiche

1.3 Prozessqualität der Teamarbeit

Teamarbeit ist ein Prozess, der durch die persönliche Bereitschaft aller Beteiligten, sich konstruktiv einzubringen, erfolgreich sein kann. Das gemeinsame Ziel ist, Bewährtes zu erhalten und Neues erfolgreich zu integrieren. Viele Kompetenzen für ein gelingendes Miteinander werden im Laufe der Berufspraxis erworben. Diese können zugleich eine Bereicherung für die Persönlichkeitsentwicklung jedes einzelnen Teammitgliedes werden. Die Interaktionen untereinander zeichnen sich durch folgende Aspekte aus:

- Teamarbeit erfordert Kooperationsfähigkeit, gegenseitige Wertschätzung und die Bereitschaft, Verantwortung zu übernehmen.
- Neugier und Offenheit der Teammitglieder führen zu einer lebendigen Teamkultur und zu innovativen Arbeitsweisen.
- Durch Konsensfähigkeit, Kommunikations- und Verhandlungskompetenz werden Diskussionsprozesse begünstigt.

Gemeinsame Ziele des Teams

Skills förderlicher Zusammenarbeit

- Die Fähigkeit zur Reflexion fördert die intensive Auseinandersetzung mit fachlichen Inhalten und setzt Lernprozesse im Team in Gang.
- Je besser jedes Teammitglied seine eigenen Stärken bzw. Entwicklungsfelder in der pädagogischen Arbeit kennt, umso unterstützender kann im Team damit umgegangen werden.
- Für die Einarbeitung von Berufseinsteigerinnen und Berufseinsteigern gibt es ein verbindliches Konzept. Sie werden im ersten Jahr von der Leitung begleitet und durch eine Mentorin/einen Mentor aus dem Team bei der Eingliederung in die Kultur der Einrichtung unterstützt.

Tools für Selbst- und Fremdwahrnehmung

- Durch gegenseitige Beobachtung und kollegiale Hospitation unter Kolleginnen und Kollegen bzw. Feedback der Leitung besteht die Möglichkeit, die Selbst- und Fremdwahrnehmung zu überprüfen, z. B. hinsichtlich Interaktionsstil, Sprachverhalten etc.

Konfliktkultur im Team

- Konflikte sind Teil von Gruppenprozessen und sind als Chancen für die Teamentwicklung anzusehen. Um Konflikte konstruktiv bewältigen zu können, bedarf es der Fähigkeit, Spannungen und unterschiedliche Meinungen auszuhalten sowie mit angemessener Kritik umzugehen.
- Konkurrenz kann ein Merkmal des Teams sein. Diese sollte bewusst wahrgenommen und reflektiert werden, sodass die Beziehungen untereinander, zu Eltern und Kindern nicht beeinträchtigt werden.

1.3.1 Entwicklungsphasen einer Gruppe

Gruppendynamik im Teamfindungsprozess

Mehrere Personen bilden eine Gruppe, wenn sie gemeinsame Anliegen und Ziele haben und zur Einsicht kommen, diese miteinander besser umsetzen und erreichen zu können (Langmaack & Braune-Krickau, 2010). Obwohl sich Gruppen je nach Thema, Umfeld, unterschiedlichen Persönlichkeiten und jeweiliger Leitung unterscheiden, durchlaufen sie bei längerer gemeinsamer Arbeitszeit gewisse Entwicklungsphasen. Das Wissen über ein Phasenmodell kann wertvolle Hinweise für die Gestaltung von Prozessen, für das Verstehen von Verhaltensweisen und für schwierige Situationen geben. Ein Phasenmodell fasst die häufigsten und wichtigsten Phänomene in der jeweiligen Phase zusammen. Nachfolgend wird das Modell von Bernstein und Lowy, das mehrere Aspekte berücksichtigt, dargestellt (Jilesen, 2010).

Einander kennenlernen

- **Die Phase der Orientierung** zeichnet sich durch ein erstes Kennenlernen, Beachtung höflicher Umgangsformen und das Streben nach Sicherheit aus. Jede/jeder bringt eigene frühere Gruppenerfahrungen mit, die den Hintergrund für die Wahrnehmung in der neuen Gruppe bilden. Die einzelnen Personen müssen aufgrund bestimmter Erwartungen ihre eigene Rolle finden. Es besteht noch kein Vertrauensverhältnis, kein Wir-Gefühl, und alle sind eher zurückhaltend. Die Befriedigung der eigenen Bedürfnisse steht im Vordergrund. Primäre

Bezugspunkte sind die zu behandelnden Aufgabenstellungen und die Teamleitung. In dieser Phase ist es wichtig, dass die Leitung mit vertrauensbildenden Maßnahmen zur Teamentwicklung das Kennenlernen unterstützt.

- In der **Phase des Machtstrebens und der Kontrolle** kommt es zu unterschwelligen Konflikten und zum Kampf um die (informelle) Führung der Gruppe. Einzelne Mitglieder ringen miteinander und mit der Gruppenleitung um die eigene Rolle innerhalb der Gruppe und um gemeinsame Gruppennormen. Meinungen und Gefühle werden häufig angesprochen, die Beziehungen werden geklärt und Subgruppen entstehen. Diese Phase ist für die Weiterentwicklung der Gruppe von Bedeutung. In Gruppen, in denen die zentralen Fragen der Gruppenstruktur wie Rollen, Normen und Ziele nicht entschieden werden können, bleibt der Machtkampf bestehen. Sie gelangen nicht in die Phase der Vertrautheit. Werden die Differenzen jedoch bewältigt, kann ein Grundkonsens gebildet werden und jedes Teammitglied erhält eine Position. In dieser Phase ist es wichtig, dass die Leitung Auseinandersetzung zulässt, Machtstreben im Team bearbeitet und Aufgaben stellt, die gemeistert werden können. Wenn diese Phase nicht konstruktiv überwunden wird, kann es dazu führen, dass die Gruppe darin verhaftet bleibt.

Beziehungen klären, Gruppennormen finden

- In der **Phase der Vertrautheit** entsteht ein Wir-Gefühl, Ideen und Gedanken werden offen ausgetauscht. Es herrscht ein freundschaftliches Klima des Vertrauens und Aufeinanderbezogenseins, es kommt verstärkt zu zwischenmenschlichem Engagement und die Arbeitsfähigkeit nimmt zu. Das Team wächst zunehmend zusammen, jedes Mitglied bringt seine Fähigkeiten ein und man einigt sich rasch. In dieser Phase soll die Leitung darauf achten, dass auch Unmut und Ärger ausgedrückt werden dürfen und, wenn notwendig, darüber kommuniziert wird, da die Mitglieder nun Konflikte zugunsten der Harmonie eher vermeiden.

Ein Wir-Gefühl entwickeln

- In der **Phase der Differenzierung** fließt die gesamte Teamenergie in die Aufgabenbewältigung. Aufgrund der Gruppenstabilität und des Zusammenhalts ist die Gruppe besonders leistungsfähig, hat gemeinsame Ziele und es gibt kaum Machtprobleme. Der Umgang untereinander ist zwanglos und beruht auf gegenseitiger Achtung und Unterstützung. Das Team hat eine Identität entwickelt und zeigt sich nach außen als intakte Gruppe. In dieser Phase ist es wichtig, dass die Leitung der Gruppe zu Selbstständigkeit verhilft und Gelegenheit bietet, als Einheit in Bezug auf andere Gruppen zu handeln. Die Gruppe kann sich entwickeln, wenn über Beziehungen offen gesprochen wird und die Strukturen wie Rollen, Normen, Ziele etc. veränderbar sind.

Gemeinsame Aufgaben im Mittelpunkt

- In der **Phase der Trennung und Ablösung** stehen Rückschau und Auswertung im Vordergrund. Die Auflösung einer Gruppe bedeutet Trennung, der Schmerz wird durch die Reflexion der Bedeutung der Gruppe für jede/n Einzelne/n sowie der

Abschied nehmen und Rückschau halten

Bedeutung des/der Einzelnen für die Gruppe gemildert. So kann das Ende der Gruppe besser akzeptiert werden. In dieser Phase ist es wichtig, dass die Leitung die gemeinsame Auswertung und Reflexion anleitet und jedes Mitglied seinen Weg gehen lässt.

Zu beachten ist, dass die Dauer der einzelnen Phasen nicht beschrieben ist und diese auch wiederholt durchlebt werden können, z. B. wenn ein neues Teammitglied eintritt oder sich eine Änderung der Aufgabenstellung ergibt. Für „erstarrte" Gruppen kann ein neues Mitglied auch eine Belebung bringen.

1.3.2 Kommunikationsregeln in Arbeits- und Lernprozessen

Ein Team besteht aus unterschiedlichen Individuen, die ihre Stärken bzw. Entwicklungsfelder sowie ihre Geschichte und Persönlichkeit einbringen. Die Mitglieder entwickeln Freude an der Arbeit und Sympathien füreinander, es entstehen aber auch Antipathien und Konflikte. Teamarbeit ist also eine sehr komplexe Angelegenheit. Die folgenden Kommunikationsregeln aus der Themenzentrierten Interaktion von Ruth Cohn wurden aus gelungenen Kooperations- und Kommunikationsprozessen abgeleitet und können für das Miteinander vor allem bei Besprechungen hilfreich sein (Langmaack & Braune-Krickau, 2010):

Kommunikationsregeln aus der themenzentrierten Interaktion

- Vertritt dich selbst in deinen Aussagen: Sprich per „ich" und nicht per „wir" oder per „man"! Wenn „man" oder „wir" verwendet werden, übernimmt die/der Sprechende nicht die volle Verantwortung für das, was sie/er sagt, sondern versteckt sich hinter einer öffentlichen oder einer behaupteten Mehrheit. Eigene Bedürfnisse und Wünsche müssen also per „ich" transportiert werden.
- Wenn du eine Frage stellst, sage, warum du fragst und was deine Frage für dich bedeutet! Fragen sind wichtig in der Kommunikation, sollen aber nicht bedrängend und suggestiv eingesetzt werden. Auch ein Interviewstil verhindert den Dialog. Wenn die Gründe für eine Frage sichtbar gemacht werden, kann dies zu einem Impuls für die Gruppe werden.
- Sei authentisch und selektiv in deiner Kommunikation, mache dir bewusst, was du denkst und fühlst, und wähle, was du sagst und tust! Authentisch sein bedeutet, eigene Gedanken und Gefühle nicht zu vernachlässigen. Diese zeigen, was ein Teammitglied braucht, wünscht oder tun möchte. Es sollte jedoch nicht alles, was unmittelbar gedacht bzw. gefühlt wird, ausgesprochen werden. Abhängig von der Tragfähigkeit der Beziehungen, dem Inhalt einer Aussage und den äußeren Umständen sollen Mitteilungen verantwortungsvoll ausgewählt werden. Dies ist der Mittelweg zwischen undifferenzierter Offenheit und ängstlicher Zurückhaltung.

- Seitengespräche als Signal aufnehmen! Seitengespräche stören die Kommunikation der Gruppe und sind meist wichtig. Deshalb sollen sie Beachtung finden. Wenn einzelne Personen Seitengespräche führen, sind sie entweder stark am Thema beteiligt oder gar nicht.
- Nur eine/einer zur gleichen Zeit, bitte! Niemand kann mehr als einer Äußerung zur gleichen Zeit zuhören. Damit sich alle konzentrieren können, müssen alle Beiträge nacheinander erfolgen. Konzentriertes Interesse wird durch „aktives Zuhören“ gefördert und unterstützt den Zusammenhalt der Gruppe.
- Beachte die Signale aus deinem Körper und achte auf solche Signale auch bei den anderen! Die Sprache des Körpers wahrzunehmen, verschafft zusätzliche Informationen über das Gesprochene und Gehörte hinaus. Allerdings muss bedacht werden, dass Körpersignale keineswegs eindeutig sind.
- Verwende den Dreischritt „Ich nehme wahr, dass ..., und das bedeutet für mich ..., und deshalb will ich ... tun!“ Der Übergang von der Wahrnehmung („Was sehe, höre ich?“) zur Interpretation läuft oft unbewusst ab und führt schnell zu Urteilen bzw. Vorurteilen, die das Handeln und die weiteren Wahrnehmungen beeinflussen. Der Dreischritt hilft, beschreibende Beobachtung, Interpretation und Bewertung zu unterscheiden, vorschnelles Reagieren zu vermeiden und Abwehr zu mindern.

1.3.3 Feedback

Feedback bedeutet Rückmeldung und ist eine Mitteilung an eine Person, um dieser die eigene Wirklichkeitssicht mitzuteilen. Durch Feedback kann man eine Person wissen lassen, wie man ihre Verhaltensweisen wahrnimmt, versteht und erlebt, was man denkt und fühlt. Dies kann Klarheit auf der Beziehungsebene schaffen oder blinde Flecken sichtbar machen und so Persönlichkeitsentwicklung ermöglichen bzw. Teamfähigkeit verbessern. Die Wirksamkeit von Feedback hängt maßgeblich von der Vertrauensbasis zwischen den betroffenen Personen ab. Beim Feedback sind eine wertschätzende, empathische Haltung zwischen feedbackgebender und feedbacknehmender Person förderlich und das Einhalten gewisser Regeln wichtig.

Feedback, Mitteilung der eigenen Wirklichkeit

Feedback ...

Regeln für Feedback

- unterscheidet zwischen beschreibender Beobachtung, Interpretation und Bewertung,
- ist konkret und nicht allgemein und wird mit einem Beispiel verdeutlicht,
- bezieht sich auf Verhaltensweisen und nicht auf die Person selbst,
- wird in Ich-Form formuliert,
- ist angemessen und nicht destruktiv,

- informiert über die eigenen Bedürfnisse, Wünsche und Gefühle,
- erfolgt möglichst unmittelbar nach einer Situation und ist aktuell.

Annehmen von Feedback

Die feedbacknehmende Person hört zunächst aufmerksam zu und rechtfertigt sich nicht. Wenn etwas unklar ist, werden Verständnisfragen gestellt. Abschließend kann durch eine kurze Zusammenfassung des Gehörten überprüft werden, ob man die Punkte des Gegenübers richtig verstanden hat. Die Person entscheidet für sich, wie sie mit dem Feedback umgehen möchte.

Feedbackkultur im Team

Eine Feedbackkultur kann zu einem Qualitätsmerkmal werden und hilft einem Team, sich kontinuierlich weiterzuentwickeln, seine Zusammenarbeit zu verbessern und den Zusammenhalt zu stärken. Darüber hinaus dient eine Feedbackkultur zur Konfliktprophylaxe.

2. ZIELE UND AUFGABEN IM TEAM

Teamarbeit fokussiert das gemeinsame Anstreben ausgewählter Ziele, Maßnahmen und Aufgaben. Die Leitung der elementaren Bildungseinrichtung hat eine Schlüsselfunktion für die Teamentwicklung inne und ist dafür verantwortlich, dass die folgenden grundlegenden Ziele und Aufgaben umgesetzt werden können und dass deren Evaluation erfolgt.

2.1 „Corporate Identity“

Gemeinsames Profil entwickeln

„Corporate Identity“ ist die strategisch geplante Selbstdarstellung einer elementaren Bildungseinrichtung nach innen und außen. Das Team kann sich ein gemeinsames unverwechselbares Profil erarbeiten, mit dem sich alle Mitarbeiterinnen und Mitarbeiter identifizieren. Jedes Teammitglied sollte sich dafür mitverantwortlich fühlen. Wirtschaftspsychologische Erkenntnisse weisen darauf hin, dass die Identifizierung mit der Organisation motiviert, engagiert zu arbeiten. Das führt zu einem förderlichen Arbeitsklima und zu einer hohen Arbeitsbereitschaft und -zufriedenheit der Mitarbeiterinnen und Mitarbeiter.

2.2 Organisation und Planung der pädagogischen Arbeit

Gute Organisation erleichtert Teamarbeit

Die Leitung hat die Aufgabe, in Absprache mit dem Träger alle Verantwortungsbereiche zu definieren. Sie plant die Arbeitsprozesse, schafft klare Strukturen, definiert Kompetenzen, koordiniert Aufgaben und delegiert Zuständigkeiten an einzelne Mitarbeiterinnen und Mitarbeiter. Diese werden an den Prozessen beteiligt und erhalten dadurch Mitverantwortung. Im Team werden Termine, Ausstattung, Gruppenstruktur, pädagogisches Geschehen, Projekte sowie Bildungskooperationen und Öffentlichkeitsarbeit geplant. Die Leitung sorgt dafür, dass alle Teammitglieder jene Informationen, die für einen reibungslosen Arbeitsablauf notwendig sind, erhalten. Informationen können entweder persönlich oder mittels entsprechender Medien wie z. B. Flipcharts, Protokolle, E-Mails oder Umlaufmappen transparent gemacht werden. Die Leitung ist auch dafür verantwortlich, dass das pädagogische Geschehen für Eltern und Öffentlichkeit transparent wird. Dabei achtet sie darauf, dass durch Diskussionen im Team eine gemeinsame Meinungsfindung stattfindet und diese nach außen vertreten wird.

Möglichkeiten der Information im Team

2.3 Wertschätzende Teamatmosphäre

Ein positiver Umgang miteinander ist wichtig für das Wohlbefinden aller Mitarbeiterinnen und Mitarbeiter und für eine gute Atmosphäre, die auch für Kinder und Eltern spürbar ist. Die Leitung prägt mit ihrer Persönlichkeit und mit ihrem Umgang mit den Mitarbeiterinnen und Mitarbeitern die Teamatmosphäre wesentlich mit. Gruppendynamische Aspekte und Phasen der Teambildung sind zu berücksichtigen. Alle Pädagoginnen und Pädagogen sollen entsprechend ihrer Persönlichkeit ihre Rolle im Team finden, mit der sie sich identifizieren können. Dabei ist eine Ausgewogenheit zwischen gemeinsamer Absprache und persönlichem Freiraum günstig. Diese Balance zwischen Selbstverwirklichung und Anpassung an die Gruppe ist ein wesentlicher Faktor des Wohlbefindens. Gegenseitige Unterstützung durch den Austausch von Ideen, Methoden und Materialien sowie Feedback erleichtern die anspruchsvolle pädagogische Arbeit. Gruppenübergreifendes Arbeiten ermöglicht eine Arbeitsaufteilung entsprechend den Fähigkeiten und Kompetenzen einzelner Fachkräfte. Die Reflexion pädagogischer Überlegungen wie z. B. des Umgangs mit Konflikten in der Kindergruppe gibt jedem Teammitglied Sicherheit in der pädagogischen Arbeit mit den Kindern und in der Argumentation im Rahmen der Bildungskooperation mit Eltern und der Öffentlichkeitsarbeit.

Wertschätzende Atmosphäre schaffen

Gegenseitige Unterstützung und Arbeitsteilung

Gemeinschaftsaktione wie z. B. ein Ausflug oder ein Frühstück stärken den Zusammenhalt, fördern das persönliche Kennenlernen unter den Kolleginnen und Kollegen und bieten Gelegenheit, außerhalb der beruflichen Rollen zu agieren.

2.4 Konstruktive Konfliktkultur

Überall, wo mehrere Menschen zusammenarbeiten, kommt es durch unterschiedliche Bedürfnisse und Werthaltungen zu Reibungsflächen. Es ist wichtig, im Team einen offenen Umgang mit Differenzen zu entwickeln und diese konstruktiv zu bewältigen. Voraussetzungen dafür sind Vertrauen, wertschätzende Umgangsformen und Wissen über Kommunikationsprozesse sowie Feedbackregeln. Wichtig ist, dass genügend Zeit für Konfliktgespräche eingeplant wird und, wenn nötig, Coaching, Mediation oder Supervision in Anspruch genommen werden. Kinder lernen durch Beobachtung und Nachahmung der Verhaltensweisen Erwachsener. Ein wertschätzender Umgang im Team ist deshalb auch eine wichtige Lernerfahrung für Kinder. Nicht bewältigte Konflikte, die über einen längeren Zeitraum unter den Kolleginnen

Konstruktiver Umgang mit Konflikten

Interaktionen im Team als Vorbild für Kinder

und Kollegen offen oder subtil ausgetragen werden, können Kinder verunsichern. Dies ist auch in der Bildungskooperation mit Eltern zu beachten. So darf z. B. über Kolleginnen und Kollegen vor Eltern und Kindern niemals abwertend gesprochen werden.

2.5 Erweiterung der Fachkompetenz

Innovatives Team, ein lernendes System

Ein innovatives Team versteht sich als lebenslang lernendes System bzw. die Einrichtung als lernende Organisation. In der Auseinandersetzung mit pädagogischen Themen wird die Fach- und Methodenkompetenz weiterentwickelt. Dabei bildet sich eine lebendige Wissensgemeinschaft, die Bereitschaft zu Veränderungen in sich trägt und Visionen hat. Die Reflexion und der kollegiale Austausch im Team sind Möglichkeiten, die eigene Fachkompetenz mittels anderer Blickwinkel und fachlicher Anregungen von Kolleginnen und Kollegen voranzutreiben. Es ist wichtig, sich dafür regelmäßig Zeit zu nehmen. Die Leitung hat die Aufgabe, allen Mitarbeiterinnen und Mitarbeitern fachliche Unterstützung für ihre Arbeit zu geben.

Unterstützung durch die Leitung

Weiters hat sie die Möglichkeit, durch Beobachtung der Pädagoginnen und Pädagogen in der Gruppe deren Stärken und Entwicklungspotenziale zu erkennen, in der Rückmeldung entsprechende Maßnahmen bzw. Fort- und Weiterbildung zu empfehlen und Mitarbeiterinnen und Mitarbeiter vor allem entsprechend ihren Stärken einzusetzen (Fialka, 2011; Tietze et al., 2017).

Neue Blickwinkel durch Hospitation

Für die fachliche Weiterentwicklung der Teammitglieder können Hospitationen in anderen Gruppen oder in anderen elementaren Bildungseinrichtungen mit Modellcharakter als Fortbildung organisiert werden. Ziele sind, innovative Arbeitsweisen und Methodenvielfalt sowie deren Umsetzung kennenzulernen. Die kritische Auseinandersetzung mit Fachliteratur ist ebenfalls eine Methode der Professionalisierung. Im Austausch können die Teammitglieder einander über verschiedene Inhalte informieren und die Praxisrelevanz für die eigene Arbeit besprechen. Eine gute Fachbuchsammlung, die vielfältige und aktuelle Publikationen und Fachzeitschriften umfasst, trägt zu einer guten Qualität bei (Tietze et al., 2017).

Fachliteratur zur Professionalisierung

Der Besuch von Fort- und Weiterbildungen ist selbstverständlicher Bestandteil einer Professionalisierung, um an aktuellen Entwicklungen teilzuhaben. Durch eine gemeinsame Planung der Fort- und Weiterbildung im Team können persönliche Wünsche der Kolleginnen und Kollegen, aber auch der fachliche Bedarf zur Umsetzung des pädagogischen Konzepts berücksichtigt werden. Einerseits können Fort- und Weiterbildungen von einzelnen Teammitgliedern besucht werden, die neue Inhalte als Multiplikatorin/Multiplikator im Team präsentieren. Andererseits führen Fort- und Weiterbildungen, die speziell für das gesamte Team organisiert werden, zu einem hohen Lernertrag. Ein Qualitätsmerkmal ist, dass Fort- und Weiterbildung in der Dienstzeit durchgeführt werden können und finanziell vom Träger unterstützt werden.

Fortbildung gemeinsam planen

2.6 Betreuung von Praktikantinnen und Praktikanten

Praktikantinnen und Praktikanten kompetent begleiten

Eine wichtige Aufgabe des Teams in einer elementaren Bildungseinrichtung ist die Begleitung von Praktikantinnen und Praktikanten in der Ausbildung. Erste praktische Erfahrungen und Modelle sind prägend für zukünftige Berufseinsteigerinnen und -einsteiger. Deshalb soll dieses Thema im Team gut überlegt und vorbereitet werden. Für diese verantwortungsvolle Aufgabe sind erfahrene Kolleginnen und Kollegen geeignet. Spezielle Fort- und Weiterbildungen bzw. der regelmäßige Austausch mit Ausbildungsstätten, wo z. B. Lehrplaninhalte, Fachkompetenzen, Beurteilungskriterien sowie Gesprächsführung vermittelt bzw. besprochen werden, begünstigen eine qualitätsvolle Betreuung der Praktikantinnen und Praktikanten. Dafür sowie für Besprechungen sind zusätzliche kinderdienstfreie Zeiten notwendig. Die Begleitung von angehenden Fachkräften kann auch eine Bereicherung für das Team sein, indem diese neue Methoden und Erkenntnisse einbringen, die als Impuls wirken können.

3. FORMATE DER TEAMARBEIT

Gute Zusammenarbeit bedarf eines strukturellen Rahmens und bedeutet, dass von Seiten des Trägers und/oder der Leitung überlegt werden muss, welche Formate der Teamarbeit notwendig bzw. günstig sind. Die Organisation im Detail obliegt der Leitung.

3.1 Teambesprechung

Produktive Besprechungen als Teil der Teamkultur

Teambesprechungen haben das Ziel, die Verständigung der Kolleginnen und Kollegen untereinander, mit dem Träger, den Eltern und nach außen zu gewährleisten und zu fördern. Sie sind für eine gute pädagogische Qualität der elementaren Bildungseinrichtung grundlegend und müssen regelmäßig von der Leitung eingeplant werden. Dabei sollen das pädagogische Personal und bei Bedarf die Assistenzkräfte teilnehmen.

Inhalte von Teambesprechungen

Teambesprechungen befassen sich u. a. mit folgenden Themen: Organisation, Planung und Reflexion der Bildungsarbeit, Zusammenarbeit mit den Familien, berufliche Fort- und Weiterbildung, Verantwortlichkeiten für bestimmte Aufgaben, Bewältigung von Konflikten, Qualitätsentwicklung etc. Durch die inhaltliche Auseinandersetzung werden der Zusammenhalt im Team und die Entwicklung eines gemeinsamen Profils gefördert (Tietze & Viernickel, 2016).

Themen des Teams einbeziehen

Jede Kollegin/jeder Kollege soll die Möglichkeit haben, ihre/seine Wünsche und Themen für Besprechungen einzubringen, z. B. auf einer Anschlagtafel, in einer Computerdatei oder in einem Heft. Das hat den Vorteil, dass sich jedes Teammitglied ernst genommen fühlt und persönliche Anliegen zur Sprache kommen. Für das Gelingen der Teambesprechung sind eine gute Vorbereitung und eine Tagesord-

Kompetenzen der Moderation

nung notwendig. Die Moderation kann von der Leitung, von einzelnen Kolleginnen und Kollegen oder durch eine externe Person übernommen werden und umfasst folgende Aufgaben: Gesprächsführung, Abklärung der Erwartungen, Reihung der Wortmeldungen, Zeitmanagement, Sammlung von Beiträgen, gegebenenfalls Aufforderung bisher Unbeteiligter zu einer Wortmeldung sowie Zusammenfassung und Beendigung der Besprechung. Auch das Durchführen von Abstimmungen oder das Herbeiführen tragfähiger Beschlüsse zählen dazu. Kreative Methoden wie Brainstorming, Pro- und Contra-Listen und Ähnliches können neue Impulse und Perspektiven einbringen. Zur Veranschaulichung dienen Flipchart, Kärtchen, Mind-Maps, Grafiken etc. Die Moderatorin bzw. der Moderator behält das Ziel des Gesprächs im Auge und stellt die eigene Meinung zurück. Dabei muss ein Mittelmaß zwischen straffer Organisation und Diskussionsmöglichkeit geschaffen werden. Bei Konflikten ist es das Ziel der Moderation, die Sachebene in den Vordergrund zu stellen und die Arbeitsfähigkeit des Teams aufrecht zu erhalten. Für schwierige Konfliktsituationen muss ein geeignetes Setting wie Coaching, Mediation oder Supervision organisiert werden.

Protokolle sichern Besprechungsergebnisse

Die wesentlichen Aspekte der Teambesprechung sind in einem Protokoll festzuhalten, damit die besprochenen Inhalte gesichert sind und nachgelesen werden können. Die Protokolle werden analog oder digital in einem für alle zugänglichen Dokument gesammelt und sind zum Nachschlagen bzw. für abwesende Mitarbeiterinnen und Mitarbeiter einsehbar. Ein Protokoll beinhaltet u. a. Ort, Datum, Zeit, Anwesende, Fehlende, Moderation, Schriftführung, Inhalte und Themen, Register für Arbeitsaufteilung bzw. -zuteilung, Termine etc.

3.2 Mitarbeiterinnengespräch/Mitarbeitergespräch

Berufliche Weiterentwicklung besprechen

Das Mitarbeiterinnen- bzw. Mitarbeitergespräch zwischen Leitung und einzelnen Mitarbeiterinnen und Mitarbeitern sollte einmal jährlich durchgeführt werden. Ziel ist, die berufliche Weiterentwicklung sowie persönliche Möglichkeiten und Wünsche zu erörtern. Notwendige Maßnahmen zum Erreichen der besprochenen Ziele wie z. B. Fort- und Weiterbildung oder personelle Veränderungen werden überlegt. Auf der Grundlage von Beobachtungen kann die Leitung Stärken und Schwächen rückmelden und Unterstützung anbieten.

3.3 Pädagogischer Tag und Klausur

In Klausur gehen

Ziele eines pädagogischen Tages bzw. einer Klausur sind Qualitätssicherung und Qualitätsentwicklung. Durch die intensive Auseinandersetzung mit pädagogischen Themen, mit dem pädagogischen Konzept sowie mit aktueller Fachliteratur werden innovative Inhalte erarbeitet. Dieses Format eignet sich besonders für die Jahresplanung, die Entwicklung gemeinsamer Projekte und die Erstellung einer Konzeption. Das gesamte Team sollte teilnehmen und sich einbringen können. Eine besonders intensive Form der Auseinandersetzung stellt eine Klausur dar, in der über zwei bis drei Tage gearbeitet wird. Für die Teamentwicklung ist es förderlich, sich außerhalb der Bildungseinrichtung, z. B. in einem Bildungshaus, zu treffen.

3.4 Kollegiale Beratung

Intervision, Beratung durch Kolleginnen und Kollegen

Die kollegiale Beratung, auch Intervision genannt, ist eine Beratung von beruflich gleichgestellten und fachkompetenten Kolleginnen und Kollegen. Voraussetzung ist ein Vertrauensverhältnis innerhalb des Teams. Im Vordergrund steht der Austausch von Erfahrungen im Team, um eine Fallschilderung einer Kollegin bzw. eines Kollegen zu reflektieren und neue Wege aufzuzeigen. Die/der Ratsuchende reflektiert die eigene berufliche Situation und profitiert vom Wissen und der Erfahrung der anderen Teammitglieder. Ziel ist, das berufliche Handeln zu reflektieren, sich gegenseitig durch das Einbringen individueller Erfahrungen zu unterstützen und so Fachwissen und Handlungskompetenz zu erweitern.

Ablauf einer kollegialen Beratung

Der Ablauf kann sich folgendermaßen gestalten (Tietze, 2003):

- Problemfälle oder -situationen werden gesammelt und das Team trifft gemeinsam eine Auswahl für die kollegiale Beratung.
- Die/der Ratsuchende schildert den Fall. Zur Klärung der Sachlage dürfen von der Gruppe nur Verständnisfragen gestellt werden.
- Wenn die Sachlage ausreichend beschrieben ist, zieht sich die/der Ratsuchende aus dem aktiven Kreis zurück und hört nur zu. Die Gruppe diskutiert den Fall, jede/jeder bringt die eigene Meinung, Interpretationen und Vermutungen ein.
- Die Gruppe kann verschiedene Lösungsansätze überlegen und stellt diese eventuell im Rollenspiel dar.
- Als Abschluss beschreibt die/der Ratsuchende, welche Ideen hilfreich waren und welche Erkenntnisse dadurch gewonnen werden konnten.
- Das Thema ist am Ende der Intervision abgeschlossen und wird außerhalb des Raumes nicht mehr weiter diskutiert.

3.5 Kollegiale Hospitation

Ziele kollegialer Hospitation

Auf Einladung kommt eine Kollegin/ein Kollege aus dem Team oder einer anderen elementaren Bildungseinrichtung zu einer Hospitation in die Gruppe und gibt in der Rolle eines „Critical Friend“ wertschätzendes Feedback zu vorformulierten Beobachtungsaufträgen.

Ziele sind die Evaluation der pädagogischen Arbeit, die Vernetzung der Pädagoginnen und Pädagogen, die Förderung von Peer Learning als Instrument der Fort- und Weiterbildung und Qualitätssicherung sowie die Professionalisierung der Organisation.

Ablauf einer Hospitation

Der Ablauf kann sich folgendermaßen gestalten:

- Partnerin/Partner im eigenen Team oder in einer anderen elementaren Bildungseinrichtung finden
- Gemeinsames Vorgespräch zu den Schwerpunkten und Indikatoren für die kollegiale Hospitation
- Hospitation mit Fokus auf den vereinbarten Beobachtungsschwerpunkten und Indikatoren, Erstellen eines Hospitationsprotokolls
- Gemeinsames Auswertungsgespräch mit Feedback an die/den besuchte/n Kollegin/Kollegen
- Abschließende kurze schriftliche Dokumentation aus beiden Perspektiven.

3.6 Coaching

Coaching als Methode zur Problemlösung

Coaching ist eine zeitsparende Methode zur Problemlösung in allen Lebensbereichen, privat als auch beruflich. Charakteristika des Coachings sind, dass es lösungsorientiert, ressourcenorientiert mit Blick auf vorhandene Fähigkeiten und prozesshaft, also individuell ist (Radatz, 2000). Im Gegensatz zur Fachberatung, bei der die Beraterin/der Berater Wissen an die/den Ratsuchende/n weitergibt, stehen sich Coach und Coachee gleichwertig gegenüber. Der Coach hat die Verantwortung für den Prozess und die Interventionen, sodass sich der Coachee seiner lösungsorientierten Fähigkeiten bewusst wird. Ziele sind die Übernahme von Selbstverantwortung und das Eröffnen von Handlungsspielräumen. Im Einzelcoaching bestimmt der Coachee Anliegen und Ziel für den Coachingprozess. Teamcoaching ist ein längerfristiger Prozess, der zum Ziel hat, die Arbeitsfähigkeit und die Leistung des Teams zu stärken. Unbewusste Muster oder Verhaltensweisen werden erkannt und unter Einbeziehung der Lösungskompetenz aller Teammitglieder bearbeitet.

Handlungsspielräume erweitern, Fähigkeiten entdecken

3.7 Supervision

Supervision in herausfordernden Situationen

Im Rahmen einer Supervision können persönliche, zwischenmenschliche und institutionell bedingte Probleme, die sich im jeweiligen Berufsfeld ergeben, bearbeitet werden. Bedingungen einer erfolgreichen Supervision sind: Freiwilligkeit der Teilnahme, verbindliche Vereinbarung der Rahmenbedingungen, Bereitschaft zur Offenheit, Verpflichtung zu regelmäßiger Teilnahme und zur Vertraulichkeit sowie Offenlegung des Supervisionskonzepts. Die Supervision wird von einer Supervisorin/einem Supervisor mit Kommunikations-, Methoden- und Feldkompetenz angeleitet. Für die Bildungseinrichtung bietet sich damit die Möglichkeit, schwierige Fälle mit Kindern oder Eltern, Konflikte im Team oder eine Organisationsanalyse durch Supervision begleiten zu lassen. Supervision kann in der Gruppe, Teilgruppe oder für einzelne Personen organisiert werden.

Aufgaben und Anregungen zur Vertiefung

Wissen

- Definieren Sie, was man unter Feedback versteht und welche Regeln beim Feedbackgeben zu beachten sind. Recherchieren Sie im Internet unterschiedliche Feedbackmethoden und präsentieren Sie diese auf einem Wandplakat.
- Beschreiben Sie die Merkmale der Entwicklungsphasen einer Gruppe aus Kapitel 1.3.1 und tauschen Sie sich in einer Kleingruppe darüber aus.
- Erklären Sie einer Kollegin/einem Kollegen, was „Corporate Identity“ bedeutet und gestalten Sie ein Logo für Ihre Klasse.
- Beschreiben Sie einige unterschiedliche Formate der Teamarbeit und analysieren Sie deren Einsatzmöglichkeiten.

Transfer

- Präsentieren Sie in der Kleingruppe qualitätsvolle strukturelle Rahmenbedingungen der Teamarbeit und erweitern Sie die Ausführungen aus Kapitel 1.1, damit eine Einrichtung zu Ihrem „Traumkindergarten“ wird.
- Beobachten Sie die Teaminteraktionen in Ihrer Praxiseinrichtung und vergleichen Sie diese mit den in Kapitel 1.3 formulierten Aspekten der Prozessqualität in Teams. Verschriftlichen Sie Gemeinsamkeiten und Unterschiede.
- Führen Sie zu einem Fallbeispiel aus der Praxis im Rollenspiel eine kollegiale Beratung unter Berücksichtigung des Ablaufs in Kapitel 3.4 durch. Diskutieren Sie Ihre Erkenntnisse in der Klasse.
- Gehen Sie in Kleingruppen zusammen und stellen Sie sich vor, dass Sie ein Kindergartenteam bilden. Entwerfen Sie gemeinsam einen Slogan über frühe Bildung und ko-konstruktives Lernen, um Ihre Einrichtung nach innen und außen zu präsentieren. Überprüfen Sie als Abschluss, wie zufrieden (0-100%) jede/jeder von Ihnen mit dem Ergebnis ist.

Reflexion

- Reflektieren Sie Ihr Kommunikationsverhalten im Team der Praxiseinrichtung und formulieren Sie unter Beachtung der Kommunikationsregeln aus Kapitel 1.3.2 einen persönlichen Entwicklungsschritt, den Sie in der Praxis umsetzen werden.
- Diskutieren Sie in der Kleingruppe, was für Sie ein gutes Team auszeichnet. Sammeln und präsentieren Sie die wichtigsten Merkmale auf einem Flipchart.
- Notieren Sie persönliche Stärken, die Sie in ein Team einbringen können. Sammeln Sie die Beschreibungen aller Kolleginnen und Kollegen und raten Sie in der Klasse, auf wen diese passen.
- Reflektieren Sie, wodurch Sie sich als Praktikantin/Praktikant in einer Praxiseinrichtung besonders unterstützt fühlen. Verfassen Sie eine Handlungsanleitung zur wertschätzenden Begleitung von Praktikantinnen und Praktikanten in elementaren Bildungseinrichtungen.

Pädagogische Qualität

Frühe Bildung, Basis der Bildungsbiografie

Die Beschäftigung mit Qualität bzw. Qualitätsentwicklung ist seit den 1990er Jahren international ein aktuelles Thema in verschiedenen Bereichen des öffentlichen Lebens – von der Wirtschaft und dem Gesundheitssystem bis hin zu Schulen und Universitäten. Auch im elementarpädagogischen Bildungsbereich setzt man sich mit Qualitätsaspekten auseinander, die bedeutsam für die Entwicklung der Kinder und das frühe Lernen sind, da in einer elementaren Bildungseinrichtung die Bildungsbiografie eines Kindes maßgeblich grundgelegt wird. Verschiedene Studien zur pädagogischen Qualität zeigen, dass wissenschaftlich empfohlene Qualitätsstandards in vielen Bereichen der elementaren Bildung noch nicht ausreichend erreicht sind (Tietze et al., 2013; Wertfein, Müller & Kofler, 2012). Die Auseinandersetzung mit Qualität sowie Qualitätssicherung und -entwicklung ist in elementaren Bildungseinrichtungen fest zu verankern.

1. DER QUALITÄTSBEGRIFF

Qualität, ein dynamisches Konzept

Qualität aus unterschiedlichen Perspektiven

Das Wort stammt vom lateinischen Wort *qualitas* ab, das „Beschaffenheit, Verhältnis, Eigenschaft" bedeutet. Der Begriff Qualität ist an sich ohne Wertung und als dynamisches Konzept anzusehen. Wissenschaftliche Erkenntnisse und veränderte gesellschaftliche Bedingungen und Erfordernisse führen dazu, dass Qualitätsanforderungen kontinuierlich überprüft werden. Zu beachten ist, dass sich die Ansprüche an die Qualität eines Produkts bzw. einer Dienstleistung in Abhängigkeit von den Bedürfnissen und der Perspektive der jeweiligen Betrachterin/des Betrachters unterscheiden. So werden Kinder oder Eltern die Qualität einer elementaren Bildungseinrichtung anders definieren als der Träger der Einrichtung oder die Fachkräfte selbst. Für Kinder sind beispielsweise stabile Beziehungen und Gleichaltrige zum Spielen wichtig, für Eltern geringe Kosten oder flexible Öffnungszeiten, für den Träger spielen ökonomische Faktoren eine wesentliche Rolle und das Personal möchte angemessene Rahmenbedingungen vorfinden.

2. ZIELSETZUNGEN DER QUALITÄTSOFFENSIVE IN DER ELEMENTAREN BILDUNG

Qualitätsentwicklung unterstützt den Bildungsauftrag

Ausgehend von einem ganzheitlichen Bildungsverständnis beginnt Bildung mit der Geburt eines Menschen. Forschungserkenntnisse belegen, dass Lernprozesse in der frühen Kindheit die Lernstrategien und die Motivation für das weitere – auch schulische – Lernen prägen. Somit hat die pädagogische Qualität einer elementaren Bildungseinrichtung essenzielle Bedeutung für die Bildungsbiografie eines Kindes. Der damit verbundene Bildungsauftrag kann nur unter Berücksichtigung wesentlicher Qualitätskriterien erfüllt werden.

Als die beiden wichtigsten Zielsetzungen der Qualitätsentwicklung in elementaren Bildungseinrichtungen nennen Tietze et al. (2017):

Zielsetzungen elementarer Bildung

- das körperliche, sozial-emotionale und intellektuelle Wohlbefinden der Kinder und die Förderung ihrer Entwicklung sowie
- die Unterstützung der Familien in ihren Bildungs-, Betreuungs- und Erziehungsaufgaben.

Langzeitwirkung guter Qualität

Wissenschaftliche Erkenntnisse haben gezeigt, dass die pädagogische Qualität einer elementaren Bildungseinrichtung Langzeitauswirkungen auf das Lernen und die Schulleistungen eines Kindes hat und sich dies in Entwicklungsunterschieden der Kinder bis in die zweite Klasse Volksschule zeigt. Allerdings ist der Einfluss der Familie auf die kindliche Entwicklung und Bildung im frühen Alter deutlich höher (Tietze et al., 2013). Dabei sind v. a. die Qualität der familiären Beziehungen sowie der Bildungsstand und die sozioökonomische Situation der Eltern von Bedeutung (Tietze, 2001; Tietze, Roßbach & Grenner, 2005). Kinder aus benachteiligten Familien profitieren deshalb vom frühen Besuch einer elementaren Bildungseinrichtung – vorausgesetzt, die Einrichtung ist qualitätsvoll. Eine unzureichende pädagogische Qualität verringert die Bildungschancen dieser Kinder (Strehmel, 2008).

Aktuelle gesellschaftliche Ansprüche

Aktuell kommt es aufgrund von gesellschaftlichen Veränderungen zu gesteigerten Ansprüchen an elementare Bildungseinrichtungen: Zunehmend werden diese von jüngeren Kindern, Kindern mit längerer Aufenthaltsdauer, Kindern aus armen oder armutsgefährdeten Familien sowie Kindern mit Migrationshintergrund besucht. Auch Eltern haben immer mehr Informations- und Beratungsbedarf.

Schärfung des Profils durch Leitbild und Konzeption

Elementare Bildungseinrichtungen sind Dienstleistungsbetriebe und präsentieren sich durch ihr Leitbild und eine Konzeption in der Öffentlichkeit. Dort, wo Eltern unter mehreren Einrichtungen wählen können, erhöht dies die Wettbewerbsfähigkeit. Bei der Auswahl einer elementaren Bildungseinrichtung können sich Eltern mit den unterschiedlichen Angeboten und Fragen zur pädagogischen Qualität auseinandersetzen. Abhängig von ihrem persönlichen Lebenshintergrund und ihren Erziehungsansprüchen werden sich ihre Erwartungen an die Bildungseinrichtung unterscheiden.

Mittel effizient einsetzen

Die Auseinandersetzung mit pädagogischer Qualität dient auch dazu festzustellen, ob die eingesetzten finanziellen Mittel effizient und effektiv im Sinne der ganzheitlichen Entwicklung und Bildung der Kinder genutzt werden.

3. BEREICHE PÄDAGOGISCHER QUALITÄT

Bedürfnisse des Kindes, Maßstab guter Qualität

Bei der Entwicklung von Empfehlungen zu Qualitätskriterien für elementare Bildungseinrichtungen rückt die Forschung die Sichtweise und die Bedürfnisse der Kinder in den Mittelpunkt des Interesses und macht diese zum Maßstab. Gute pädagogische Qualität ist gegeben, wenn alle Kinder bestmögliche Bedingungen für ihre individuelle Entwicklung sowie vielfältige Bildungschancen in der Einrichtung vorfinden.

Qualitätsbereiche für die pädagogische Praxis

Ein umfassendes Qualitätskonzept in elementaren Bildungseinrichtungen beinhaltet dabei unterschiedliche, für die pädagogische Praxis bedeutsame Qualitätsbereiche (Tietze et al., 2005):

- Pädagogische Strukturqualität
- Pädagogische Orientierungsqualität
- Pädagogische Prozessqualität

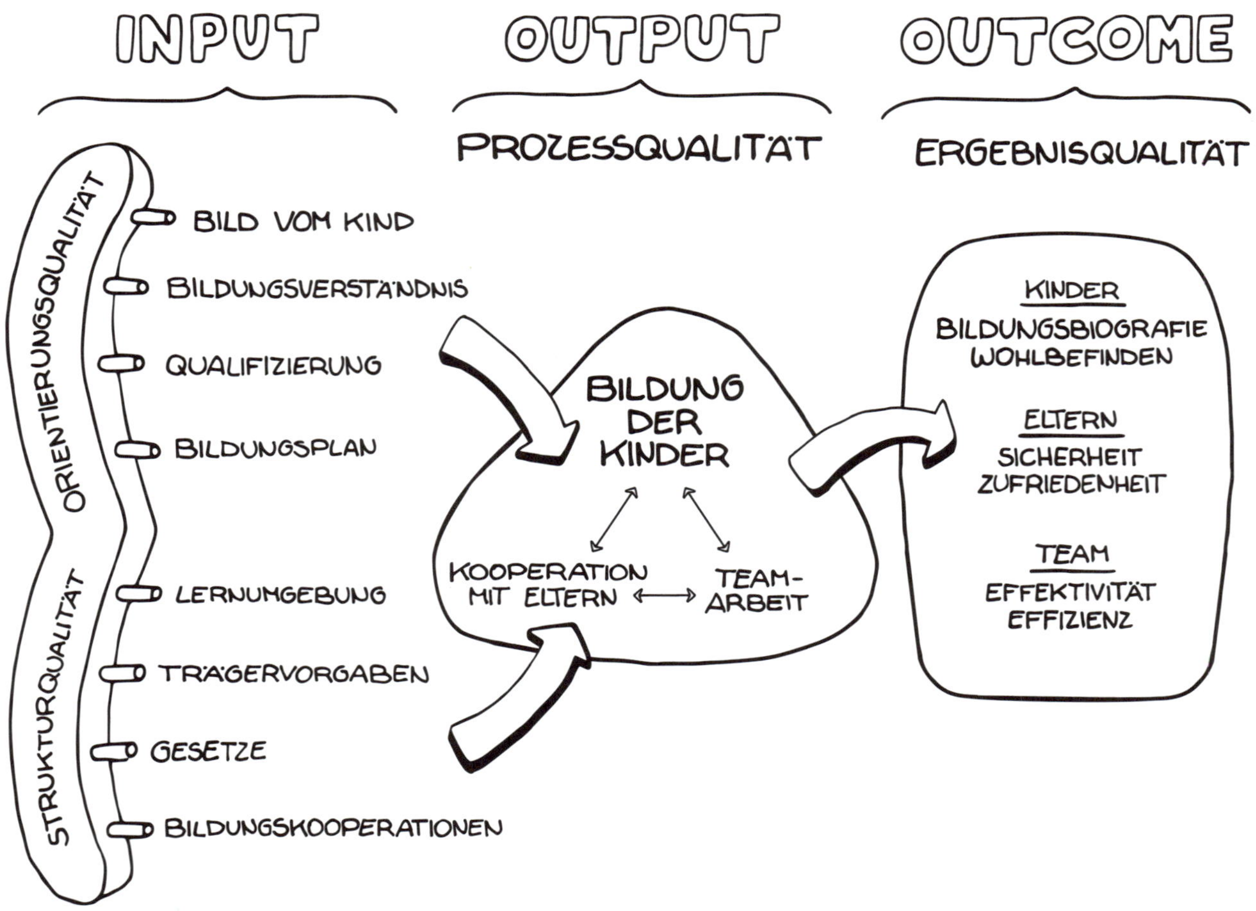

Abb. 5.: Prozessmodell des Bildungsgeschehens

Einflussfaktoren auf Prozessqualität

Variablen der Struktur- und Orientierungsqualität bilden im Sinne von Inputfaktoren den Rahmen für die Interaktionen und die pädagogische Prozessqualität – auch als Output bezeichnet – in einer Kindergruppe bzw. in der Einrichtung. Die Prozessqualität wird zu 25% bis 50% durch vorgelagerte Orientierungs- und Strukturbedingungen bestimmt (Tietze & Nattefort, 2015). Damit kommt der Bildungspolitik in ihrer Zuständigkeit für gesetzlich festgelegte Strukturbedingungen eine ebenso hohe Verantwortung für gute pädagogische Prozessqualität sowie für gute Ergebnisqualität (Outcome) zu wie den in der Praxis tätigen Pädagoginnen und Pädagogen: Die Fachkräfte können durch engagierte und professionelle Arbeit bis zu einem gewissen Grad auch bei nicht optimalen Rahmenbedingungen gute pädagogische Prozesse gestalten, werden jedoch durch unzureichende Strukturbedingungen begrenzt. Deshalb sind politische Instanzen aufgefordert, sich ihrer Verantwortung bewusst zu sein, wenn es um die Auswirkungen von Investitionen in die Strukturqualität geht wie z. B. die Verbesserung der Fachkraft-Kind-Relation. „Hohe Qualität ist beides, eine politische und eine fachliche Herausforderung." (Tietze & Nattefort, 2015, S. 7) Die kritische Auseinandersetzung mit geeigneten Instrumenten zur Qualitätseinschätzung kann helfen, gezielt Investitionen zu planen und dem Träger seine Verantwortung zu verdeutlichen.

Verantwortlichkeiten der Bildungspolitik

An dieser Stelle wollen wir pädagogische Fachkräfte ermutigen, sich für die Verbesserung der Rahmenbedingungen ihrer Arbeit zu engagieren.

Viernickel (2006) und Strehmel (2008) betonen zusätzlich die Bedeutung der Organisations- und Managementqualität. Dazu zählen u. a. die fachliche Leitung, die über wirtschaftliche Kompetenz und gute Kontakte zum Träger verfügt, die Personalführung sowie die Öffentlichkeitsarbeit der Einrichtung (vgl. Hajszan & Bäck, 2014).

Managementqualität der Leitung

Pädagogische Strukturqualität

Strukturqualität umfasst die situationsunabhängigen, zeitlich stabilen Rahmenbedingungen einer Gruppe und einer elementaren Bildungseinrichtung. Zur Strukturqualität zählen u. a. Gruppengröße, Fachkraft-Kind-Schlüssel sowie Räume und Ausstattung, die Kindern und Personal drinnen und draußen zur Verfügung stehen. Auch die Qualifikation des Personals sowie die mittelbare pädagogische Arbeitszeit (v. a. Zeit für Planung, Dokumentation und Reflexion, Elterngespräche, Transitionsmanagement etc.) sind Strukturkriterien. Die pädagogische Prozessqualität in elementaren Bildungseinrichtungen wird von diesen vorgegebenen pädagogischen und organisatorischen Strukturen maßgeblich beeinflusst. Da die Aspekte der Strukturqualität von politisch Verantwortlichen bzw. vom Träger einer Einrichtung direkt geregelt bzw. reguliert werden, tragen diese die bildungspolitische Verantwortung in Bezug auf qualitätsvolle Rahmenbedingungen in elementaren Bildungseinrichtungen für eine bestmögliche frühe Bildung und Entwicklung aller Kinder.

Relevante strukturelle Rahmenbedingungen

Pädagogische Orientierungsqualität

Orientierungsqualität bezieht sich auf die pädagogischen Vorstellungen, Einstellungen, Werte und Überzeugungen von Erziehung und Bildung sowie die professionellen Leitbilder aller Erwachsenen, die in die Arbeit mit den Kindern eingebunden sind (Pädagoginnen und Pädagogen, Leitung, Assistenzkräfte, Träger). Aspekte der Orientierungsqualität unterliegen dem gesellschaftlichen Wandel und sind daher

Einstellungen beeinflussen die Bildungsbegleitung

kontinuierlich zu reflektieren und auf ihre Gültigkeit zu überprüfen. Dazu zählen das Bild vom Kind, das Rollen- und Bildungsverständnis aller Teammitglieder sowie Prinzipien für die Gestaltung von Bildungsprozessen, die im Bildungsgeschehen handlungsleitend sind (siehe Kapitel Didaktik der elementaren Bildung). Ein bestimmtes pädagogisches Konzept, z. B. Montessori- oder Reggiopädagogik, ist ebenso Bestandteil pädagogischer Orientierungsqualität wie die Auffassung über die Aufgaben der Eltern und Familien und das Wissen über den Bildungsauftrag der Einrichtung. Die durch Sozialisation bzw. Enkulturation entstandenen Einstellungen, Haltungen und Werte hinsichtlich Bildung sind zeitlich relativ stabile Konstrukte. (Angehende) Fachkräfte reflektieren in Aus-, Fort- und Weiterbildung ihre Vorstellungen von frühkindlichem Lernen und Bildung und werden angeleitet, diesbezüglich ihre Professionalität zu entwickeln. Pädagogische Orientierungen bilden wie die Kriterien der Strukturqualität Rahmenbedingungen für das pädagogische Handeln und beeinflussen somit ebenso maßgeblich die Prozessqualität. Der für Österreich formulierte Konsens der pädagogischen Orientierung in elementaren Bildungseinrichtungen ist im bundesländerübergreifenden BildungsRahmenPlan (CBI, 2009) festgehalten.

Reflexion eigener Einstellungen

Pädagogische Prozessqualität

Prozessqualität, Gesamtheit aller Interaktionen und Prozesse

Pädagogische Prozessqualität umfasst die Gesamtheit der Interaktionen und Erfahrungen eines Kindes mit seiner sozialen, räumlich-materialen und kulturellen Umwelt in einer elementaren Bildungseinrichtung. Im Sinne der Ko-Konstruktion stehen diese Umweltbedingungen in direkter Wechselwirkung mit der emotionalen, sozialen, motorischen und kognitiven Entwicklung und dem Kompetenzerwerb der einzelnen Kinder. Zur sozialen Umwelt zählen alle Kinder einer Gruppe sowie alle Erwachsenen, mit denen das Kind in der Einrichtung in Kontakt steht, also auch die unterstützenden Assistenzkräfte. In der pädagogischen Prozessqualität spiegeln sich die täglich erfahrbaren dynamischen Aspekte des Alltags in einer Bildungseinrichtung wider, die die Atmosphäre prägen. Gute Prozessqualität zeigt sich v. a. in einer vertrauensvollen Beziehung der Pädagoginnen und Pädagogen zu jedem Kind und in einer Atmosphäre des Wohlbefindens, in der jedes Kind eine sichere Bindung zur Pädagogin/zum Pädagogen aufbauen, seinen Wissensdurst und seine Freude am Forschen und Lernen entfalten und soziale Beziehungen leben kann (Bäck & Hajszan, 2013). Die Einbeziehung und die Unterstützung der Familien im Rahmen der Bildungskooperation sind ebenfalls Bestandteile der Prozessqualität.

4. QUALITÄTSKRITERIEN

Qualitätsanforderungen unterscheiden sich je nach der Perspektive der Betrachterinnen und Betrachter, sind jedoch niemals beliebig! Aus der pädagogischen und psychologischen Forschung ergeben sich Qualitätsansprüche für die frühe Bildung, die im Sinne von Standards eingehalten werden müssen, um eine angemessene Entwicklung der Kinder zu gewährleisten.

4.1 Pädagogische Strukturqualität

Wissenschaftliche Erkenntnisse zur Strukturqualität

Nachfolgend werden auf Forschungsergebnissen basierende Kriterien der Strukturqualität, die für die pädagogische Prozessqualität von Bedeutung sind, angeführt. Als eisernes Dreieck der Strukturqualität – und damit als besonders bedeutungsvoll in ihren Auswirkungen auf die kindliche Entwicklung – gelten die Kriterien Gruppengröße, Fachkraft-Kind-Relation und Qualifikation des Personals (Viernickel & Schwarz, 2009).

4.1.1 Gruppengröße

Gruppengröße beeinflusst pädagogisches Handeln

Die Gruppengröße gehört zu den zentralen Rahmenbedingungen für die Entwicklung der Kinder in einer Bildungseinrichtung. In einer großen Kindergruppe ist die Pädagogin/der Pädagoge gezwungen, stärker lenkend einzugreifen und kann den Kindern weniger Freiraum zum Erkunden ihrer Umwelt und zum eigenständigen Lernen gewähren. Individualität und Selbstbestimmung, Spontanität und Kreativität der Kinder sind in einer kleineren Gruppe eher möglich (Munton et al., 2002).
Je nach Alter der Kinder werden hinsichtlich der Gruppengröße unterschiedliche Standards empfohlen, die positive Voraussetzungen für eine gute pädagogische Qualität bieten: Für unter zweijährige Kinder lauten die internationalen Empfehlungen auf eine Gruppengröße von sechs bis maximal zwölf Kindern. Bei Zwei- bis Dreijährigen ist eine Gruppengröße von maximal 14 Kindern qualitätsvoll. Für Kinder zwischen drei und sechs Jahren gelten maximal 14 bis 20 Kinder pro Gruppe als guter Standard, optimal ist eine Gruppengröße von ca. 15 Kindern (NAEYC, 2000). Altersübergreifende Gruppen mit ein- bis sechsjährigen Kindern sollen maximal 15 Kinder umfassen, davon höchstens fünf Kinder unter drei Jahren (Viernickel & Schwarz, 2009).

4.1.2 Fachkraft-Kind-Relation

Individualisierung durch ausreichend Personal

Die Anzahl der pädagogischen Fachkräfte, die in einer Gruppe tätig sind, ist eine wichtige Voraussetzung dafür, in welchem Ausmaß auf die individuellen Bedürfnisse, Interessen, Begabungen und Probleme der Kinder eingegangen werden kann. Nur eine gute Personalstruktur gewährleistet die Prinzipien der Differenzierung und Individualisierung in der pädagogischen Arbeit. Zahlreiche Studien bestätigen, dass die Qualität der pädagogischen Prozesse bei einer empfohlenen Fachkraft-Kind-Relation steigt (zusammenfassend in Tietze, 2010). Bei Kindern unter drei Jahren ist die kontinuierliche und sichere Bindung zu vertrauten Bezugspersonen eine besonders wichtige Basis für Lernen und Bildung (Munton et al., 2002; Tietze et al., 2013). Zusammenhänge zwischen der Fachkraft-Kind-Relation und der Interaktionsgestaltung sind in dieser Altersgruppe besonders stabil (Viernickel & Schwarz, 2009). Daher sollten bei ganz jungen Kindern besonders auf die Einhaltung der empfohlenen Schlüssel geachtet und nur wenige zusätzliche Personen wie z. B. Schülerinnen und Schüler oder vertraute Vertretungskräfte eingesetzt werden (Tietze, Roßbach, Natefort, Lasson & Lee, 2019).

Empfehlungen zur Fachkraft-Kind-Relation

Folgende Empfehlungen zum Fachkraft-Kind-Schlüssel sind in der pädagogischen Fachliteratur zu finden: In Gruppen mit vorwiegend jungen Kindern bis zum dritten Lebensjahr wird ein Schlüssel von 1:3 bis maximal 1:6 empfohlen. Bei drei- bis sechsjährigen Kindern sollen fünf bis maximal zehn Kinder auf eine Pädagogin/einen Pädagogen kommen, optimal sind ca. sieben Kinder pro Fachkraft.

Auch in Randzeiten Qualität sichern

Auch in den Randzeiten am Morgen oder späteren Nachmittag, zu denen eine individuelle Betreuung der Kinder besonders wichtig ist, ist auf die Einhaltung des empfohlenen Schlüssels zu achten. Kinder mit besonderen Bedürfnissen reduzieren den Schlüssel (Deutsche Liga für das Kind, 2008; NAEYC, 2000; Viernickel & Schwarz, 2009). Für die Gewährleistung qualitätsvoller Beobachtung ist die zeitweise Anwesenheit einer zusätzlichen pädagogischen Fachkraft in der Gruppe empfohlen. So fordert etwa Dupuis (2006), dass jede Fachkraft für festgelegte Beobachtungszeiten von allen anderen Tätigkeiten freigestellt wird. Die Personalpolitik des Trägers muss auch auf Situationen wie z. B. Krankheitsfälle oder Fortbildungszeiten des Personals Bezug nehmen bzw. zusätzliches Personal einplanen.

4.1.3 Fachliche Qualifikation des Personals

Qualitätsoptimierung durch höhere Qualifikation

Internationale Forschungsergebnisse zeigen, dass ein höherer Bildungsabschluss der Mitarbeiterinnen und Mitarbeiter eine Verbesserung der Qualität einer elementaren Bildungseinrichtung mit sich bringt (Blossfeld & Roßbach, 2012; Sylva et al., 2004). Für Österreich wird dringend die Anhebung der Ausbildung auf tertiäres Niveau empfohlen. Dadurch werden u. a. eine stärkere Einbindung der Kleinkindforschung ermöglicht und das Image des Berufsbildes verbessert. Eine hohe Qualifizierung der Mitarbeiterinnen und Mitarbeiter korreliert mit guter Qualität und hat damit einen positiven Einfluss auf die Entwicklung und Bildung der Kinder (Europäische Kommission, 2011). Eine qualitätsvolle Ausbildung des Personals beinhaltet auch die Qualifizierung der Assistenzkräfte in elementaren Bildungseinrichtungen (Europäische Kommission, 2016).

Ressourcen des Personals nützen

Darüber hinaus sollen die individuellen Fähigkeiten und Kompetenzen des gesamten Einrichtungsteams wie z. B. Sprachkenntnisse von Assistenzkräften mit einer anderen Erstsprache als Deutsch, Erfahrungen mit anderen Kulturen etc. bewusst als Ressource für die pädagogische Arbeit genutzt werden.
Besonderes Augenmerk ist auf die Professionalisierung angehender Leitungskräfte zu legen, da diese eine Schlüsselposition im Qualitätsmanagement einer Einrich-

tung innehaben. „Ein gutes Management gilt als Voraussetzung für die Leistungsfähigkeit des Personals in der Gestaltung der pädagogischen Prozesse mit den Kindern." (Strehmel, 2008, S. 12)

Professionalisierung der Leitungskräfte

4.1.4 Räume und Materialausstattung

Die Gestaltung der Räume in elementaren Bildungseinrichtungen und die Ausstattung mit Spiel- und Bildungsmitteln sowie Medien sollen den folgenden Bedürfnissen der Kinder entsprechen:

- **Orientierung und Sicherheit:** Das Gefühl, in der Einrichtung sicher und geborgen zu sein, ist eine wichtige Grundlage dafür, dass Kinder sich auf Lernprozesse einlassen können. Überschaubar gestaltete Funktionsbereiche bzw. -räume und übersichtlich präsentierte Materialien sowie eine helle, freundliche Atmosphäre, die Geborgenheit vermittelt, tragen dazu bei, diese Bedürfnisse zu befriedigen.
- **Selbstständigkeit:** Die Strukturierung des Raumes in unterschiedliche Funktionsbereiche bzw. -räume sowie eine auf die Kinder der Gruppe abgestimmte vorbereitete Umgebung ermöglichen Kindern, unabhängig und selbstständig zu handeln und zu lernen. Die Selbstständigkeit der Kinder wird z. B. durch beschriftete oder mit Symbolen gekennzeichnete Regale und Spielzeugbehälter unterstützt.
- **Partizipation:** Durch das Bereitstellen flexibler Elemente wie Raumteiler, Schaumstoffblöcke, Boxen etc. können die Kinder ihre Umwelt mitgestalten. Ihre Meinung und ihre Wünsche werden bei der Neukonzeption bestimmter Beschäftigungsbereiche einbezogen.
- **Bewegung:** Ausreichend Platz und Materialien für unterschiedliche Fertigkeitsstufen, die der Anzahl und dem Bewegungsbedürfnis der Kinder entsprechen, stehen im Innen- und Außenbereich zur Verfügung und regen vielfältige Bewegungsformen an.
- **Rückzug:** Spezielle Bereiche wie z. B. Zelte oder wenig einsichtige Ecken mit kuscheligen Pölstern ermöglichen es den Kindern, sich vom Gruppengeschehen zurückzuziehen und außerhalb der Ruhezeiten zu rasten, zu plaudern oder die Seele baumeln zu lassen.
- **Partizipation an der Lebenswelt Erwachsener:** Die Nutzung von Räumen und Materialien der Erwachsenen ermöglicht vielfältige Erfahrungen, die zur Erweiterung kindlicher Handlungskompetenz beitragen. Dazu zählen Arbeitsbereiche wie z. B. Küche oder Werkbank sowie Materialien aus der Erwachsenenwelt, z. B. Besen und Schaufel, Locher etc.

- **Naturerfahrungen:** Verschiedenste Gestaltungselemente im Freien wie Hecken, Kletterbäume, Lauben, Mulden, Gemüsebeete, Wiesen etc. ermöglichen eine Vielfalt an Naturerfahrungen. Steht kein Garten zur Verfügung, kann die Begegnung mit der Natur im Innenbereich etwa durch das Anlegen eines Zimmergartens ermöglicht werden.

Auch die Kooperation mit den Eltern wird durch günstige räumliche Bedingungen wie etwa geeignete Besprechungsräumlichkeiten oder gemütliche Sitzecken positiv beeinflusst (siehe Kapitel Bildungskooperation mit Eltern).

Entwicklungsangemessene Spiel- und Bildungsmittel

Ein fachlich ausgewähltes Angebot an Spiel- und Bildungsmitteln sowie Medien, die dem Alter und den Fähigkeiten der Kinder entsprechen, also vielfältig und differenziert sind, ermöglicht Kindern selbstgesteuerte Lernprozesse. Dies umfasst auch Spiel- und Bildungsmittel für begabte Kinder bzw. mit speziellen Interessen. Eine vorurteilsbewusste Lernumgebung erlaubt es allen Kindern – Mädchen wie Buben, Kindern aus unterschiedlichen Kulturen, mit verschiedenen Sprachen, mit besonderen Bedürfnissen etc. –, ein Gefühl von Zugehörigkeit zu entwickeln und sich in ihrer Bezugsgruppe in der Einrichtung wiederzufinden. Die Fachkräfte achten darauf, dass bei der Gestaltung der Räume und der Auswahl der Spiel- und Bildungsmittel Stereotype und Klischees vermieden werden und dass die Vielfalt unterschiedlicher Lebensweisen, die in der Einrichtung präsent ist, sichtbar gemacht wird (Richter, 2014).

Vorurteilsbewusste Lernumgebung

Zur Anregung schöpferischer Prozesse ist die Ausstattung mit (unstrukturierten) Materialien zum kreativen Gestalten, mit Bau- und Konstruktionsmaterialien sowie für das Rollenspiel besonders wichtig.

Vielfältige Fertigkeiten durch die Gartengestaltung fördern

Im Außenbereich sollten differenzierte Möglichkeiten bestehen, kreativ und gestalterisch tätig zu sein, etwa durch das Angebot an Brettern, Ästen und Autoreifen zum Bauen oder durch einen großzügigen Bereich für das Spiel mit Sand und Wasser. Fest installierte und bewegliche Ausstattungselemente fördern vielfältige Bewegungsformen wie z. B. Klettern, Hangeln, Schaukeln, Schieben und Ziehen, Hüpfen, Balancieren etc. Für jüngere Kinder sind v. a. Möglichkeiten für Sinneserfahrungen wichtig, etwa durch das Spiel mit Sand und Wasser und unterschiedliche Oberflächen im Außenbereich wie Gras, Sand oder Gummiplatten (Tietze et al., 2017; Tietze et al., 2019).

4.1.5 Mittelbare pädagogische Arbeitszeit

Wissenschaftliche Untersuchungen belegen, dass die pädagogische Prozessqualität in elementaren Bildungseinrichtungen besser ist, wenn Pädagoginnen und Pädagogen ausreichend mittelbare pädagogische Arbeitszeit (Vorbereitungszeit) zur Verfügung haben (Tietze et al., 2005). Diese Zeit außerhalb des Kinderdienstes dient u. a. der Planung und Reflexion der Bildungsarbeit, der Dokumentation und Diskussion von Beobachtungsergebnissen, der Vorbereitung von Entwicklungsgesprächen, der Zusammenarbeit mit Familien, dem fachlichen Austausch im Team und mit anderen Expertinnen und Experten, der Gestaltung des Übergangs in die Schule, der Kooperation mit relevanten Bildungsinstitutionen sowie der Konzeptionserstellung, Qualitätssicherung und -entwicklung.

Qualitätsvolle Bildung braucht Zeit zur Vorbereitung

Expertinnen und Experten empfehlen, mindestens 20 bis 25 Prozent der wöchentlichen Arbeitszeit – unter Berücksichtigung von Abzügen für Urlaub, Krankheit und Fortbildung – als kinderdienstfreie Zeit vorzusehen. Dienstbesprechungen sollen wöchentlich in der Arbeitszeit stattfinden und einer gut geplanten Struktur hinsichtlich Ort, Zeit, Raum, Moderation und Ergebnissicherung unterliegen (Bock-Famulla, 2008, zit. n. Viernickel & Schwarz, 2009; Tietze & Viernickel, 2016; Viernickel, Nentwig-Gesemann, Nicolai, Schwarz & Zenker, 2013).

Empfehlungen für die Vorbereitungszeit

4.1.6 Arbeitsbedingungen für Pädagoginnen und Pädagogen

Engagierte Mitarbeiterinnen und Mitarbeiter sind die wichtigste Ressource einer Bildungseinrichtung. Qualitätsentwicklung muss sich deshalb immer auch mit den Arbeitsbedingungen des Personals auseinandersetzen. Dazu zählen spezielle Räumlichkeiten (gemütlicher Personalraum, Besprechungszimmer etc.), ausreichend Aufbewahrungsmöglichkeiten für Materialien, die Einhaltung der gesetzlich vorgegebenen Pausen, angemessene Bezahlung, genügend Personal auch in Krankheitsfällen sowie eine systematische Begleitung bei der Einarbeitung neuer Mitarbeiterinnen bzw. Mitarbeiter. Zahlreiche Studien belegen eine höhere Prozessqualität bei besseren Arbeitsbedingungen für das Personal wie u. a. bessere räumlichen Bedingungen sowie höhere Bezahlung (Goelman et al., 2006; Tietze et al., 2005).

Angemessene Arbeitsbedingungen für Fachkräfte

4.2 Orientierungsqualität

Orientierungsqualität umfasst die pädagogischen Einstellungen, Haltungen und Überzeugungen aller Erwachsenen, die in die Arbeit mit den Kindern eingebunden sind. Folgende Kriterien der Orientierungsqualität beeinflussen maßgeblich die pädagogische Prozessqualität in elementaren Bildungseinrichtungen:

4.2.1 Reflexion eigener Einstellungen und Werte

Die Reflexion des eigenen pädagogischen Handelns sowie der eigenen Werte und Einstellungen durch die Fachkräfte ist in elementaren Bildungseinrichtungen von großer Bedeutung. Pädagoginnen und Pädagogen arbeiten an einer Schlüsselstelle der Gesellschaft. Sie sind maßgebliche Modelle im Bildungsprozess und haben be-

Reflexion des eigenen pädagogischen Handelns

deutenden Einfluss auf die Entwicklung der Kinder. Die Bereitschaft zur Reflexion ist deshalb Bestandteil der beruflichen Identität und Professionalität. „Ausgangspunkt für professionelles Handeln sind die Erfahrungen, die man gemacht hat, als man selbst erzogen wurde. Diese müssen aufgegriffen und so weiter entwickelt werden, dass sie dem Stand heutigen professionellen Könnens und Wissens entsprechen." (Schäfer, 2011, S. 255)
Die Einstellungen und Haltungen gegenüber den Eltern, die Arbeit mit Kindern mit Migrationserfahrung bzw. einer anderen religiösen Zugehörigkeit oder der Umgang mit Gewalt und Konfliktsituationen sind nur einige der Themenbereiche, die einer Reflexion bedürfen. Die Reflexion des eigenen pädagogischen Handelns kann z. B. durch den Einsatz videogestützter Verfahren oder durch Rückmeldungen aus der kollegialen Beobachtung unterstützt werden. Zusätzlich sollte die Reflexion auch durch fachliche Anleitung im Rahmen einer Fallsupervision bereichert werden. Diese findet in der Dienstzeit statt und wird vom Träger finanziell unterstützt (siehe Kapitel Teamarbeit).

Tools zur Unterstützung der Reflexion

4.2.2 Konzeptionsentwicklung

Eine Konzeption ist ein wichtiges Qualitätsentwicklungs- und Evaluationsinstrument. Sie ist eine Art Visitenkarte der Einrichtung, die die Alleinstellungsmerkmale des Standorts und der Bildungsarbeit transparent macht. Eine Konzeption beschreibt die organisatorischen Rahmenbedingungen, Werte, Einstellungen und Haltungen sowie die pädagogische Praxis in einer bestimmten elementaren Bildungseinrichtung. Sie wird im Team erarbeitet und stellt eine verbindliche Arbeitsgrundlage für das Team dar. Sie beinhaltet u. a. Informationen über den Träger, das Team und den Standort sowie über die gelebte Pädagogik. Anhand der Darstellung pädagogischer Prozesse wird die einrichtungsspezifische Umsetzung des Bildungsauftrags nachvollziehbar (Bendt & Erler, 2008; Jacobs, 2009).

Verschriftlichung des pädagogischen Konzepts

Das Vorliegen einer schriftlichen Konzeption bedeutet, dass sich das pädagogische Team mit dem Bildungsgeschehen in einem reflexiven Prozess auseinandersetzt. Hilfreich für diesen Prozess ist die Einbindung von Fachberatung oder einer Expertin/eines Experten. Die Formulierung von Zielen und Methoden der Bildungsarbeit in einer Einrichtung gilt zugleich als wichtiger Bestandteil der Qualitätssicherung und -entwicklung. Eine Konzeption unterstützt das Team bei der längerfristigen Orientierung an gemeinsamen Visionen, indem sich alle Mitarbeiterinnen und Mitarbeiter mit ihren pädagogischen Zielen und Werten auseinandersetzen. Die Verständigung auf gemeinsame pädagogische Prinzipien verdeutlicht teamübergreifende Standpunkte und spinnt einen „roten Faden" für die pädagogische Arbeit. Den Eltern dient die Konzeption zur Information und signalisiert Offenheit und die Bereitschaft der Einrichtung zur Transparenz. Dadurch können Eltern ihr Wis-

Verbindliche pädagogische Standpunkte

sen über die Bildungsarbeit erweitern und sich bewusst und informiert für eine elementare Bildungseinrichtung entscheiden. Zugleich ist die Konzeption ein wichtiges Instrument der Öffentlichkeitsarbeit, indem sie z. B. in verschiedenen Einrichtungen der Gemeinde aufliegt (Gemeindeamt, Kinderärztin/Kinderarzt, Volksschule, Familienberatungsstelle etc.). Dadurch erhalten Außenstehende einen Einblick in die Bedeutung der Bildungsarbeit.

Transparenz durch eine Konzeption

Eine Konzeption umfasst folgende Inhalte:

Inhalte einer Konzeption

- Merkmale der Strukturqualität wie z. B. Informationen über den Träger, Öffnungszeiten, Räumlichkeiten, Gruppen- und Personalstruktur, Tagesablauf, Ausstattung, Ferienregelung etc.
- Merkmale der Orientierungsqualität wie z. B. Informationen über die pädagogischen Schwerpunkte und Ziele, Bild vom Kind, Bildungsverständnis etc.
- Merkmale der Prozessqualität wie z. B. Planung und Umsetzung der pädagogischen Bildungsarbeit, Beobachtung und Dokumentation, Regeln und Vereinbarungen, Projekte, Feste, Beschwerdemanagement, Bildungskooperation mit Eltern etc.
- Weiters werden in der Konzeption das Qualitätsmanagement, die Kooperation mit anderen Institutionen wie z. B. der Volksschule und die Fort- und Weiterbildungsmöglichkeiten beschrieben.

Die Konzeption muss in bestimmten Zeitabständen verbindlich überarbeitet werden. So können organisatorische Abläufe und pädagogische Ausrichtungen stets neu reflektiert und den aktuellen Gegebenheiten angepasst werden (Tietze & Viernickel, 2016).

Kontinuierliche Überarbeitung der Konzeption

4.2.3 Fort- und Weiterbildung für Pädagoginnen und Pädagogen

Eine an den individuellen Bedürfnissen, Kompetenzen und Lernwegen der einzelnen Kinder orientierte, zeitgemäße Bildungsarbeit bringt komplexe Anforderungen an die Qualifikationen und professionellen Kompetenzen pädagogischer Fachkräfte mit sich. Die Professionalisierung in Form von Fort- und Weiterbildung zielt darauf ab, die pädagogischen Handlungskompetenzen von bereits im Feld tätigen Fachkräften kontinuierlich weiterzuentwickeln. Dies betrifft theoretisches Wissen über gute Fachpraxis, aktuelle Methoden und Spiel- und Bildungsmittel ebenso wie die Reflexion der eigenen professionellen pädagogischen Haltung (OECD, 2012; Tietze & Viernickel, 2016). Dazu sind Fortbildungsangebote, die finanziell und/oder durch Dienstfreistellung unterstützt werden, notwendig.

Fort- und Weiterbildung zur Professionalisierung

Nachhaltige Wirksamkeit in der Praxis wird unterstützt, wenn anwendungsbezogene Fort- und Weiterbildung über einen längeren Zeitraum hinweg Transferphasen in die Praxis und die gemeinsame Aufarbeitung der Erfahrungen in mehreren Modulen vorsieht (Egert, Eckhardt & Fukkink, 2017). Für die erfolgreiche Umsetzung des Gelernten ist es günstig, wenn die Fachkräfte das Fort- und Weiterbildungsangebot selbstständig und passend zu den eigenen Aufgaben auswählen, wenn die Leitungskraft sowie das Team die Fachkraft bei der Umsetzung unterstützen und bereits während der Fort- bzw. Weiterbildung auf eventuelle Schwierigkeiten bei der Umsetzung eingegangen wird (Buschle & Gruber, 2018). Ebenso förderlich sind Inhouse-Schulungen und Fortbildungen, die vom gesamten Team einer Einrichtung in Anspruch genommen werden können, sodass sich durch die gemeinsame Auseinandersetzung mit einem Thema eine gemeinsame Qualitätskultur innerhalb eines Teams entwickeln kann, die sich positiv auf die weitere pädagogische Praxis auswirkt (Meraner, 1999). Durch Unterstützung des Teams vor Ort, z. B. in Form von Coaching, Mentoring oder Supervision, werden Reflexionsprozesse angestoßen und der Transfer von neuem Wissen bzw. neuen Fähigkeiten in die Praxis begünstigt (Egert et al., 2017).

Sich im Team fortbilden

4.3 Prozessqualität

Prozessqualität beschreibt die Interaktionen und Erfahrungen der Kinder und Erwachsenen sowie die Atmosphäre in einer elementaren Bildungseinrichtung. Wichtige Kriterien der Prozessqualität sind u. a. folgende:

4.3.1 Sicherheit und Gesundheit der Kinder

Hygiene in elementaren Bildungseinrichtungen beachten

Die körperliche Gesundheit der Kinder muss in elementaren Bildungseinrichtungen durch die Beachtung von Hygiene gewährleistet sein. Dabei wird besonders darauf geachtet, die Ausbreitung ansteckender Krankheiten zu vermeiden – z. B. durch Händewaschen vor dem Essen und nach der Toilettenbenutzung sowie durch die Einhaltung grundlegender Hygieneregeln beim Wickeln und bei der Zubereitung von Speisen. Fachkräfte müssen hinsichtlich geltender Hygiene- und Sicherheitsbestimmungen sowie Erste-Hilfe-Maßnahmen auf dem aktuellen Stand sein.

Selbstständig lernen in einem gesicherten Rahmen

Bei Sicherheitsvorkehrungen geht es in der pädagogischen Arbeit nicht um die ständige und lückenlose Beaufsichtigung der Kinder. Konsens ist vielmehr, Kindern im geschützten Rahmen der elementaren Bildungseinrichtung Freiräume zu schaffen und Selbstständigkeit zu ermöglichen. Die „äußere Sicherheit“ der Bildungseinrichtung – also, dass Kinder diese z. B. nicht unbemerkt verlassen können – ist dafür die Voraussetzung. Ebenso ist gefährlichen Situationen vorzubeugen und bei der Beaufsichtigung der Kinder zumindest das Kriterium der „Hörweite“ zu erfüllen. Insbesondere junge Kinder werden durch vorrausschauendes Handeln der Fachkräfte unterstützt, z. B. beim Gedränge auf der Rutsche (Tietze et al., 2019). Bei grobmotorischen Aktivitäten sollten Kinder niemals unbeaufsichtigt sein (Tietze et al., 2017).

Für die tägliche Entscheidung, ob Kinder z. B. alleine im Garten oder in Nebenräumen spielen dürfen, müssen mehrere Punkte berücksichtigt werden:

- Jede Pädagogin/jeder Pädagoge muss genau über die gesetzlich definierte Aufsichtspflicht Bescheid wissen.
- Zugleich sollten die Kinder auch die Möglichkeit bekommen, in nicht durch Erwachsene kontrollierten Bereichen zu agieren.
- Ein wichtiges Kriterium ist dabei die Beobachtung und professionelle Einschätzung der Pädagoginnen und Pädagogen, ob ein Kind aufgrund seines Entwicklungsstandes in der Lage ist, sich an besprochene Regeln zu halten und bestimmte Freiräume zu nutzen.

Überlegungen zur Aufsichtspflicht

Die Entscheidung, ob und wie Kinder alleine spielen dürfen, kann letztlich gut überlegt nur die Pädagogin/der Pädagoge selbst treffen. Selbstverständlich müssen die Eltern im Rahmen der Bildungskooperation über die Vorgehensweise informiert werden und auf Ängste der Eltern sollte eingegangen werden.

4.3.2 Qualität der Interaktionen

Beziehungsaufbau zu jedem Kind

Jedes Kind ist von Anfang an auf Beziehung und Interaktion ausgerichtet und auf den sozialen Austausch angewiesen. Interaktion meint wechselseitiges, aufeinander bezogenes Verhalten zwischen Kind und Bezugsperson (Hobmair, 2014). Da die Pädagogin/der Pädagoge sowohl die Beziehung zu jedem einzelnen Kind als auch die Interaktionen gestaltet, ist die Sensibilität für Beziehung und Interaktion als Qualitätsmerkmal bzw. als Entwicklungsressource anzusehen. Im Unterschied zu einer Interaktion, einem auf den Moment bezogenen wechselseitigen Austausch, beschreibt Beziehung einen längeren, stabilen und auf Vertrautheit beruhenden Prozess zwischen zwei Personen. Jede Interaktion beinhaltet grundsätzlich auch Beziehungspotenzial, da neben inhaltlichen Signalen auch Beziehungssignale sowie Aspekte des Selbst- und Fremdbildes der Beteiligten ausgesendet werden (Weltzien, 2016).

Auswirkungen positiver Interaktionserfahrungen

Positive Interaktionserfahrungen des Kindes sind die Basis für den Aufbau und die Entwicklung von Beziehung sowie Ausdruck von verlässlicher emotionaler Bindung zwischen Kind und Fachkraft. Über kontinuierliche positive Gespräche tritt das Beziehungspotenzial in den Interaktionen stärker hervor. Auch die Lern- und Kooperationsbereitschaft des Kindes hängt von der Qualität der erlebten Beziehung ab (Weltzien, 2016). So zeigen Kinder mit positiven Interaktionserfahrungen vor dem Schuleintritt eine höhere Lernmotivation, eine positivere Erwartungshaltung hinsichtlich der neuen Beziehungen zu den Lehrkräften und im Vergleich zu ihren Altersgenossinnen und -genossen ein vermehrt empathisches, kooperatives, unabhängiges und zielorientiertes Verhalten (Ahnert, 2019; Ahnert & Gappa, 2013).

Einfluss des Erziehungsstils der Fachkraft

Die Pädagogin/der Pädagoge prägt durch Persönlichkeit und individuellen Erziehungsstil die Interaktion und die Atmosphäre in einer Gruppe. Eine gute Qualität der pädagogischen Interaktion wird durch Achtung und Respekt vor der Würde, den Gefühlen und der Individualität jedes Kindes, eine partizipative Grundhaltung, Dialogbereitschaft sowie die Fähigkeit, Beziehungen zu jedem einzelnen Kind aufzubauen, gewährleistet. Die beiden zentralen Bedürfnisse eines Kindes einerseits nach Zugehörigkeit und emotionaler Sicherheit und andererseits nach Autonomie und Exploration müssen erfüllt werden. So kann ein Kind eine starke Persönlichkeit aufbauen und sich auf Bildungsprozesse einlassen. Grundlage für die Bindungs- und Interaktionsqualität bildet die Feinfühligkeit bzw. die sensitive Responsitivität der Bezugspersonen. Je jünger das Kind ist, umso wichtiger ist es, seine Signale und Reaktionen zu deuten und prompt und angemessen darauf zu reagieren (Hobmair, 2013) sowie die eigene Kommunikation bewusst durch Mimik, Gestik und Körpersprache zu unterstützen. Zu beachten sind die Gesprächsbiografie der einzelnen Kinder sowie ihre familiären Interaktionserfahrungen, um gezielt auf die individuelle Ausdrucks- und Gesprächskompetenz eines Kindes eingehen zu können.

Von einem durch positive Interaktionen geprägten Alltag profitieren alle, da dadurch die Atmosphäre nachweislich ruhiger, entspannter, aufmerksamer, konzentrierter, freundlicher und offener ist (Weltzien, 2016). Durch die Entwicklung einer dialogischen Gesprächskultur im Team, die mit einer wertschätzenden, partizipativen Haltung einhergeht, werden die Fachkräfte unterstützt, eine dialogische Haltung in – mitunter auch schwierigen bzw. belastenden – Gesprächen mit Kindern und Eltern zu leben. Im pädagogischen Alltag gibt es eine Vielzahl an Handlungsspielräumen und Sprechanlässen, die die Pädagogin/der Pädagoge für die Gesprächsgestaltung nutzen kann. Kommunikationsfördernde Aspekte sind dabei:

Dialogische Gesprächskultur

Kommunikations-förderliche Aspekte

- Herstellen eines gemeinsamen Aufmerksamkeitszentrums
- Gegenseitiges Zuhören
- Wechselnde Bezugnahme und Aufeinandereingehen
- Gemeinsames Entwickeln von Gedanken- oder Handlungsflüssen
- Einfließen von Emotionen und Vertrautheit in die Interaktion
- Kontinuität der Interaktionen über einen längeren Zeitraum (Remsperger, 2013; Weltzien, 2016)

Exkurs: Gewaltfreie Kommunikation

Gewaltfreie Kommunikation nach Rosenberg

Das Konzept der gewaltfreien Kommunikation nach Marshall B. Rosenberg (2016) ist geeignet und hilfreich, die Qualität der Interaktions- und Kommunikationsprozesse mit Kindern, Eltern und im Team positiv zu gestalten, die Beziehungen zu stärken und Konflikte, Missverständnisse sowie Verletzungen zu vermeiden. Dieses Konzept richtet das Bewusstsein auf vier Komponenten, die man seinem Gegenüber mitteilt:

- **Beobachtungen** ohne Beurteilung oder Bewertung

- **Gefühle,** die bei der Beobachtung dieser Handlungen entstehen
- **Bedürfnisse** (Werte, Wünsche), die hinter diesen Emotionen stehen
- **Bitten** an die/den andere/n, damit das Leben beider schöner wird.

4.3.3 Alltagsgeschehen

Frühe Bildung durch Alltagserfahrungen

Der Alltag prägt die Atmosphäre in einer elementaren Bildungseinrichtung und damit die Prozessqualität auf entscheidende Weise. Pädagoginnen und Pädagogen, die die Gruppenatmosphäre und -dynamik auf empathische Art und Weise im Blick haben, tragen wesentlich zum Wohlbefinden und zur sicheren Bindung der Kinder bei (Ahnert, 2019).

Durchdachte Alltagsstruktur gibt Sicherheit

Eine kontinuierliche und gut durchdachte Alltagsstruktur gibt den Kindern Sicherheit und Orientierung. Diese Orientierung im Lebensraum der elementaren Bildungseinrichtung ist v. a. für jüngere Kinder und Kinder, die neu eingetreten sind, von großer Bedeutung. Auch die Eltern interessieren sich zu Beginn besonders für ganz alltägliche Abläufe wie z. B. die Gestaltung der Mahlzeiten und Ruhephasen. Deshalb ist am Beginn des Bildungsjahres viel Zeit für eine gute Einführung in den Alltag notwendig.

Reflexion des Alltagsgeschehens

Alltagssituationen haben in ihrer ganzen Komplexität einen hohen Stellenwert in der pädagogischen Arbeit mit Kindern und bedürfen einer differenzierten und intensiven fachlichen Auseinandersetzung. Alltägliche Erfahrungen und Abläufe sind wichtige Bildungssituationen zur Erweiterung kindlicher Kompetenzen. Die Beobachtung der Kinder im alltäglichen Tun gibt der Pädagogin/dem Pädagogen die Möglichkeit, die Bedürfnisse und Wünsche der Kinder zu erkennen, dieses Wissens in die pädagogische Planung einfließen zu lassen und Kindern im Alltag vielfältige Möglichkeiten zum Handeln und Mitgestalten ihrer Umwelt zu eröffnen (Bäck et al., 2006).

4.3.4 Bildungskooperation mit den Eltern

Dialog auf Augenhöhe mit den Eltern

Für das Wohlbefinden der Kinder ist eine konstruktive Zusammenarbeit mit der Familie wichtig. Als wesentliche Punkte seien hier gegenseitiger Respekt, eine auf Dialog und Augenhöhe ausgerichtete Beziehung, Information und Transparenz der Arbeit, Austausch über den Ist-Stand der Entwicklung und Bildung des Kindes, Ressourcenorientierung, aktives Aufgreifen von Wünschen und Anregungen der Eltern sowie die Unterstützung der Eltern in ihrer Erziehungskompetenz unter Einbeziehung weiterer Expertinnen und Experten genannt (Ruppin, Prigge, Pages & Adam, 2015). Bei jungen Kindern sind tägliche Kurzgespräche über die Befindlichkeit des Kindes, Erlebnisse während des Tages sowie Pflege und Ernährung besonders bedeutsam. Differenzierte Ausführungen zu diesem Qualitätsbereich finden sich im Kapitel Bildungskooperation mit Eltern.

5. QUALITÄTSENTWICKLUNG UND -SICHERUNG IN ELEMENTAREN BILDUNGSEINRICHTUNGEN

Qualitätssicherung und -entwicklung sollte als fortlaufender Prozess und als gemeinsame Aufgabe aller Beteiligten – Pädagoginnen und Pädagogen, Leitung und Träger – gesehen werden. Wichtig ist das Bewusstsein dafür, dass Qualitätssicherung – also das Erhalten bereits erarbeiteter guter Qualität in einzelnen Bereichen – ein wichtiger Bestandteil von Qualitätsmanagement ist. Wenn man sich auf den Weg der Qualitätsentwicklung macht, bedarf es der Offenheit und Veränderungsbereitschaft des gesamten Teams sowie des Zulassens von Unsicherheiten. Hilfreich kann der Austausch mit anderen Teams sein, die bereits Erfahrungen mit Qualitätsentwicklung haben. Leitungskräften kommt eine zentrale Rolle in Bezug auf das Qualitätsmanagement zu, das einen ganzheitlichen Blick auf eine Organisation und deren spezifische Rahmenbedingungen sowie deren materielle und personelle Ressourcen erfordert. Sie achten auf die Umsetzung der pädagogischen Konzeption, begleiten ihr Team bei der kontinuierlichen Reflexion und Verbesserung pädagogischer Qualität und unterstützen die berufliche Entwicklung ihrer Mitarbeiterinnen und Mitarbeiter (Hajszan & Bäck, 2014).

Qualitätsentwicklung als Teamaufgabe

Schlüsselposition Leitung

5.1 Selbst- und Fremdevaluation

Selbstevaluation ist ein häufig verwendetes Mittel der Qualitätssicherung und -entwicklung, bei dem die Verantwortung für Maßnahmen der Qualitätsverbesserung weitgehend bei den handelnden Personen selbst bleibt. Im Team werden der Ist-Stand der pädagogischen Qualität gemeinsam festgestellt und diskutiert sowie geeignete Vorgehensweisen und Methoden zur Weiterentwicklung abgeleitet.
Dazu können Kriterienkataloge und Einschätzskalen zur Erfassung pädagogischer (Prozess-) Qualität genützt werden, die von Expertinnen und Experten aus Theorie und Praxis auf der Grundlage aktueller pädagogischer und entwicklungspsychologischer Forschungsergebnisse erarbeitet wurden (vgl. u. a. Tietze et al., 2019; Tietze & Viernickel, 2016; Tietze et al., 2017; Walter-Laager, Flöter, Geißler, Petrisch & Pölzl-Stefanec, 2019; Walter-Laager et al., 2020). Diese Unterlagen werden vom Team dahingehend reflektiert, ob sie passend für die jeweilige Fragestellung sind und als Basis der Qualitätsentwicklung herangezogen werden können. Die Arbeit mit Kriterienkatalogen hat den Vorteil, dass wissenschaftlich fundiertes Fachwissen als Argumentationsgrundlage für die Bildungsarbeit genutzt werden kann.
Die selbstgesteuerte Einschätzung der eigenen Bildungsarbeit sowie die daran orientierte Planung von Qualitätsentwicklung erhöht die Selbstwirksamkeit der pädagogischen Fachkräfte (Bieri Buschor & Forrer, 2001), schafft eine gemeinsame Diskussions- und Kommunikationsgrundlage innerhalb einer Einrichtung und unterstützt den fachlichen Austausch im Team.

Feststellung des Ist-Stands

Selbsteinschätzung, der Blick von innen

Bei der Fremdevaluation wird die Einrichtungsqualität durch externe Expertinnen und Experten anhand eines wissenschaftlich fundierten Instruments eingeschätzt. Durch die Objektivität und Unabhängigkeit externer Beobachtung können neue Perspektiven aufgezeigt und „blinde Flecken" entdeckt werden. Ein sensibler und professioneller Umgang mit den Beobachtungsergebnissen von Seiten aller Beteiligter ist die Voraussetzung dafür, dass externe Qualitätseinschätzung als Chance und Bereicherung und nicht als Kontrolle erlebt wird. Im Anschluss an die Fremdevaluation ist das Team aufgerufen, die Ergebnisse kritisch zu reflektieren und gemeinsam an der Weiterentwicklung der pädagogischen Qualität zu arbeiten.

Externe Einschätzung, der Blick von außen

5.2 Kreislauf der Qualitätsentwicklung

Kontinuierliche Veränderungen zur Verbesserung der Qualität innerhalb einer elementaren Bildungseinrichtung werden als ein nie abgeschlossener Prozess verstanden, in dem jedes erreichte Ziel einen Zwischenschritt und zugleich den Ausgangspunkt für einen neuerlichen Prozess der Qualitätsentwicklung darstellt (Hajszan & Bäck, 2014). Empfehlenswert ist die Orientierung an Modellen wie dem „Sieben-Schritte-Verfahren" (Tietze & Viernickel, 2017), das gezielt für die Qualitätsentwicklung in elementaren Bildungseinrichtungen konzipiert wurde, oder an Vorgehensweisen aus der Organisationsentwicklung. Dazu zählt beispielsweise das Kreismodell von Deming (2008), welches auch PDCA-Zyklus genannt wird.

Qualitätsentwicklung als Kreislauf

Folgender Ablauf – für den ein Zeitrahmen von mindestens ein bis zwei Jahren veranschlagt werden sollte – wird als Orientierungshilfe für einen Prozess der Qualitätsentwicklung empfohlen:

Schritte der Qualitätsentwicklung

- Auseinandersetzung mit pädagogischer Qualität im gesamten Einrichtungsteam und offene, selbstkritische Reflexion der eigenen pädagogischen Praxis.
- Selbsteinschätzung des Ist-Stands der pädagogischen Qualität durch das Team und erst in einer späteren Phase gegebenenfalls im Rahmen einer externen Qualitätseinschätzung.
- Ergänzend kann eine Elternbefragung über die Zufriedenheit der Eltern und deren Veränderungswünsche Auskunft geben. Prinzipiell werden Eltern über Qualitätsinitiativen in elementaren Bildungseinrichtungen informiert.
- Diskussion der Ergebnisse der Selbst- und/oder Fremdevaluation und Auswahl von Qualitätsbereichen, die verbessert werden sollen; gegebenenfalls Forderungen an den Träger nach Veränderung von Rahmenbedingungen; eventuell Einbindung der Eltern. Wesentlich ist die schriftliche Dokumentation der vereinbarten Maßnahmen und Indikatoren sowie der Verantwortlichkeiten und des Zeitplans (Aktionsplan).

- Ziel ist, in allen Qualitätsbereichen einen guten Standard zu erreichen, der die Entwicklung und Bildung aller Kinder unterstützt. Erst wenn dies in allen maßgeblichen Handlungsfeldern gegeben ist, können Schwerpunktsetzungen in selbstgewählten Bereichen der pädagogischen Arbeit angestrebt werden, die einem überdurchschnittlichen bzw. ausgezeichneten Qualitätsniveau entsprechen.
- Operationalisierung – d. h. die Umsetzung der Maßnahmen – kann erfolgen durch: Erweiterung der Fachkompetenz in Bezug auf die eigene Rolle und das eigene pädagogische Verhalten, etwa Verwendung einer geschlechtssensiblen Sprache, bewusstes Einbeziehen von mehreren Sprachen in den Bildungsalltag, gezielte Erweiterung der Spiel- und Bildungsmittel, Verbesserung der Kommunikation im Team oder mit Eltern etc. Wenn nötig, wird eine Begleitung durch Moderation, Fachberatung, Coaching oder Supervision empfohlen.
- Durch externe Fort- und Weiterbildungen sowie Inhouse-Schulungen für das gesamte Team und die Auseinandersetzung mit Fachliteratur können Prozesse zur Qualitätsentwicklung unterstützt werden.
- Evaluation der Maßnahmen und Ergebnisse aufgrund vorab überlegter Indikatoren als Ausgangspunkt weiterer Prozesse der Qualitätsentwicklung.
- Dokumentation des Prozesses und der Ergebnisse, z. B. intern in der Konzeption, im Rahmen der Öffentlichkeitsarbeit und Bildungskooperation mit Eltern oder nach einer externen Evaluation in Form eines Qualitätshandbuches.
- Qualitätssicherung: Erreichte Standards – wie z. B. eine bessere Raumnutzung – müssen erhalten werden, dazu ist weiterhin regelmäßige Reflexion der pädagogischen Qualität nötig.
- Im Sinne des fortlaufenden und dynamischen Kreislaufes der Qualitätsentwicklung kann dieser Prozess immer wieder mit neuen Zielen fortgeführt werden. Dadurch wird deutlich, dass Qualitätsentwicklung ein kontinuierlicher Prozess ist, in dem jedes erreichte Ziel einen Zwischenschritt und zugleich den Ausgangspunkt für neuerliche Vorhaben der Qualitätsverbesserung darstellt.

5.3 Auswirkungen erfolgreicher Qualitätsentwicklung

Nachhaltige Qualitätsentwicklung bringt Vorteile für alle

Folgende nachhaltige Effekte sind durch die reflektierte und kontinuierliche Arbeit eines Teams an der pädagogischen Qualität zu erhoffen:

- Entwicklungs- und Bildungschancen für die Kinder werden verbessert
- Veränderungen der pädagogischen Haltungen, Einstellungen und Überzeugungen, z. B. hinsichtlich des Umgangs mit Diversität, Stärkung einer ressourcenorientierten Haltung, eines inklusiven Bildungsverständnisses etc.

- Qualitätsentwicklung im Sinne beruflicher Fort- und Weiterbildung der Fachkräfte: Kompetenzerweiterung, steigende Professionalisierung, z. B. hinsichtlich Kommunikationsfähigkeit, Sprachförderung, Bildungskooperationen etc.
- Transparenz der pädagogischen Arbeit nach innen sowie gegenüber den Eltern und der Öffentlichkeit
- Steigerung der Wettbewerbsfähigkeit
- Verbesserung des Berufsbildes und des Images des Berufstandes von Pädagoginnen und Pädagogen
- Schwerpunktfindung bzw. -setzung: Kaum eine Einrichtung kann in allen Bereichen ausgezeichnete pädagogische Qualität bieten – die konzeptionelle Vielfalt wird durch Schwerpunkte unterstrichen. Das erleichtert auch Eltern die Entscheidung für eine elementare Bildungseinrichtung.

Aufgaben und Anregungen zur Vertiefung

Wissen

- Erklären Sie das eiserne Dreieck der Strukturqualität und verschriftlichen Sie, warum eine gute Qualität in diesen drei Bereichen bedeutsam ist.
- Analysieren Sie, auf welche kindlichen Bedürfnisse eine Raumgestaltung und Materialausstattung von guter Qualität abzielt. Vergleichen Sie dabei die Bedürfnisse von Kindern unterschiedlichen Alters.
- Fassen Sie in Kleingruppen die Bedeutung und die wichtigsten Inhalte einer pädagogischen Konzeption zusammen und gestalten Sie dazu ein Plakat.
- Beschreiben Sie wichtige Aspekte sowie Vor- und Nachteile von Fremd- und Selbstevaluation und erstellen Sie dazu eine Pro- und Kontraliste.

Transfer

- Analysieren Sie ein Beispiel aus Ihrer Praxiseinrichtung, inwieweit die pädagogische Orientierungsqualität im Team (Bild vom Kind, Bildungsverständnis, Werte und Einstellungen) die Interaktionen mit den Kindern prägt.
- Befragen Sie Ihre Besuchspädagogin/Ihren Besuchspädagogen, welche Tätigkeiten im Laufe einer Woche anfallen, die der mittelbaren pädagogischen Arbeitszeit (Kapitel 4.1.5) zuzurechnen sind. Gestalten Sie dazu ein Tortendiagramm.
- Präsentieren Sie in der Kleingruppe Beispiele aus Ihrer Praxiseinrichtung, wie Bildungsprozesse in Alltagssituationen unterstützt werden können. Vergleichen Sie dabei ältere und jüngere Kinder.
- Wählen Sie in der Kleingruppe einen Bildungsbereich aus. Argumentieren Sie in Form einer schriftlichen Stellungnahme an den Träger bzw. Erhalter einer elementaren Bildungseinrichtung, welche Ausstattung dieses Bereichs für qualitätsvolle Bildungsprozesse der Kinder notwendig ist.

Reflexion

- Reflektieren Sie, welche Vorbilder Ihr Bild vom Kind und Ihre Einstellungen und Werthaltungen zu Bildung und Entwicklung geprägt haben bzw. prägen. Dokumentieren Sie Ihre Erkenntnisse in der Kleingruppe.
- Analysieren Sie, welche fachlichen Kompetenzen Sie in der bisherigen Ausbildung erworben haben und schreiben Sie sich selbst einen Brief, was Sie noch lernen wollen.
- Reflektieren Sie, wie Sie mit Kindern interagieren und kommunizieren möchten und worauf Sie insbesondere beim jungen Kind achten. Vergleichen Sie Ihre Überlegungen in der Kleingruppe und finden Sie Unterschiede und Gemeinsamkeiten.
- Setzen Sie sich in Tandemarbeit mit dem Spagat zwischen Aufsichtspflicht und dem Bedürfnis der Kinder nach erwachsenenfreien Räumen auseinander. Diskutieren Sie, wie Sie damit einhergehende Herausforderungen bewältigen können.

Literatur

Ahnert, Lieselotte (2019). Bindungsbeziehungen außerhalb der Familie: Tagesbetreuung und Erzieherinnen-Kind-Bindung. In Lieselotte Ahnert (Hrsg.), Frühe Bindung. Entstehung und Entwicklung (4. Auflage) (S. 256-277). München: Ernst Reinhardt Verlag.

Ahnert, Lieselotte & Gappa, Maike (2008). Entwicklungsbegleitung in gemeinsamer Erziehungsverantwortung. In Jörg Maywald & Bernhard Schön (Hrsg.), Krippen: Wie frühe Betreuung gelingt (S. 74-95). Weinheim: Beltz.

Ahnert, Lieselotte & Gappa, Maike (2013). Bindung und Beziehungsgestaltung in öffentlicher Kleinkindbetreuung – Auswirkungen auf die Frühe Bildung. In Hans Rudolf Leu, & Anna von Behr (Hrsg.), Forschung und Praxis der Frühpädagogik. Profiwissen für die Arbeit mit Kindern von 0-3 Jahren (2. akt. Auflage) (S. 110-119). München: Ernst Reinhardt Verlag.

Bäck, Gabriele, Bayer-Chisté, Natalie & Hajszan, Michaela (2006). Tagein – tagaus. Kindergartenalltag macht Kinder kompetent (Nachdruck). Wien: G&G Verlag.

Bäck, Gabriele & Hajszan, Michaela (2013). Prinzipien – eine Frage der Haltung. Orientierung und Reflexion im pädagogischen Alltag. Unsere Kinder, 3, 4-8.

Bayer-Chisté, Natalie (2017). Es gibt nichts Gutes, außer man tut es. In Natalie Bayer-Chisté, Theresa Hauck, Verena Laimer-Horák, Gabriele Pendl, Marina Steiner-Kohlmann, Christiana Steininger & Margarita Stockert (Hrsg.), Kleine Schritte – Große Wirkung. Handbuch zum Umgang mit kindlichen Entwicklungsauffälligkeiten (S. 10-18). Linz: Fachverlag Unsere Kinder.

Behnisch, Michael (2007). Jungen und Mädchen. Wie sich Geschlechtsidentität und Geschlechterrollen entwickeln. Kindergarten heute 10, 6-15.

Bensel, Joachim & Haug-Schnabel, Gabriele (2018). Kinder beobachten und Entwicklung dokumentieren (12. Auflage). Kindergarten heute spezial. Freiburg: Herder.

Bendt, Ute & Erler, Claudia (2008). Aus bewährter Praxis die eigene Kita-Konzeption entwickeln. Eine Anleitung in 8 Schritten. Mühlheim an der Ruhr: Verlag an der Ruhr.

Bendt, Ute & Erler, Claudia (2010). Spielbudenzauber. Sinnvolle Raumgestaltung in Kita und Krippe. Mülheim an der Ruhr: Verlag an der Ruhr.

Bernitzke, Fred (2014). Handbuch der Teamarbeit. Grundlagen für erfolgreiche Arbeit in Kita und Kindergarten. Freiburg: Herder.

Bieri Buschor, Christine & Forrer, Esther (2001). Selbstwirksamkeit von Mittelstufenschülern/-innen und ihren Lehrkräften. In Katharina Maag Merki & Patricia Schuler (Hrsg.), Schriftenreihe zu „Bildungssystem und Humanentwicklung“: Berichte aus dem Forschungsbereich Schulentwicklung und Schulqualität (FS&S) (S. 4-24). Universität Zürich: FS&S.

Bierman, Karen, Nix, Robert, Greenberg, Mark, Blair, Clancy & Domitrovich, Celene (2008). Executive functions and school readiness intervention: Impact, moderation, and mediation in the Head Start REDI Program. Development and Psychopathology 20, 3, 821-843.

Blossfeld, Hans-Peter & Roßbach, Hans-Günther (2012). Neue Herausforderungen für die Kindertagesstätten: Professionalisierung des Personals. Zeitschrift für Familienforschung, 24(2), 199-224.

BMBF & SQA (2017). Pädagogische Diagnostik. [Online im Internet]. https://www.sqa.at/pluginfile.php/777/course/section/329/reader_paedagogische_diagnostik_171010.pdf [04.12.2020].

Booth, Tony, Ainscow, Mel & Kingston, Denise (2006). Index für Inklusion (Tageseinrichtungen für Kinder). Spiel, Lernen und Partizipation in der inklusiven Kindertageseinrichtung entwickeln. Deutschsprachige Ausgabe. [Online im Internet]. URL: http://www.eenet.org.uk/resources/docs/Index%20EY%20German2.pdf [20.10.2020].

Bostelmann, Antje (2008). Das Portfolio-Konzept für die Krippe. Mühlheim: Verlag an der Ruhr.

Bostelmann, Antje & Fink, Michael (2015). Seht mal, was ich kann! Das heuristische Lernen von Kleinkindern. Anregungen und Arbeitshilfen für Krippe, Kita und Kindertagespflege (2. Auflage). Berlin: Bananenblau.

Brandes, Holger (2019). Vygotskijs Konzept der „Zone der nächsten Entwicklung“ und dessen Bedeutung für aktuelle Diskurse in der Elementarpädagogik. In Ina Schenker (Hrsg.), Didaktik in Kindertageseinrichtungen. Eine systemisch-konstruktivistische Perspektive (S. 34-55). Weinheim: Beltz Juventa.

Brandes, Holger & Schneider-Andrich, Petra (2019). Peers ins Spiel bringen. Die Gleichaltrigen und ihre Beziehung als Herausforderung für elementarpädagogische Didaktik. In Ina Schenker (Hrsg.), Didaktik in Kindertageseinrichtungen. Eine systemisch-konstruktivistische Perspektive (S. 63-80). Weinheim: Beltz Juventa.

Bronfenbrenner, Urie (1981). Die Ökologie der menschlichen Entwicklung. Stuttgart: Klett-Cotta.

Brown, Geoffrey, Mangelsdorf, Sarah, Neff, Cynthia, Schoppe-Sullivan, Sarah & Frosch, Cynthia (2009).Young children's self concepts: Associations with child temperament, mothers' and fathers' parenting, and triadic family interaction. Journal of Developmental Psychology, 55(2), 184-216.

Buschle, Christina & Gruber, Veronika (2018). Die Bedeutung von Weiterbildung für das Arbeitsfeld Kindertageseinrichtung. Weiterbildungsinitiative Frühpädagogische Fachkräfte, WiFF Studien, Band 30. München.

Carr, Margret (2001). Assessment in Early Childhood Settings. Learning Stories. London: Paul Chapman.

CBI Charlotte Bühler Institut im Auftrag der Ämter der Landesregierungen der österreichischen Bundesländer, Magistrat der Stadt Wien & Bundesministerium für Unterricht, Kunst und Kultur (2009). Bundesländerübergreifender BildungsRahmenPlan für elementare Bildungseinrichtungen in Österreich. Wien: bmukk.

CBI Charlotte Bühler Institut (2016a). Entwicklung eines Konzepts zum Bildungskompass im elementarpädagogischen Bildungsbereich. [online im Internet]. URL: http://www.charlotte-buehler-institut.at/wp-content/uploads/2016/08/Bildungskompass-Endbericht_2017.pdf [20.10.2020].

CBI Charlotte Bühler Institut im Auftrag des BMB (2016b). Leitfaden zur sprachlichen Förderung am Übergang vom Kindergarten zur Grundschule. Wien: BMB. [online im Internet]. URL: http://www.charlotte-buehler-institut.at/wp-content/uploads/2016/12/Sprachleitfaden-BMB-final-2016-1.pdf [20.10.2020].

CBI Charlotte Bühler Institut (2018). Qualitätsprogramm für (Hoch-)Begabtenförderung und (Hoch-)Begabungsforschung am Beispiel elementarer Bildungseinrichtungen (2. überarbeitete Auflage). Unveröffentlichter Forschungsbericht. [online im Internet]. URL: http://www.charlotte-buehler-institut.at/wp-content/uploads/2016/07/Qualitätsprogramm-Charlotte-Bühler-Institut_2.-Auflage.pdf [20.10.2020].

Coriand, Rotraud (2017). Allgemeine Didaktik. Ein erziehungstheoretischer Umriss. Stuttgart: Kohlhammer.

Deffner, Carmen (2019). Exekutive Funktionen – ein Spiel fürs Leben. In Ina Schenker (Hrsg.), Didaktik in Kindertageseinrichtungen. Eine systemisch-konstruktivistische Perspektive (S. 81-103). Weinheim: Beltz Juventa.

Deinet, Ulrich & Krisch, Richard (2006). Der sozialräumliche Blick der Jugendarbeit. Methoden und Bausteine zur Konzeptentwicklung und Qualifizierung. Wiesbaden: VS Verlag.

Deming, William E. (2008). Out of the Crisis. Cambridge/London: The MIT Press.

Deutsche Liga für das Kind (2008). Positionspapier der Deutschen Liga für das Kind: Gute Qualität in Krippe und Kindertagespflege. Berlin: Deutsche Liga für das Kind.

Deutsche UNESCO-Kommission (Hrsg.). (2014). Inklusion: Leitlinien für die Bildungspolitik (3. erweiterte Auflage). Bonn: Deutsche UNESCO-Kommission e.V. [online im Internet]. URL: https://www.unesco.de/sites/default/files/2018-05/2014_Leitlinien_inklusive_Bildung.pdf [20.10.2020].

Dupuis, André (2006). Beobachtungen von Kindern in der Kindertageseinrichtung – strukturelle und konzeptionelle Voraussetzungen und Standards für Fachkräfte und Träger. In Gewerkschaft Erziehung und Wissenschaft (Hrsg.), Bildung sichtbar machen. Von der Dokumentation zum Bildungsbuch (S. 53-57). Weimar: Verlag das netz.

Egert, Franziska, Eckhardt, Andrea G. & Fukkink, Ruben G. (2017). Zentrale Wirkmechanismen von effektiven Weiterbildungen zur Steigerung der Prozessqualität in Kindertageseinrichtungen. Ein narrativer Review. Frühe Bildung, 6(2), 58-66.

Eliot, Lise (2010). Was geht da drinnen vor? Die Gehirnentwicklung in den ersten fünf Lebensjahren. Berlin: Berlin Verlag.

Ellermann, Walter (2013). Bildungsarbeit im Kindergarten erfolgreich planen. Sozialpädagogische Praxis. Band 5. Weinheim: Beltz.

Europäische Kommission (2011). CoRe: Competence Requirements in Early Childhood Education and Care. London and Ghent. [online im Internet] URL: https://files.eric.ed.gov/fulltext/ED534599.pdf [20.10.2020].

Europäische Kommission (2016). Professionalisation of Childcare Assistants in Early Childhood Education and Care (ECEC): Pathways towards Qualification. NESET II AR1/2016 Executive Summary. [online im Internet] URL: https://publications.europa.eu/en/publication-detail/-/publication/2b2294ab-9ac5-11e6-868c-01aa75ed71a1/language-en [20.10.2020].

Faust, Gabriele, Kratzmann, Jens & Wehner, Franziska (2013). Die Anschlussfähigkeit verbessern. Was ist eine qualitativ hochwertige Kooperation? KiTa aktuell spezial, 1, 32-34.

Fernandes, Frédéric (2016). Humor in der frühen Kindheit. [online im Internet] URL: https://www.kita-fachtexte.de/fileadmin/Redaktion/Publikationen//KiTaFT_Fernandes_II_humor-2016.pdf [20.10.2020].

Fialka, Viva (2011). Handbuch Bildungs- und Sozialmanagement in Kita und Kindergarten. Freiburg: Herder.
Flämig, Katja (2006). Bildungs- und Lerngeschichten. Worum es geht und wie Sie damit arbeiten. kindergarten heute, 6-7, 6-15.
Flämig, Katja, Musketa, Benjamin & Leu, Hans Rudolf (2009). Bildungs- und Lerngeschichten – Entwicklungstheoretische Hintergründe. Weimar: Verlag das netz.
Fthenakis, Wassilios E. (2008). Der Bildungsauftrag in Kindertageseinrichtungen: ein umstrittenes Terrain? [online im Internet]. URL: https://www.familienhandbuch.de/kita/krippe/rund-um/derbildungsauftraginkindertageseinrichtungen.php [20.10.2020].
Fthenakis, Wassilios E. (2009). Bildung neu definieren und hohe Bildungsqualität von Anfang an sichern. Betrifft Kinder, 3, 6-10.
Fthenakis, Wassilios E., Daut, Marike, Eitel, Andreas, Schmitt, Annette & Wendell, Astrid (2009). Natur-Wissen schaffen. Band 6: Portfolios im Elementarbereich. Troisdorf: Bildungsverlag EINS.
Generalversammlung der Vereinten Nationen (1989). Die Rechte des Kindes. Ravensburg: Ravensburger Buchverlag.
Gisbert, Kristin (2002). Frühe Förderung von Lernprozessen und Lernkompetenzen. Erste Ansätze für die Praxis. Bildung, Erziehung, Betreuung von Kindern in Bayern, 7 (1), 11-12.
Gisbert, Kristin (2004). Lernen lernen: Lernmethodische Kompetenzen von Kindern in Tageseinrichtungen fördern. Weinheim: Beltz.
Goelman, Hillel, Forer, Barry, Kershaw, Paul, Doherty, Gillian, Lero, Donna & LaGrange, Annette (2006). Towards a predictive model of quality in Canadian child care centers. Early Childhood Research Quarterly, 21, 3, 280-295.
Griebel, Wilfried (2011). Bildungsübergänge. Was ist wichtig für pädagogische Angebote? [Online im Internet]. URL: http://www.wertebildunginfamilien.de/wp-content/uploads/2014/12/Griebel-BUe-Eisenach-25.11.2011.pdf [20.10.2020].
Griebel, Wilfried & Niesel, Renate (2011). Übergänge verstehen und begleiten. Transitionen in der Bildungslaufbahn von Kindern. Berlin: Cornelsen.
Grießmair, Bernadette (2017). Kinder(t)räume in der Kita. Schritt für Schritt individuelle Raumkonzepte entwickeln. Berlin: Cornelsen.
Groot-Wilken, Bernd (2007). Mit Portfolios arbeiten. kindergarten heute 4, 14-19.
Haas, Sybille (2013). Das Lernen feiern. Lerngeschichten aus Neuseeland. Weimar: Verlag das netz.
Hajszan, Michaela (2016). Das Bildungsverständnis im BildungsRahmenPlan für Österreich – das Kind im Mittelpunkt. KiTa aktuell 1, 3-5.
Hajszan, Michaela & Bäck, Gabriele (2014). Qualitätsmanagement in elementaren Bildungseinrichtungen. In Bernhard Koch (Hrsg.), Handbuch Kindergartenleitung. Das ABC für Führungskräfte in der Elementarpädagogik (S. 587-601). Köln: Wolters Kluwer.
Hajszan, Michaela, Hartel, Birgit, Hartmann, Waltraut & Stoll, Martina (2013). Inklusive Begabtenförderung. In Margrit Stamm & Doris Edelmann (Hrsg.), Handbuch Frühkindliche Bildungsforschung (S. 667-679). Wiesbaden: Springer VS.
Hanke, Petra (2017). Mit der Grundschule kooperieren. Neue Erkenntnisse zur Übergangsgestaltung. Das Leitungsheft, kindergarten heute, 1, 4-6.
Hansen, Rüdiger (2003). Die Kinderstube der Demokratie – Partizipation in Kindertagesstätten. In Ministerium für Justiz, Frauen, Jugend und Familie des Landes Schleswig-Holstein (Hrsg.), Die Kinderstube der Demokratie. Partizipation in Kindertagesstätten. Begleitbroschüre zum gleichnamigen Videofilm von Lorenz Müller und Thomas Plöger. Kiel.
Hartmann, Waltraut (1997). Das Wiener Spielprojekt. Eine Langzeituntersuchung zum Spiel in der Grundschule. Erziehung und Unterricht, 5/6, 613-621.
Hartmann, Waltraut, Stoll, Martina, Chisté, Natalie & Hajszan, Michaela (2006). Bildungsqualität im Kindergarten. Transaktionale Prozesse, Methoden, Modelle. Wien: öbv&hpt.
Hartwich, Peter (2012). Schizophrenie und Aufmerksamkeitsstörungen. Berlin: Springer Verlag.
Haug-Schnabel, Gabriele & Bensel, Joachim (2015). Raumgestaltung in der Kita. Kindergarten heute praxis kompakt. Freiburg: Herder.
Haug-Schnabel, Gabriele & Bensel, Joachim (2017). Grundlagen der Entwicklungspsychologie. Die ersten 10 Lebensjahre (12. Auflage). Freiburg: Herder.

Held, Nina & Fischer-Düvel, Gaby (2018). Das Freispielbuch. Bildungsanregende Impulse für die Freispielzeit. Aachen: ökotopia.
Heller, Kurth A., Perleth, Christoph & Lim, Tock Keng (2005). The Munich model of giftedness designed to identify and promote gifted students. In Robert J. Sternberg & Janet E. Davidson (Eds.), Conceptions of giftedness (pp. 147–170). New York: Cambridge University Press.
Hellmann, Carsten (2016). Frühkindliche Bildung im Lichte demokratischer Erziehung – Partizipation als Querschnittsaufgabe. [online in Internet]. URL: https://kindergartenpaedagogik.de/fachartikel/gruppenleitung-erzieherin-kind-beziehung-partizipation/mitbestimmung-der-kinder-partizipation/1792 [20.10.2020].
Herrmann, Ulrich (2009). Lernen findet im Gehirn statt. In Ralf Caspary (Hrsg.), Lernen und Gehirn. Der Weg zu einer neuen Pädagogik (S. 85-98). Freiburg: Herder.
Herzog-Punzenberger, Barbara (2016). Policy Brief #1. Die Vielfalt der Herkunftsländer, Serie „Migration und Mehrsprachigkeit – Wie fit sind wir für die Vielfalt?". Arbeiterkammer Wien.
Hildebrandt, Frauke, Scheidt, Alexander, Hildebrandt, Andrea, Hédervári-Heller Éva & Dreier, Annette (2016). Sustained shared thinking als Interaktionsformat und das Sprachverhalten von Kindern. Frühe Bildung, 5, 82-90. Hogrefe Verlag.
Hobmair, Hermann (Hrsg.). (2013). Psychologie. Köln: Bildungsverlag EINS.
Hobmair, Hermann (Hrsg.). (2014). Pädagogik. Köln: Stam.
Höke, Julia (2011). Die Bedeutung des Spiels für die kognitive Entwicklung. [online im Internet]. URL: https://www.kita-fachtexte.de/fileadmin/Redaktion/Publikationen//KiTaFT_Hoeke_2011.pdf [20.10.2020].
Huizinga, Johan & Flitner, Andreas (Hrsg.). (2009). Homo ludens. Vom Ursprung der Kultur im Spiel. Reinbek: Rowohlt.
Hüther, Gerald (2009). Wie lernen Kinder? Voraussetzungen für gelingende Bildungsprozesse aus neurobiologischer Sicht. In Ralf Caspary (Hrsg.), Lernen und Gehirn. Der Weg zu einer neuen Pädagogik (S. 70-84). Freiburg: Herder.
Istance, David, & Dumont, Hana (2010). Future directions for learning environments in the 21st century. In Hana Dumont, David Istance & Francisco Benavides (Eds.), The nature of learning: Using research to inspire practice (pp. 317-338). Paris: OECD.
Jacobs, Dorothee (2009). Die Konzeptionswerkstatt in der Kita. Praxisbuch. Weimar, Berlin: Verlag das netz.
Jank, Werner & Meyer, Hilbert (2018). Didaktische Modelle. Berlin: Cornelsen.
Jilesen, Martien (2010). Soziologie für die sozialpädagogische Ausbildung. Troisdorf: Bildungsverlag Eins.
Kammermeyer, Giesela (2010). Schulreife und Schulfähigkeit. In Detlef H. Rost (Hrsg.), Handwörterbuch Pädagogische Psychologie (S.718-728) (4. Auflage). Weinheim: Beltz.
Kazemi-Veisari, Erika (2002). Wieso, weshalb, warum – Kinder sind nicht dumm! kindergarten heute 3, 6-12.
Keller, Karin, Trösch, Larissa M. & Grob, Alexander (2013). Entwicklungspsychologische Aspekte frühkindlichen Lernens. In Margrit Stamm & Doris Edelmann (Hrsg.), Handbuch frühkindliche Bildungsforschung (S. 85-96). Wiesbaden: Springer VS.
Kleeberger, Fabian, Frankenstein, Yvonne & Leu, Hans Rudolf (2009). Bildungs- und Lerngeschichten am Übergang vom Kindergarten in die Grundschule. Weimar: Verlag das netz.
Klein, Lothar (2005). Lernwerkstatt ist überall – wie die ganze Kita Lernwerkstatt werden kann. Theorie und Praxis der Sozialpädagogik (TPS), 1, 26-29.
Koch, Bernhard (2017). Kindergarten und Demokratie in Zeiten der Unsicherheit. Aspekte elementarer politischer Bildung. Wien: LIT Verlag.
Kraus, Josef (2009). Was hat Schule mit Gehirnforschung zu tun? Schule zwischen neurobiologischer Vision und bodenständiger Pädagogik. In Ralf Caspary (Hrsg.), Lernen und Gehirn. Der Weg zu einer neuen Pädagogik (S. 142-156). Freiburg: Herder.
Kubinger, Klaus D. (2009). Psychologische Diagnostik. Theorie und Praxis psychologischen Diagnostizierens. Göttingen: Hogrefe.
Langmaack, Barbara & Braune-Krickau, Michael (2010). Wie die Gruppe laufen lernt. Weinheim: Beltz.
Leu, Hans Rudolf, Flämig, Katja, Frankenstein, Yvonne, Koch, Sandra, Pack, Irene, Schneider, Kornelia & Schweiger, Martina (2015). Bildungs- und Lerngeschichten. Bildungsprozesse in früher Kindheit beobachten, dokumentieren und unterstützen. Weimar: Verlag das netz.
Leuchter, Miriam (2013). Die Bedeutung des Spiels in Kindergarten und Schuleingangsphase. Zeitschrift für Pädagogik, 59, 4, 575-593.

Liebertz, Charmaine (2007). Lachen und Lernen bilden ein Traumpaar, Unsere Kinder 3, 10-14.
Liebertz, Charmaine (2010). Warum ist ganzheitliches Lernen so wichtig? [online im Internet]. URL: https://kindergartenpaedagogik.de/fachartikel/bildung-erziehung-betreuung/419 [20.10.2020].
Maderthaner, Rainer (2017). Psychologie. Wien: Facultas.
Maslow, Abraham H. (1954). Motivation and Personality. New York: Harper.
Meraner, Rudolf (1999). Wie Lehrer nachhaltig lernen. Arbeitsgemeinschaft Pädagogische Zeitschrift. [online im Internet]. URL: http://www.schule.provinz.bz.it/forum-schule-heute/heft5-99/nachhaltig.html#wirk [20.10.2020].
Meyer, Hilbert (2015). Leitfaden Unterrichtsvorbereitung. Berlin: Cornelsen.
Meyer, Hilbert & Walter-Laager, Catherine (2019). Grundlagen der Didaktik. In Ina Schenker (Hrsg.), Didaktik in Kindertageseinrichtungen. Eine systemisch-konstruktivistische Perspektive (S. 184-214). Weinheim: Beltz Juventa.
Michaelis, Richard, Berger, Robert H., Nennstiel-Ratzel, Uta & Kraegeloh-Mann, Ingeborg (2013). Validierte und teilvalidierte Grenzsteine der Entwicklung. Ein Entwicklungsscreening für die ersten 6 Lebensjahre. Monatsschrift Kinderheilkunde, 161. Jg., 10, 898-910.
Mönks, Franz J. (1992). Ein interaktionales Modell der Hochbegabung. In Ernst A. Hany & Horst Nickel (Hrsg.), Begabung und Hochbegabung. Theoretische Konzepte, empirische Befunde, praktische Konsequenzen (S. 17-22). Bern: Huber.
Moss, Peter (Hrsg.). (2008). Auf dem Weg zu einer europäischen Strategie für Einrichtungen für junge Kinder. Ein Diskussionspapier von „KINDER in Europa". Weimar: Verlag das netz.
Munton, Tony, Mooney, Ann, Moss, Peter, Petrie, Pat, Clark, Alison & Woolner, Janette (2002). Research on Ratios, Group Size and Staff Qualifications and Training in Early Years and Childcare Settings. Part A: Review of International Research Between Ratios, Staff Qualifications and Training, Group Size and the Quality of Provision in Early Years and Childcare Settings. Thomas Coram Research Unit, Institute of Education, University of London: Queen's Printer.
NAEYC (2000). Accreditation criteria and procedures of the National Academy of Early Childhood Programs (rev. ed.). Washington, DC: NAEYC. Swedish Ministry of Education and Science.
OECD (2006). Starting Strong. Early Childhood Education and care policy. Länderbericht Österreich. OECD Directorate for Education.
OECD (2012). Starting Strong. III. A Quality Toolbox for Early Childhood Education and Care. OECD Directorate for Education.
Oerter, Rolf & Montada, Leo (2002). Entwicklungspsychologie (5. Auflage). Weinheim: Beltz.
Oswald, Paul & Schulz-Benesch, Günther (Hrsg.). (2015). Grundgedanken der Montessori-Pädagogik (21. Auflage). Freiburg: Herder.
Pahnke, Janna & Spindler, Anna (2016). Ich weiß jetzt, wie wir das machen können. Wie Kindern Lern- und Lösungsstrategien bewusst werden. Kindergarten heute, 3, 10-16.
Pendl, Gabriele (2017). Anhang: Elterngespräche. In Natalie Bayer-Chisté, Theresa Hauck, Verena Laimer-Horák, Gabriele Pendl, Marina Steiner-Kohlmann, Christiana Steininger & Margarita Stockert (Hrsg.), Kleine Schritte – Große Wirkung. Handbuch zum Umgang mit kindlichen Entwicklungsauffälligkeiten (S. 194-196). Linz: Unsere Kinder.
Perleth, Christoph (1997). Zur Rolle von Begabung und Erfahrung bei der Leistungsgenese. Ein Brückenschlag zwischen Begabungs- und Expertiseforschung. München: LMU.
Pfluger-Jakob, Maria (2016). Wahrnehmungsstörungen bei Kindern – Hinweise und Beobachtungshilfen. Kindergarten heute spezial. Freiburg: Herder.
Pramling, Ingrid (1996). Understanding and Empowering the Child as a Learner. In David A. Olson & Nancy Torrance. (Eds.), Handbook of Education and Human Development: New Models of learning, teaching and schooling. Oxford: Basil Blackwell.
Pramling Samuelson, Ingrid & Asplund Carlsson, Maj (2007). Spielend lernen. Die Stärkung lernmethodischer Kompetenzen. Westermann Lernspielverlage.
Precht, Richard David (2013). Anna, die Schule und der liebe Gott. Der Verrat des Bildungssystems an unseren Kindern. München: Wilhelm Goldmann Verlag.
Radatz, Sonja (2000). Beratung ohne Ratschlag. Systemisches Coaching für Führungskräfte und BeraterInnen. Literatur-vsm.

Rau, Anna-Christina, Saumweber, Katja & Kluge, Lucie (2018). Der Early Excellence-Ansatz: Begleitung und Unterstützung von Kindern und ihren Familien. [online im Internet]: https://www.kita-fachtexte.de/texte-finden/detail/data/der-early-excellence-ansatz-begleitung-und-unterstuetzung-von-kindern-und-ihren-familien/ [20.10.2020].
Reich, Kersten (2005) Systemisch-konstruktivistische Pädagogik. Einführung in Grundlagen einer interaktionistisch-konstruktivistischen Pädagogik. Weinheim: Beltz.
Reich, Kersten (2012). Konstruktivistische Didaktik. Lehr-und Studienbuch mit Methodenpool. Weinheim: Beltz.
Reich, Kersten (2019). Konstruktivistische und inklusive Didaktik der frühen Kindheit. In Ina Schenker (Hrsg.), Didaktik in Kindertageseinrichtungen. Eine systemisch-konstruktivistische Perspektive (S. 12-33). Weinheim: Beltz Juventa.
Reitinger, Johannes (2007). Unterricht – Internet – Kompetenz. Aachen: Shaker Verlag.
Remsperger, Regina (2013). Feinfühligkeit im Umgang mit Kindern. Kindergarten heute. Wissen kompakt. Freiburg: Herder.
Renz-Polster, Herbert & Hüther, Gerald (2016). Wie Kinder heute wachsen. Weinheim: Beltz.
Richter, Sandra (2014). Eine vorurteilsbewusste Lernumgebung gestalten. [online im Internet]. URL: https://www.kita-fachtexte.de/fileadmin/Redaktion/Publikationen/KiTaFT_richterII_2014-End.pdf [20.10.2020].
Rogers, Carl R. (1985). Die nicht-direktive Beratung. Counseling and Psychotherapy. Frankfurt am Main: Fischer.
Rosenberg, Marshall B. (2016). Gewaltfreie Kommunikation: Eine Sprache des Lebens (12. Auflage). Paderborn: Junfermann.
Roth, Gerhard (2009). Möglichkeiten und Grenzen von Wissensvermittlung und Wissenserwerb. Erklärungsansätze aus Lernpsychologie und Hirnforschung. In Ralf Caspary (Hrsg.), Lernen und Gehirn. Der Weg zu einer neuen Pädagogik (S. 54-69). Freiburg: Herder.
Roth, Heinrich (1968). Pädagogische Anthropologie. Band I. Bildsamkeit und Bestimmung. Hannover: Hermann Schwedel Verlag.
Roth, Xenia (2014). Handbuch Elternarbeit. Bildungs- und Erziehungspartnerschaft in der Kita. Freiburg: Herder.
Ruppin, Iris, Prigge, Jessica, Pages, Simona & Adam, Andrea (2015). Professionalisierung der pädagogischen Fachkräfte in Kindertagesstätten durch Beobachtung und Dokumentation. Möglichkeiten der Grenzen von Fort- und Weiterbildungen. In Iris Ruppin (Hrsg.), Professionalisierung in Kindertagesstätten. Weinheim: Beltz Juventa.
Schaarschmidt, Monika (2018). Lernen in der Lernwerkstatt. kindergarten heute praxis kompakt. Freiburg: Herder.
Schäfer, Gerd E. (2008). Das Denken lernen. Bildung im Krippenalter. Betrifft Kinder, 8-9, 7-15.
Schäfer, Gerd E. (2011). Was ist frühkindliche Bildung? Kindlicher Anfängergeist in einer Kultur des Lernens. Weinheim: Juventa Verlag.
Schirp, Heinz (2009). Neurowissenschaften und Lernen. Was können neurobiologische Forschungsergebnisse zur Weiterentwicklung von Lehr- und Lernprozessen beitragen? In Ralf Caspary (Hrsg.), Lernen und Gehirn. Der Weg zu einer neuen Pädagogik (S. 99-127). Freiburg: Herder.
Schröder, Hartwig (2001). Didaktisches Wörterbuch. München: Oldenbourg.
Seiwert, Lothar J. (2001). Life-Leadership. Sinnvolles Selbstmanagement für ein Leben in Balance. Frankfurt: campus.
Skinner, Burrhus F. (1982). Was ist Behaviorismus? Reinbek: Rowohlt.
Spitzer, Manfred (2005). Hand und Gehirn. Werken von Kindern aus neurowissenschaftlicher Sicht. Unsere Kinder, 3, 11-13.
Spitzer, Manfred (2009). Medizin für die Schule. Pladoyer für eine evidenzbasierte Pädagogik. In Ralf Caspary (Hrsg.), Lernen und Gehirn. Der Weg zu einer neuen Pädagogik (S. 23-35). Freiburg: Herder.
Spitzer, Manfred (2010). Wie lernen Kinder? Gehirn- und Denkentwicklung. In Waltraud Weegmann & Carola Kammerlander (Hrsg.), Die Jüngsten in der Kita. Ein Handbuch zur Krippenpädagogik (S. 65-80). Stuttgart: Kohlhammer.
Stadlmair, Monika (2011). Beobachtung. In Simone Breit (Hrsg.), Handbuch zum BESK, Version 2.0 (S. 16-19). Wien: BMUKK.
Strehmel, Petra (2008). Wovon hängt „gute Bildung" tatsächlich ab? kindergarten heute, 1, 8-13.
Stuber, Michael (2005). Diversity. Das Potenzial von Vielfalt nutzen – den Erfolg durch Offenheit steigern. München: Luchterhand.
Stundner, Eva & Lammerhuber, Lois (2014). „Schau, was ich schon kann". Portfolio im Kindergarten. Den einzigartigen Lernwegen unserer Kinder auf der Spur. St. Pölten: Amt der Niederösterreichischen Landesregierung, Edition Lammerhuber.

Sylva, Kathy, Melhuish, Edward, Sammons, Pam, Siraj-Blatchford, Iram, Taggart, Brenda, & Elliot, Karen (2004). The Effective Provision of Pre-School Education Project – Zu den Auswirkungen vorschulischer Einrichtungen in England. In Gabriele Faust, Margarete Götz, Hartmut Hacker & Hans-Günther Roßbach (Hrsg.), Anschlussfähige Bildungsprozesse im Elementar- und Primarbereich (S. 154-167). Bad Heilbronn: Julius Klinkhardt.
Textor, Martin R. (2010). Gehirnentwicklung und Lernen im Kleinkindalter – Konsequenzen für die Erziehung im Kindergarten. [Online im Internet]. URL: https://www.kindergartenpaedagogik.de/fachartikel/psychologie/779 [22.10.2020].
Textor, Martin R. (2013). Projektarbeit im Kindergarten. Norderstedt: Books on Demand.
Tietze, Kim-Oliver (2003). Kollegiale Beratung – Problemlösung gemeinsam entwickeln. Reinbek: Rowohlt.
Tietze, Wolfgang (2001). Zum Einfluss pädagogischer Qualität bei familialer und institutioneller Betreuung auf die kindliche Entwicklung. In: Pediatrics and Related Topics. Oxford.
Tietze, Wolfgang (2010). Bildungspsychologie des Vorschulbereichs. In Christiane Spiel, Barbara Schober, Petra Wagner & Ralph Reimann (Hrsg.), Bildungspsychologie (S. 50-69). Göttingen: Hogrefe.
Tietze, Wolfgang, Becker-Stoll, Fabienne, Bensel, Joachim, Eckhardt, Andrea G., Haug-Schnabel, Gabriele, Kalicki, Bernhard, Keller, Heide, & Leyendecker, Birgit (2013). NUBBEK. Nationale Untersuchung zur Bildung, Betreuung und Erziehung in der frühen Kindheit. Weimar: Verlag das netz.
Tietze, Wolfgang & Nattefort, Rebecca (2015). Dimensionen pädagogischer Qualität. kindergarten heute, das Leitungsheft, 2, 4-7.
Tietze, Wolfgang, Roßbach, Hans-Günther & Grenner, Katja (2005). Kinder von 4 bis 8 Jahren. Zur Qualität der Erziehung und Bildung in Kindergarten, Grundschule und Familie. Weinheim: Beltz.
Tietze, Wolfgang, Roßbach, Hans-Günther (Hrsg.), Nattefort, Rebecca & Grenner, Katja (2017). Kindergarten-Skala (KES-RZ). Revidierte Fassung mit Zusatzmerkmalen. Weimar: Verlag das netz.
Tietze, Wolfgang, Roßbach, Hans-Günther (Hrsg.), Nattefort, Rebecca, Lasson, Andrea & Lee, Hee-Jeong (2019). Krippen-Skala (KRIPS-RZ). Weimar: Verlag das netz.
Tietze, Wolfgang & Viernickel, Susanne (Hrsg.), Dittrich, Irene, Grenner, Katja, Hanisch, Andrea, Lasson, Andrea & Marx, Jule (2017). Pädagogische Qualität entwickeln. Praktische Anleitung und Methodenbausteine für die Arbeit mit dem Nationalen Kriterienkatalog. Weimar: Verlag das netz.
Tietze, Wolfgang & Viernickel, Susanne (Hrsg.), Dittrich, Irene, Grenner, Katja, Hanisch, Andrea & Marx, Jule (2016). Pädagogische Qualität in Tageseinrichtungen für Kinder. Ein nationaler Kriterienkatalog. Weimar: Verlag das netz.
Viernickel, Susanne (2000). Spiel, Streit, Gemeinsamkeit. Einblick in die soziale Kinderwelt der unter Zweijährigen. Landau: Verlag Empirische Pädagogik.
Viernickel, Susanne (2006). Qualitätskriterien und -standards im Bereich der frühkindlichen Bildung und Betreuung. Studienbuch zum Bildungs- und Sozialmanagement. Remagen: ibus-Verlag.
Viernickel, Susanne, Nentwig-Gesemann, Iris, Nicolai, Katharina, Schwarz, Stefanie & Zenker, Luise (2013). Schlüssel zu guter Bildung, Erziehung und Betreuung. Bildungsaufgaben, Zeitkontingente und strukturelle Rahmenbedingungen in Kindertageseinrichtungen (Forschungsbericht). Berlin: Paritätischer Gesamtverband.
Viernickel, Susanne & Schwarz, Susanne (2009). Schlüssel zu guter Bildung, Erziehung und Betreuung. Wissenschaftliche Parameter zur Bestimmung der pädagogischen Fachkraft-Kind-Relation (Expertise). Berlin: Paritätischer Gesamtverband.
Viernickel, Susanne & Stenger, Ursula (2010). Didaktische Schlüssel in der Arbeit mit null- bis dreijährigen Kindern. In Dagmar Kasüschke (Hrsg.), Didaktik in der Pädagogik der frühen Kindheit (S. 175-198). Köln: Carl Link.
Viernickel, Susanne & Völkel, Petra (2017). Beobachten und Dokumentieren im pädagogischen Alltag (9. Auflage). Freiburg: Herder.
von der Beek, Angelika (2010). Bildungsräume für Kinder von Null bis Drei (5. Auflage). Weimar: Verlag das netz.
Walter-Laager, Catherine, Flöter, Manja, Geißler, Claudia, Petritsch, Mailina & Pölzl-Stefanec, Eva (2019). GrazIAS 0-3: Grazer Interaktionsskala für Kinder unter drei Jahren. Universität Graz.
Walter-Laager, Catherine, Flöter, Manja, Geißler, Claudia, Petritsch, Mailina & Pölzl-Stefanec, Eva et al. (2020). GrazIAS 0-6: Grazer Interaktionsskala für Kinder in den ersten sechs Jahren. Universität Graz.
Wagner, Petra (2017). Handbuch Inklusion. Grundlagen vorurteilsbewusster Bildung und Erziehung. Freiburg: Herder
Wagner, Petra, Hahn, Stefani & Enßlin, Ute (Hrsg.). (2006). Macker, Zicke, Trampeltier ... Vorurteilsbewusste Bildung und Erziehung in Kindertageseinrichtungen. Handbuch für die Fortbildung. Berlin: Verlag das netz.

Weiss, Gabriele (2007). Verschiedene Adressaten – verschiedene Entwicklungsberichte. Kindergarten heute 11, 20-25.
Weinert, Franz E. (1999). Konzepte der Kompetenz. Paris: OECD.
Weltzien, Dörte (2011). Gesprächsführung und Gesprächssetting. [Online im Internet]. URL: https://www.kita-fachtexte.de/fileadmin/Redaktion/Publikationen/KiTaFT_WeltzienII_OV.pdf [22.10.2020].
Weltzien, Dörte (2016). Interaktions- und Beziehungsgestaltung mit Kindern. Kindergarten heute spezial. Wissen kompakt. Freiburg: Herder.
Wertfein, Monika, Müller, Kerstin & Kofler, Anita (2012). Kleine Kinder – großer Anspruch! Zweite IFP-Krippenstudie zur Qualitätssicherung in Tageseinrichtungen für Kinder unter drei Jahren. München: Staatsinstitut für Frühpädagogik.
Wilk, Matthias & Jasmund, Christina (2015). Kita-Räume pädagogisch gestalten. Den Raum als Erzieher nutzen. Weinheim: Beltz.
Wustmann, Corina (2011). Resilienz. Widerstandsfähigkeit von Kindern in Tageseinrichtungen fördern (3. Auflage). Berlin: Cornelsen.

Abbildungsverzeichnis

Autorinnen

Mag.ª Gabriele Bäck

Kindergarten- und Hortpädagogin, Geschäftsführerin des Charlotte Bühler Instituts für praxisorientierte Kleinkindforschung, Leiterin des Zentrums Elementare Bildung an der KPH Wien/Krems, Referentin und Autorin im Bereich elementare Bildung, Trainerin für Qualitätsfeststellungsverfahren Kindergarten-, Krippen- sowie Hort- und Ganztagsangebote-Skala, Studium Pädagogik & Sonder- und Heilpädagogik, Grundausbildung in Themenzentrierter Interaktion, Diplomlehrgang Systemische Beratung & Coaching.

Mag.ª Michaela Hajszan

Klinische Psychologin und Gesundheitspsychologin in freier Praxis, wissenschaftliche Leiterin des Charlotte Bühler Instituts für praxisorientierte Kleinkindforschung, Trainerin für Qualitätsfeststellungsverfahren Kindergarten-, Krippen- sowie Hort- und Ganztagsangebote-Skala, Lehrbeauftragte, freie Trainerin und Autorin im Bereich Elementarpädagogik.

Mag.ª Natalie Chisté

Kindergarten- und Hortpädagogin, Klinische Psychologin und Gesundheitspsychologin, Kinder-, Jugend- und Familienpsychologin, Supervisorin, Mal- und Gestaltungstherapeutin in freier Praxis, Familienberaterin bei SOS-Kinderdorf, Systemische Familientherapeutin in Ausbildung, Referentin und Autorin im Bereich Elementarpädagogik.

Illustratorin

Teresa Schuh, MA

Grafikdesign & Fotografie, Bachelor of Arts in Grafikdesign und Mediale Gestaltung – New Design University, Master of Arts in visueller Kommunikation – Kunstuniversität Linz.